한눈에 익히는
맹자 I

한눈에 익히는 맹자 Ⅰ

孟子 Ⅰ

맹자 지음
이창성 편

나무의 꿈

맹자(孟子) 上 |차례|

맹자(孟子)에 대하여 —————— 6

제1편 양혜왕 상(梁惠王 上) —————— 13

제2편 양혜왕 하(梁惠王 下) —————— 47

제3편 공손추 상(公孫丑 上) —————— 99

제4편 공손추 하(公孫丑 下) —————— 139

제5편 등문공 상(滕文公 上) —————— 181

제6편 등문공 하(滕文公 下) —————— 211

제7편 이루 상(離婁 上) —————— 251

제8편 이루 하(離婁 下) —————— 307

맹자(孟子)에 대하여

 맹자(孟子)는 공자(孔子)가 죽고 나서 100년 정도 뒤에 태어났다. 공자나 맹자나 정확하게 언제 태어나서 언제 죽었는지 확인할 방법은 없다. 가능한 방법은 《논어》나 《맹자》에 실려 있는 그들의 행적을 추적해서 그들이 만났던 사람들이나 목격했거나 관련되었던 사건들을 참고해서 연대를 추정하는 것이다.

 공자는 대략 기원전 551년경에 태어나 기원전 479년경에 죽었고, 맹자는 기원전 372년경에 태어나 기원전 289년경에 죽은 것으로 추정된다. 역사가들에 의해 공자와 맹자가 살았던 시대는 춘추전국(春秋戰國)시대로 분류된다. 공자는 춘추시대에 살았으며 맹자는 전국시대에 살았다. 춘추시대는 기원전 770년에서 기원전 403년까지이고, 전국시대는 기원전 403년에서 진나라가 천하를 통일하기 전인 기원전 222년까지이다.

 기원전 770년은 주(周)나라 왕실이 견융(犬戎)이라는 종족에게 쫓겨 수도를 동쪽인 낙양(洛陽)으로 옮긴 해이다. 그 전까지 중국은 주나라 왕실을 중심으로 많은 봉건국가들이 위성처럼 분립해 있었고, 이들은 혈연과 제사와 군사에 의해 주 왕실에게 종속되어 있었다. 주나라 왕실이 동쪽으로 천도할 즈음을 전후해서 이러한 봉건제는 붕괴되기 시작했다.

춘추시대는 패자(覇者)들의 시대였다. 패자는 주나라 왕실의 명목만은 존중하면서 실상은 무력으로 다른 제후들을 정복했고 그럼으로써 천하를 다스렸다. 차례로 천하를 제패했던 제(齊)나라의 환공(桓公), 송(宋)나라의 양공(襄公), 진(晉)나라의 문공(文公), 진(秦)나라의 목공(穆公), 초(楚)나라의 장왕(莊王)은 5패로 불린다.

전국시대에 들어서면 주나라는 거의 존재감을 상실하고 춘추시대에 170여 개에 달했던 제후국들은 동맹과 연맹, 외교적이거나 군사적 전쟁을 통해 7개의 제후국으로 정리되었다. 즉 전국칠웅(戰國七雄)이라 불리는 한(韓)·위(魏)·조(趙)·연(燕)·제(齊)·초(楚)·진(秦)이 이들이다. 이들은 천하를 제패한다는 한 가지 목표를 두고 양육강식의 전쟁을 전개했다.

공자는 주나라 왕실을 중심으로 하는 봉건제를 이상적인 제도로 생각했다. 공자를 시조로 하는 유가의 눈에서 보면 이러한 춘추전국시대는 인륜이 무너져가는 윤리적이고 정치적인 혼란기였을 뿐이지만, 객관적으로 보면 철기와 우경의 보급으로 인한 생산력의 증대와 함께 문화면에서도 비약적인 발진이 이루어진 시대였다. 특히 전국시대에는 국가차원에서 생산력을 높이려는 정책도 시도되었으며, 한편에서는 상인의 세력이 커져서 상인으로서 진나라 재상이 된 여불위(呂不韋) 같은 사람도 등장했다. 전국시대는 또한 제자백가(諸子百家)의 시대였다. 사회의 혼란 속에서, 어떻게 살아갈 것이며 어떻게 세상을 구제할 것인가에 관한 각종 사상이 태어났으며, 사상을 통제할 권력이 존재하지 않았으므로 중국 사상사에서 가장 자유롭고 다채로운 논쟁이 전개된

시기였다. 법가·도가·농가·종횡가·명가·음양가·잡가 등을 표방하는 수많은 학자들이 왕성한 사상활동을 펼치고 있었으며 맹자도 그들 가운데 한사람이었다. 맹자는 공자의 제자로 자처하면서, 다른 학파들을 비판하고 때로는 그들과 논쟁하면서 유학의 골격을 완성해갔다.

맹자의 성은 맹(孟)이며 이름은 가(軻)이다. 추(鄒)라는 지방 출신인데 추는 공자가 태어난 노(魯)나라에 속한 지방이라는 설도 있고 독립된 나라라는 설도 있다. 어느 쪽이든 공자의 고향인 곡부(曲阜)에서 가까운 곳이다. 일찍 아버지를 여의고 교육에 열심인 어머니 슬하에서 자랐다. 어머니가 아들의 좋은 교육 환경을 위해 이사를 세 번 했다거나 중도에 공부를 그만두어서는 안 된다는 것을 아들에게 명심시키기 위해 자신이 짜던 베를 잘랐다는 이야기들이 전해온다.

맹자는 인의(仁義)의 덕을 바탕으로 하는 왕도정치(王道政治)가 당시의 정치적 분열 상태를 극복할 유일한 길이라고 믿고, 왕도정치를 시행하라고 제후들에게 유세하고 다녔다. 기원전 320년경에 양(梁)나라에 가서 혜왕에게 왕도에 대해 유세했으나 1,2년 뒤에 혜(惠)왕이 죽은 뒤, 아들인 양(襄)에게 실망해서 산동에 있는 제나라로 옮겼다. 그곳에서 제나라의 선(宣)왕에게 기대를 걸고 7,8년을 머물렀으나, 역시 자신의 뜻대로 되지 않자 떠날 수밖에 없었다.

그 뒤 송(宋)나라, 설(薛)나라를 거쳐 일차로 추에 돌아온 뒤에 다시 문공(文公)의 초대를 받아 등(藤)나라로 갔다. 그러나 역시 이상을 실현시키지 못하고 노(魯)나라를 거쳐 고향으로 돌아왔다. 당시의 제후들이 필요로 했던 것은 부국강병의 정책이었다. 그러한 제후들의 현실적 관심과 맞아떨어질 여지가 없었던 맹자의 이론은 어느 제후에게도 채택되지 못했고, 맹자는 당대에 자신의 이상을 실현시키는 것은 포기해야 했다.

50세가 넘어서 시작했던 편력을 그치고 고향으로 돌아온 것이 70세가량 되었을 때라고 추정된다. 고향으로 돌아와 제자들과 함께 《시경(詩經)》과 《서경(書經)》, 그리고 공자의 정신에 대해 토론했으며, 그 때 만들어진 책이 오늘날 전해지는 《맹자》 7편이다.

《맹자》는 유교의 경전인 사서(四書) 중의 하나이다. 양혜왕(梁惠王)·공손추(公孫丑)·등문공(滕文公)·이루(離婁)·만장(萬章)·고자(告子)·진심(盡心)의 7편으로 되어 있다.

사마천(司馬遷)의 《사기(史記)》에 따르면 맹자의 저술임이 분명하지만, 자신의 저자물을 《맹자》라고 한 점 등을 들어 맹자의 자작(自作)이 아님을 주장하는 견해도 있다. 당나라의 한유(韓愈)는 맹자가 죽은 뒤 그의 문인들이 그 동안의 일을 기록한 것이라는 말도 했다. 어쨌든 수미일관(首尾一貫)한 논조와 설득력 있는 논리의 전개, 박력 있는 문장은 맹자라는 한 인물의 경륜과 인품을 전해주기에 손색이 없다.

맹자는 공자의 가르침을 보완하고 확장했다. 공자의 인(仁)에 의(義)를 덧붙여 인의를 강조했고, 왕도정치를 말했으며, 민의에 의한 정치적 혁명을 긍정하기도 하였다. 이러한 그의 작업에는 인간에 대한 적극적인 신뢰가 깔려 있다. 사람의 천성은 선하며, 이 착한 본성을 지키고 가다듬는 것이 도덕적 책임과 의무라는 성선설(性善說)을 주장했다.

후한의 조기(趙岐)는 《맹자》에 대한 본격적인 주석 작업을 통해 7편을 상하로 나누어 14편으로 만들었는데, 지금도 이 체재가 보편화되어 있다. 〈맹자 장구(章句)〉라 불리는 조기의 주석서는 총 14편 261장 3만 4685글자다. 순서는 오늘날과 똑같이 양혜왕 상·양혜왕 하·공손추 상·공손추 하·등문공 상·등문공 하·이루 상·이루 하·만장 상·만장 하·고자 상·고자 하·진심 상·진심 하로 되어 있다. 맨 앞에 나오는 단어로 제목을 삼고, 제자들과의 문답 형식이며, 일관된 주장을 연결하는 논술이 아니라 분장 형식으로 각 장마다 한 가지 사건이나 주장을 담고 있다.

송대에 이르러 주희(朱熹)는 조기가 훈고(訓詁)에 치중해 맹자의 깊은 뜻을 놓쳤다고 비판하고, 성리학의 관점에서 《맹자집주(孟子集註)》를 지었다. 이 책은 조기의 고주(古註)에 대해 신주(新註)라고 한다. 주자학이 관학(官學)으로 채택된 원나라 시대 이래 공식적인 해석서로 폭넓은 영향을 미쳤다.

우리나라에 유학의 전래와 함께 《맹자》도 같이 유포되었지만, 고려 말까지는 육경 중심과 사장학적(詞章學的) 경향에 밀려 《논어(論語)》나 《문선(文選)》 등의 다른 경전에 비해 소홀히 취급되었다. 문장보다 인격을, 육경보다 사서를 교육의 핵심으로 삼는 주자학이 도입되어 자리를 굳히면서 《맹자》는 지식인들의 필수 교양서로 부상되었고, 주희의 주석서가 해석의 정통적 기준이 되었다.

맹자사상의 일관된 핵심은 성선설과 혁명론이었지만, 우리나라에서는 주자학이 활발한 논란을 거쳐 배타적 권위를 형성하는 17세기 말까지 성선설에만 국한되었다. 이황(李滉)과 기대승(奇大升), 이이(李珥)와 성혼(成渾)으로부터 비롯된 사단칠정론(四端七情論)은 조선시대 후반의 인물성동이론(人物性同異論)까지 이어졌다. 그러나 이러한 논의는 인간의 본성을 해명하는 입론(立論)의 근거를 주희의 주석에서만 구함으로써 200여 년 동안 해결을 보지 못했다.

 주희의 경전 해석과 그 바탕에 깔린 세계관에 대해 의문을 제기했던 윤휴(尹鑴)와 박세당(朴世堂)은 '사문난적(斯文亂賊)'이라고 낙인찍히기도 했다. 이익(李瀷)은 《맹자질서(孟子疾書)》에서 맹자가 양혜왕에게 '이익을 앞세우지 말라.'고 한 것은 이익 자체를 거부하는 것이 아니라 도덕성과의 조화를 꾀하자는 데 그 의도가 있는 것이라고 주장함으로써, 주자학의 비현실적인 명분론과 의리론을 비판하기도 했다

 맹자는 백가(百家)가 다투어 각기 다른 사상을 주장하던 전국시대에 의연하게 공자사상을 옹호하고 이를 한층 진전시켰으며, 이러한 그의 사상은 《맹자》 전편에 흐르고 있어서, 공자 다음가는 아성(亞聖)으로 추앙되고 있다.

제1편

양혜왕(梁惠王) 上

제1장

> 孟子見梁惠王 王曰 叟不遠千里而來 亦將有以利吾國乎
> 맹자견양혜왕 왕왈 수불원천리이래 역장유이리오국호
> 孟子對曰 王何必曰利 亦有仁義而已矣 王曰何以利吾國
> 맹자대왈 왕하필왈리 역유인의이이의 왕왈하이리오국
> 大夫曰何以利吾家 士庶人曰何以利吾身 上下交征利而
> 대부왈하이리오가 사서인왈하이리오신 상하교정리이
> 國危矣 萬乘之國弑其君者 必千乘之家 千乘之國弑其君
> 국위의 만승지국시기군자 필천승지가 천승지국시기군
> 者 必百乘之家 萬取千焉 千取百焉 不爲不多矣 苟爲後
> 자 필백승지가 만취천언 천취백언 불위부다의 구위후
> 義而先利 不奪不饜 未有仁而遺其親者 未有義而後其君
> 의이선리 불탈불염 미유인이유기친자 미유의이후기군
> 者也 王亦曰仁義而已矣 何必曰利
> 자야 왕역왈인의이이의 하필왈리

맹자가 양혜왕을 만났는데, 왕이 말했다. "노인이 천리를 멀다하지 않고 오셨으니, 장차 내 나라에 이익이 있겠지요?" 맹자가 대답했다. "왕께서는 어째서 이익을 말씀하십니까? 정말로 중요한 것은 인의(仁義)뿐입니다. 왕께서 어떻게 내 나라를 이롭게 할까 하고 말씀하시면, 대부들은 어떻게 내 집을 이롭게 할까 할 것이고, 사서인(士庶人)들은 어떻게 내 몸을 이롭게 할까 할 것이니, 상하가 서로 이익만 취하여 나라가 위태로워질 것입니다. 만승의 부유함을 갖춘 나라에서 그 임금을 죽이는 사람은 반드시 천승의 부유함을 갖춘 가문에서 나오고, 천승의 나라에서 그 임금을 죽이는 사람은 반드시 백승의 부유함을 갖춘 가문에서 나옵니다. 만에서 천을 취하고, 천에서 백을 취함은 많은 것이 아니지만, 진실로 의로움을 뒤로 하고 이익을 앞세우면 다 빼앗지 않고는 만족하지 못합니다. 어질면서 그 어버이를 저버리는 사람은 없으며, 의로우면서 그 임금을 경시하는 사람은 없습니다. 왕께서는 인의를 말씀하셔야지 하필 이익을 말씀하십니까?"

[語釋]

*양혜왕(梁惠王) : 전국시대 위(양)나라의 제왕. *인의(仁義) : 맹자 사상의 주가 되는 덕성으로, 인은 마음의 덕이고 사랑의 이치이며, 의는 마음의 제약이고 일의 마땅함이라 했다 *대부(大夫)·사(士)·서인(庶人) : 서인이 벼슬을 하면 사(士)가 되고, 사의 위는 대부가 된다. *교정리(交征利) : 征은 取(취)와 같은 뜻으로, 서로 이익(利益)을 취한다는 말. *염(饜) : 물릴 염, 실컷 배부르게 먹는다는 말. *유(遺) : 내버려두고 돌보지 않음. *후(後) : 뒤로 미루고 서둘지 않음. 뒤로 미루고 제 이익만을 앞세운다는 말. *만승지국(萬乘之國) : 군용의 병거 1만 대를 낼 수 있는 나라.

[大意]

  인의(仁義)의 도덕정치(道德政治)를 내세우던 맹자와 나라를 이롭게 하는 데에만 관심을 쏟았던 혜왕의 생각이 서로 다름을 말하고 있다.

　맹자는 나라의 기반을 인의의 실현에 두고 나라를 다스리는 데에 도덕적인 문제를 강하게 내세우는 한편 경제 문제에도 관심을 두었다. 그러나 그 무렵 전국시대(戰國時代)의 제후들은 부국강병(富國强兵)에만 초점을 두고 자신을 도와 줄 사람들을 찾고 있었으므로, 혜왕은 맹자를 만나면 그 방법을 얻기를 바라고 있었다. 그래서 맹자를 만나자 자기 나라에 무슨 이익이 될 만한 방법이 없겠느냐고 물었던 것이다. 그러나 맹자는 오직 도덕에 바탕을 둔 정치를 생각하고 있었기 때문에 이익만을 바라지 말고 인의적인 정치를 해야 한다고 대답한 것이다.

제2장

孟子見梁惠王 王立於沼上 顧鴻鴈麋鹿 曰 賢者亦樂此乎
맹자견양혜왕 왕입어소상 고홍안미록 왈 현자역락차호

孟子對曰 賢者而後樂此 不賢者雖有此 不樂也 詩云 經
맹자대왈 현자이후락차 불현자수유차 불락야 시운 경

始靈臺 經之營之 庶民攻之 不日成之 經始勿亟 庶民子來
시영대 경지영지 서민공지 불일성지 경시물극 서민자래

王在靈囿 麀鹿攸伏 麀鹿濯濯 白鳥鶴鶴 王在靈沼 於牣魚
왕재영유 우록유복 우록탁탁 백조학학 왕재영소 어인어

躍 文王以民力爲臺爲沼 而民歡樂之 謂其臺曰靈臺 謂其
약 문왕이민력위대위소 이민환락지 위기대왈영대 위기

沼曰靈沼 樂其有麋鹿魚鼈 古之人與民偕樂 故能樂也 湯
소왈영소 락기유미록어별 고지인여민해락 고능락야 탕

誓曰 時日害喪 予及女偕亡 民欲與之偕亡 雖有臺池鳥獸
서왈 시일해상 여급여해망 민욕여지해망 수유대지조수

豈能獨樂哉
기능독락재

맹자가 양혜왕을 만나자, 왕이 궁중의 연못가에 서서 기러기와 사슴들을 돌아보면서 말했다. "현자(賢者)들도 이런 것을 즐깁니까?" 맹자가 대답했다. "현자가 되고 나면 즐겁니다. 현자가 아니면 비록 이러한 것들이 있어도 즐기지 못합니다. 《시경(詩經)》에 이르기를 '영대(靈臺)를 지으려고 측량하고 도모하니 백성들이 모여들어 하루[계획된 날짜]가 가기 전에 다 이루었다. 시작하면서 급할 것이 없다 했는데도 백성들이 자식처럼 모여들어 서둘렀다. 왕께서 영유에 머무니 사슴들은 엎드려 가만히 있다. 사슴들은 윤기가 나고 백조들은 깨끗하다. 왕께서 영소에 머무니 물고기들이 가득 뛰어 놀았다.'고 했습니다. 문왕이 백성의 힘으로 누대를 짓고 연못을 파니, 백성들이 그것을 기뻐하고 즐거워하여 그 누각을 영대라 이르고 그 연못을 영지라 이르며, 그 곳의 사슴과 물고기와 자라가 노는 것을 보고 즐겼습니다. 옛날의 왕들은 백성들과 함께 즐거움을 같이 하였으므로 그래서 마땅히 즐길 수 있었습니다. 〈탕서(湯誓)〉에 이르기를 '이 해가 언제 없어질까, 망한다면 너와 함께 망하리라.'고 했습니다. 백성들이 군주와 함께 망하기를 바란다면 비록 누각과 연못과 새와 짐승이 있다고 한들 어찌 혼자서 즐길 수 있겠습니까?"

[語釋]

*경시(經始) : 재기 시작한다는 뜻으로, 측량하여 위치를 정한다는 말. 經은 '재다'라는 말. *영대(靈臺) : 臺란 네모지게 쌓아올린 것을 말하는 것으로, 집권자의 위세 또는 국가의 권위를 상징했다. *경영(經營) : 經은 측량하는 것, 營은 標를 한다는 뜻으로 영대(靈臺)를 짓는 것을 뜻함. *공(攻) : 시공(施工)하다, 짓다. *극(亟) : 속(速). 서둘다. *유(囿) : 새나 짐승을 기르는 곳. *우록(麀鹿) : 암사슴과 수사슴. *유복(攸伏) : 엎드려 있는 곳. 이때 攸는 所와 같다. *영소(靈沼) : 文王이

판 못. *탁탁(濯濯) : 빛나는 모양, 윤이 도는 모양을 말한다. *인(牣) : 가득 차다. *탕서(湯誓) : 《서경(書經)》의 편명(篇名)으로, 은(殷)나라의 시조 탕왕(湯王)이 혁명을 일으켜 하(夏)나라의 마지막 임금인 걸(桀)을 정벌하러 갈 때 발표한 선언문이다. *시일(時日) : 여기에서 時는 是이다. 이 해(日)라는 뜻이다. 그리고 日은 夏나라의 桀왕을 가리킨다. *해(害) : 언제.

[大意]

임금이 홀로 즐기면서 그 백성들을 불쌍히 여기지 않는다면 백성들이 그를 원망하여 그 즐거움을 보전하기 어렵다는 것을 《시경(詩經)》과 〈탕서(湯誓)〉를 인용해서 말했다.

제3장

梁惠王曰 寡人之於國也 盡心焉耳矣 河內凶 則移其民於
양혜왕왈 과인지어국야 진심언이의 하내흉 즉이기민어

河東 移其粟於河內 河東凶亦然 察鄰國之政 無如寡人之
하동 이기속어하내 하동흉역연 찰린국지정 무여과인지

用心者 鄰國之民不加少 寡人之民不加多 何也 孟子對曰
용심자 린국지민불가소 과인지민불가다 하야 맹자대왈

王好戰 請以戰喩 塡然鼓之 兵刃旣接 棄甲曳兵而走 或百
왕호전 청이전유 전연고지 병인기접 기갑예병이주 혹백

步而後止 或五十步而後止 以五十步笑百步 則何如 曰 不
보이후지 혹오십보이후지 이오십보소백보 즉하여 왈 불

可 直不百步耳 是亦走也 曰 王如知此 則無望民之多於
가 직불백보이 시역주야 왈 왕여지차 즉무망민지다어

鄰國也 不違農時 穀不可勝食也 數罟不入洿池 魚鼈不可
린국야 불위농시 곡불가승식야 촉고불입오지 어별불가

勝食也 斧斤以時入山林 材木不可勝用也 穀與魚鼈不可
승식야 부근이시입산림 재목불가승용야 곡여어별불가

勝食 材木不可勝用 是使民養生喪死無憾也 養生喪死無
승식 재목불가승용 시사민양생상사무감야 양생상사무

憾 王道之始也 五畝之宅 樹之以桑 五十者可以衣帛矣 雞
감 왕도지시야 오무지댁 수지이상 오십자가이의백의 계

豚狗彘之畜 無失其時 七十者可以食肉矣 百畝之田 勿奪
돈구체지축 무실기시 칠십자가이식육의 백무지전 물탈

其時 數口之家可以無飢矣 謹庠序之敎 申之以孝悌之養
기시 수구지가가이무기의 근상서지교 신지이효제지양

頒白者不負戴於道路矣 七十者衣帛食肉 黎民不飢不寒
반백자불부대어도로의 칠십자의백식육 여민불기불한

然而不王者 未之有也 狗彘食人食而不知檢 塗有餓莩而
연이불왕자 미지유야 구체식인식이부지검 도유아부이

不知發 人死 則曰 非我也 歲也 是何異於刺人而殺之 曰
부지발 인사 즉왈 비아야 세야 시하이어자인이살지 왈

非我也 兵也 王無罪歲 斯天下之民至焉
비아야 병야 왕무죄세 사천하지민지언

    양혜왕이 말했다. "과인은 나라를 다스리는 것에 온 마음을 다하고 있습니다. 하내 지방에 흉년이 들면 그 지방의 백성들을 하동 지방으로 옮기고, 하동 지방의 곡식을 하내로 옮깁니다. 하동 지방에 흉년이 들어도 역시 그렇게 합니다. 이웃나라의 정치를 살펴보면 과인처럼 마음을 다하는 사람이 없는데, 이웃나라의 백성이 줄지 않고 내 나라 백성이 늘지 않는 것은 무슨 까닭입니까?" 맹자가 대답했다. "왕께서 전쟁을 좋아하시니 전쟁에 비유하여 설명하겠습니다. 둥둥 북을 울려서 병장기들이 서로 부딪쳤습니다. 갑옷을 버리고 창과 칼을 끌면서 달아나는데 어떤 사람은 백보를 달아나다가 멈추고, 어떤 사람은 오십 보를 달아나다가 멈췄습니다. 그런데 오십 보를 달아난 사람이 백보를 달아난 사람을 보며 비웃는다면 어떻겠습니까? 그것은 안 될 말입니다. 백보가 안 될 뿐 역시 달아난 것은 같습니다. 왕께서 이런 이치를 아신다면 백성들이 다른 나라보다 많아지기를 바라지 마십시오. 때를 잘 맞추어서 농사지으면 곡식은 다 먹을 수 없게 넉넉할 것이고, 촘촘한 그물을 못에 넣지 않게 하면 물고기를 다 먹을 수 없게 넉넉할 것이며, 숲에서 도끼질을 적절한 때에 하게 하면 재목은 다 쓸 수 없게 넉넉할 것입니다. 곡식과 물고기를 다 먹을 수 없고 재목을 다 쓸 수 없으면, 이것은 백성들로 하여금 산 사람을 부양하고 죽은 사람을 장사지내는 데 유감이 없게 하는 것입니다. 백성으로 하여금 산 사람을 부양하고 죽은 사람을 장사지내는 데 유감이 없게 하는 것이 왕도정치의 시작입니다. 다섯 이랑의 택지에 뽕나무를 심으면 오십 대의 사람들이 비단옷을 입을 수 있고, 닭이나 돼지나 개 등의 가축을 기르면서 때를 맞춰서 번식시키면 칠십 대의 사람들이 고기를 먹을 수 있으며, 백 이랑의 밭에 농사짓는 시기를 맞추면 여러 사람의 가족이 굶주리지 않을 것이고, 학교에서 근엄하게 효제(孝悌)의 길을 가르친다면 길에서 반백의 늙은이가 짐을 지거나 이고 다니지 않게 될 것입니다. 칠십 대의 노인이 비단옷을 입고 고기를 먹으며, 많은 백성들이 굶주리거나 헐벗지 않는데도 천하의 왕이 되지 못할 사람은 없습니다. 개나 돼지가 사람이 먹을 양식을 먹어도 이를 알지 못하고, 길에는 굶어 죽은 시체가 널려 있어도 나라의 곡식을 풀어서 구제할 줄을 모르고, 사람이 죽으면 '나의 잘못이 아니라 흉년이 든 세월 탓이다.'고 말하니, 이것은 사람을 찔러 죽이고 나서 '내가 죽인 것이 아니라 칼이 죽인 것이다.'라고 하는 것과 무엇이 다르겠습니까? 왕께서 흉년을 탓하지 않으신다면 곧 천하의 백성들이 모여들게 됩니다."

[語釋]

*전연(塡然) : 둥둥, 塡은 북소리의 의성어. *유(喩) : 설명하여 알게 함. *하여(何如) : 어떻겠느냐? *병인(兵刃) : 兵은 병기, 刃은 병기 날, 옛날 병기인 창과 칼 등에는 날이 있었음. *접(接) : 접근하여 맞부딪치다. *갑(甲) : 갑옷. *보(步) : 거리의 단위. *무(畝) : 밭이랑. *직(直) : 단(但)이나 특(特)과 같은 뜻으로 쓰임. *불가승식(不可勝食) : 다 먹어치울 수 없다. *양생(養生) : 산 사람을 양육함. *왕도(王道) : 왕 노릇을 하는 방법. 왕다운 이상적인 정치를 하는 것. *체(彘) : 돼지. *상서(庠序) : 지방의 학교. *반(頒) : 머리가 반쯤 셈. *려민(黎民) : 장성하고 힘 좋은 일반의 사람들. *부지검(不知檢) : 거둬들여 저장할 줄 모름. *아부(餓莩) : 굶어죽은 시체. *發(발) : 창고를 열어 비축했던 곡식을 흉년에 방출함. *상사(喪死) : 죽은 사람을 장사지냄. *무감(無憾) : 유감이 없음. 憾은 한(恨)과 같음. *사(斯) : 則과 같으며, 윗말을 이어받는 접속사로 사용됨.

[大意]

지금도 흔히 쓰는 '오십 보 백 보'라는 말이 나오는 장으로, 이 장에서는 참된 왕도정치에 대해 말했으며, 그렇게 함으로써 많은 백성들이 믿고 따라서 좋은 나라를 이룩할 수 있다는 것을 강조하고 있다.

농사철에는 농사를 지어야 함에도 불구하고, 정치를 하는 사람들이 백성들을 전쟁터나 부역으로 동원하게 되면 가족들이 굶어 죽게 되는데, 맹자는 이것은 잘못된 정치라고 말했다.

천지의 도를 잘 마름질해서 이룬다는 것은 천지의 운행도수나 법칙을 잘 관찰하여 책력 등을 만드는 것을 의미한다. 즉 백성들이 농사지을 때 어떤 일을 언제 어떻게 해야 할지 알도록 도와준다는 뜻이다. 이렇게 천지의 도를 마름질해서 왼쪽의 백성은 왼쪽에 살게 하고, 오른쪽의 백성은 오른쪽에 살게 하면 백성들이 적절하게 있는 곳에 있게 되어 모두가 태평성대를 누릴 수 있다.

백성이 굶주려서 죽어가도 창고를 열어서 구할 줄을 모르면 어찌 그것을 백성을 위한 정치라 하겠는가. 이런 고난의 시대에 참된 왕도를 행하는 왕은 좋은 정치가가 될 수 있다는 것을 강조하고 있다.

대개의 왕들은 천하의 의로운 주인이다. 다만 의로운 정치를 베푸느냐, 베풀지 못하느냐의 차이가 있을 뿐이다.

제4장

梁惠王曰 寡人願安承教 孟子對曰 殺人以梃與刃 有以異
양혜왕왈 과인원안승교 맹자대왈 살인이정여인 유이이

乎曰 無以異也 以刃與政 有以異乎 曰 無以異也 曰 庖有
호 왈 무이이야 이인여정 유이이호 왈 무이이야 왈 포유

肥肉 廐有肥馬 民有飢色 野有餓莩 此率獸而食人也 獸相
비육 구유비마 민유기색 야유아부 차솔수이식인야 수상

食 且人惡之 爲民父母 行政不免於率獸而食人 惡在其爲
식 차인악지 위민부모 행정불면어솔수이식인 악재기위

民父母也 仲尼曰 始作俑者 其無後乎 爲其象人而用之也
민부모야 중니왈 시작용자 기무후호 위기상인이용지야

如之何其使斯民飢而死也
여지하기사사민기이사야

양혜왕이 말했다. "과인은 선생님의 가르침을 받고자 합니다." 맹자가 물었다. "몽둥이로 사람을 죽이는 것과 칼로 죽이는 것은 다른 점이 있습니까?" 양혜왕이 말했다. "다른 점이 없습니다." 맹자가 말했다. "그러면 칼로 죽이는 것과 정치(政治)로 죽이는 것은 다른 점이 있습니까?" 왕이 말했다. "다른 점이 없습니다." 맹자가 말했다. "왕의 주방에는 살찐 고기가 있고, 마구간에는 살찐 말이 있지만, 백성들은 굶주린 기색이고, 들에는 굶어죽은

시체가 널려 있으니, 이것은 짐승들을 몰고 와서 사람을 잡아먹게 하는 것과 같습니다. 짐승끼리 서로 잡아먹는 것도 사람들은 싫어합니다. 백성의 부모인 왕으로서 짐승을 몰고 사람을 잡아먹게 하는 정치에서 벗어나지 못하면 어떻게 백성의 부모라 할 수 있겠습니까? 공자께서 '용(俑)을 처음 만든 사람은 그 자손이 끊어지리라.'고 했습니다. 그것은 산 사람의 모양을 사용했기 때문입니다. 그런데 어떻게 백성들을 굶주려 죽게 할 수가 있습니까?"

[語釋]
*원안(願安) : 원하건대. *포(庖) : 부엌. *구(廏) : 마구간. *채(且) : ~조차도, 그 정도만 하여도. *오(惡) : 장소나 방향을 묻는 의문대명사(疑問代名詞). *중니(仲尼) : 공자(孔子)의 이름. *용(俑) : 허수아비. 나무를 깎아서 사람의 형상을 만든 것으로 죽은 사람을 매장할 때 함께 묻음. 공자는 이것이 인간의 존엄성을 해치는 것이라 생각해서, 처음 그것을 만든 사람은 후손이 없을 것이라고 극언한 것이다. *기(其) : 여기에서는 '아마'의 뜻. *여지하~야(如之何~也) : 그것을 어찌 ~하랴. 반어적(反語的)인 표현, 즉 ~할 수 없다는 말.

[大意]
이 장은 앞의 제3장에 이어서 나라를 다스리는 기본은 역시 백성에게 있음을 강조하고 있다.

맹자는 왕에게 백성들이 잘 살아야 나라가 부강해지는 것이니, 모름지기 백성을 자기 자식을 돌보듯이 사랑하고 아끼라는 뜻을 일러준 것이라고 하겠다.

제5장

梁惠王曰 晉國 天下莫強焉 叟之所知也 及寡人之身 東敗
양혜왕왈 진국 천하막강언 수지소지야 급과인지신 동패

於齊 長子死焉 西喪地於秦七百里 南辱於楚 寡人恥之 願
어제 장자사언 서상지어진칠백리 남욕어초 과인치지 원

比死者一洒之 如之何則可 孟子對曰 地方百里而可以王
비사자일쇄지 여지하즉가 맹자대왈 지방백리이가이왕

王如施仁政於民 省刑罰 薄稅斂 深耕易耨 壯者以暇日修
왕여시인정어민 생형벌 박세렴 심경역누 장자이가일수

其孝悌忠信 入以事其父兄 出以事其長上 可使制梃以撻
기효제충신 입이사기부형 출이사기장상 가사제정이달

秦楚之堅甲利兵矣 彼奪其民時 使不得耕耨以養其父母
진초지견갑리병의 피탈기민시 사불득경누이양기부모

父母凍餓 兄弟妻子離散 彼陷溺其民 王往而征之 夫誰與
부모동아 형제처자리산 피함닉기민 왕왕이정지 부수여

王敵 故曰 仁者無敵 王請勿疑
왕적 고왈 인자무적 왕청물의

  양혜왕이 말했다. "진(晉)나라가 천하에서 가장 강했던 것은 노인께서도 다 아는 일입니다. 그런데 과인의 대에 이르러 동쪽으로는 제나라에 패하여 태자가 죽었고, 서쪽으로 진(秦)나라에 칠백

리의 땅을 빼앗겼고, 남쪽으로는 초나라에 치욕을 당했습니다. 과인은 이것을 부끄럽게 생각해서 죽은 사람을 위해서라도 설욕하고 싶은데, 어떻게 하면 좋겠습니까?" 맹자가 대답했다. "사방 백 리의 땅으로도 천하의 왕이 될 수 있습니다. 왕께서 백성에게 어진 정치를 베풀어 형벌을 줄이고, 세금을 적게 하며, 백성들이 열심히 밭을 갈고 가꾸어 김매도록 하고, 장정들이 한가할 때는 효제충신(孝悌忠信)을 배우게 해서 집에서는 부형을 잘 섬기고 밖에서는 어른들을 공경하도록 한다면, 백성들은 몽둥이를 들고도 진나라나 초나라의 튼튼한 갑옷과 날카로운 무기를 제압할 수 있습니다. 그들은 백성들의 농사짓는 시기를 빼앗아 밭을 갈고 김을 매지 못하게 해서 부모를 봉양할 수 없게 부려먹고 있습니다. 부모는 추위에 떨고 굶주리며, 형제와 처자식들은 뿔뿔이 흩어집니다. 그들이 그 백성들을 곤경에 빠뜨리고 있는데, 왕께서 가서 정벌한다면 누가 감히 왕에게 대적하겠습니까? 그래서 말하기를 '어진 사람에겐 적이 없다.'고 했습니다. 왕께 간청하니 이점을 의심하지 마십시오."

[語釋]

*막강언(莫强焉) : 더 이상 강한 것이 없다는 말. *비(比) : '~을 위하여'의 뜻. *누(耨) : 김매다. *효제충신(孝悌忠信) : 孝는 부모를 바르게 섬기는 것을 말하고, 悌는 형제간의 우애를 말하며, 忠은 충성을 말하고, 信은 말과 행동이 일치하는 믿음을 뜻한다. *가사(可使) : 왕가사민(王可使民)의 뜻으로, 왕이 백성들을 시켜 '~하다'는 뜻. *제정(制挺) : 몽둥이를 들다.

[大意]

인의(仁義)의 정치의 필요성에 대해서 설명했다.

인의의 정치는 왕도의 정치이며 바로 왕이 걸어가야 하는 올바른 길임에도 불구하고, 야심가인 양혜왕은 번번이 이웃나라와 다퉈서 실패를 했다. 그리고 나서 맹자에게 복수할 수 있는 방법을 의논한 것이다.

이렇게 양혜왕이 정도의 길을 걷지 않고 무력으로 다른 나라에 복수하려는 것을 보고, 맹자는 양혜왕에게 근본적인 왕도(王道)를 일러주고, 그렇게 하면 진나라와 제나라는 물론 천하에 대적할 적수가 없다고 말했다.

제6장

孟子見梁襄王 出 語人曰 望之不似人君 就之而不見所畏
맹자견양양왕 출 어인왈 망지불사인군 취지이불견소외

焉 卒然問曰 天下惡乎定 吾對曰 定于一 孰能一之 對曰
언 졸연문왈 천하악호정 오대왈 정우일 숙능일지 대왈

不嗜殺人者能一之 孰能與之 對曰 天下莫不與也 王知夫
불기살인자능일지 숙능여지 대왈 천하막불여야 왕지부

苗乎 七八月之間旱 則苗槁矣 天油然作雲 沛然下雨 則苗
묘호 칠팔월지간한 즉묘고의 천유연작운 패연하우 즉묘

浡然興之矣 其如是 孰能禦之 今夫天下之人牧 未有不嗜
발연흥지의 기여시 숙능어지 금부천하지인목 미유불기

殺人者也 如有不嗜殺人者 則天下之民皆引領而望之矣
살인자야 여유불기살인자 즉천하지민개인령이망지의

誠如是也 民歸之 由水之就下沛然 誰能禦之
성여시야 민귀지 유수지취하패연 수능어지

맹자가 양양왕을 만나고 나와서 사람들에게 말했다. "그를 보니 멀리서 보아도 임금 같지가 않고, 가까이서 보아도 위엄이 없었다. 그런데 갑자기 '천하는 어떤 방향으로 정해질까요?' 하고 물어서, 내가 '하나로 통일이 될 것입니다.'고 대답했습니다. 그러자 다시 '누가 통일할 수 있을까요?' 묻기에, 내가 '사람 죽이기를 좋아하지 않는 사람이 통일을 이룰 것입니다.'고 대답했습니다. 그러자 '누가 그 사람을 따를까요?' 하고 묻기에, '천하의 사람이라면 따르지 않을 사람이 없습니다. 왕께서는 곡식의 싹을 아십니까? 칠팔 월경에 가물면 싹이 말랐다가 하늘에서 뭉게뭉게 구름을 만들어 좍좍 비를 내리면 싹은 다시 힘차게 자라납니다. 이와 같은데 누가 그것을 막을 수 있습니까? 지금 천하의 왕들 중에 사람 죽이기를 좋아하지 않는 이가 없습니다. 만일 사람 죽이기를 좋아하지 않는 이가 있다면 천하의 백성들은 모두가 다 목을 빼고 그를 바라볼 것입니다. 정말로 이와 같다면 백성들이 그에게 돌아가는 것이 물이 낮은 곳으로 흐르는 것과 같을 것이니, 그 힘찬 기세를 누가 막아낼 수 있겠습니까?라고 내가 대답했습니다."

[語釋]

*양양왕(梁襄王) : 양혜왕의 아들. *망지(望之) : 먼 거리를 두고 바라봄. *취지(就之) : 여기에서는 왕 앞으로 나아가서 그 모습을 살피는 것. *이(而) : 그러나. *졸연(卒然) : 갑자기. 느닷없이. *오(惡) : 여기에서는 '어디로, 결국 어떻게'로 해석한다. *숙(孰) : 수(誰). 누구. *여(與) : 한 편이 되어 따름. *막불(莫不) : ~하지 않는 자가 없다. *부(夫) : 명사 앞에서 '저, 저것'이라는 뜻. *유연(油然) : 여기서는 구름이 뭉게뭉게 생겨나는 모양. *패연(沛然) : 거세게 비가 쏟아지는 모양. *발연(浡然) : 초목의 새싹이 쑥쑥 나는 모양. *인목(人牧) : 목민지군(牧民之君), 즉 임금을 뜻함. *인령이망지(引領而望之) : 목을 빼고 바라보다. *유(由) : ~함과 같다. *패연(沛然) : 여기서는 물이 세차게 흐르는 모양. 이 부문에서 沛然을 앞에 두거나, 혹은 뒤에 두어 沛然誰能禦之로 읽는 경우도 있다.

[大意]

 이 장에서 맹자는 천하를 통일할 사람은 사람 죽이기를 좋아하지 않는 인자한 사람이라고 주장했다.

 전국시대를 마감하고 천하를 통일한 사람은 사람을 많이 죽인 진시황이었지만, 15년 만에 망했다. 그 후 한나라를 세운 유방은 전쟁을 별로 못하는 사람이었으나 상대인 항우에 비해 사람을 죽이지 않는다고 소문이 난 반면에, 항우는 항복한 적의 군사 사십만 명을 죽인 경력이 있었다. 유방은 항우와의 싸움에서 수없이 패했지만, 그의 밑으로 더 많은 병력이 모여들었다. 그 결과 천하를 차지하고 한 왕조의 기틀을 마련할 수 있었던 것이다.

제7장

齊宣王問曰 齊桓 晉文之事可得聞乎 孟子對曰 仲尼之
제선왕문왈 제환 진문지사가득문호 맹자대왈 중니지

徒無道桓 文之事者 是以後世無傳焉 臣未之聞也 無以
도무도환 문지사자 시이후세무전언 신미지문야 무이

則王乎 曰 德何如 則可以王矣 曰 保民而王 莫之能禦也
즉왕호 왈 덕하여 즉가이왕의 왈 보민이왕 막지능어야

曰 若寡人者 可以保民乎哉 曰 可 曰 何由知吾可也 曰
왈 약과인자 가이보민호재 왈 가 왈 하유지오가야 왈

臣聞之胡齕曰 王坐於堂上 有牽牛而過堂下者 王見之 曰
신문지호흘왈 왕좌어당상 유견우이과당하자 왕견지 왈

牛何之 對曰 將以釁鐘 王曰 舍之 吾不忍其觳觫 若無罪
우하지 대왈 장이흔종 왕왈 사지 오불인기곡속 약무죄

而就死地 對曰 然則廢釁鐘與 曰 何可廢也 以羊易之 不
이취사지 대왈 연즉폐흔종여 왈 하가폐야 이양역지 불

識有諸 曰 有之 曰 是心足以王矣 百姓皆以王為愛也 臣
식유제 왈 유지 왈 시심족이왕의 백성개이왕위애야 신

固知王之不忍也 王曰 然 誠有百姓者 齊國雖褊小 吾何愛
고지왕지불인야 왕왈 연 성유백성자 제국수편소 오하애

一牛 即不忍其觳觫 若無罪而就死地 故以羊易之也 曰 王
일우 즉불인기곡속 약무죄이취사지 고이양역지야 왈 왕

無異於百姓之以王爲愛也 以小易大 彼惡知之 王若隱其
무이어백성지이왕위애야 이소역대 피악지지 왕약은기

無罪而就死地 則牛羊何擇焉 王笑曰 是誠何心哉 我非愛
무죄이취사지 즉우양하택언 왕소왈 시성하심재 아비애

其財 而易之以羊也 宜乎百姓之謂我愛也 曰 無傷也 是乃
기재 이역지이양야 의호백성지위아애야 왈 무상야 시내

仁術也 見牛未見羊也 君子之於禽獸也 見其生 不忍見其
인술야 견우미견양야 군자지어금수야 견기생 불인견기

死 聞其聲 不忍食其肉 是以君子遠庖廚也 王說曰 詩云
사 문기성 불인식기육 시이군자원포주야 왕설왈 시운

他人有心 予忖度之 夫子之謂也 夫我乃行之 反而求之 不
타인유심 여촌도지 부자지위야 부아내행지 반이구지 부

得吾心 夫子言之 於我心有戚戚焉 此心之所以合於王者
득오심 부자언지 어아심유척척언 차심지소이합어왕자

何也 曰 有復於王者曰 吾力足以擧百鈞 而不足以擧一羽
하야 왈 유복어왕자왈 오력족이거백균 이부족이거일우

明足以察秋毫之末 而不見輿薪 則王許之乎 曰 否 今恩足
명족이찰추호지말 이불견여신 즉왕허지호 왈 부 금은족

以及禽獸 而功不至於百姓者 獨何與 然則一羽之不擧 爲
이급금수 이공불지어백성자 독하여 연즉일우지불거 위

不用力焉 輿薪之不見 爲不用明焉 百姓之不見保 爲不用
불용력언 여신지불견 위불용명언 백성지불견보 위불용

恩焉 故王之不王 不爲也 非不能也 曰 不爲者與不能者之
은언 고왕지불왕 불위야 비불능야 왈 불위자여불능자지

形何以異 曰 挾太山以超北海 語人曰 我不能 是誠不能也
형하이이 왈 협태산이초북해 어인왈 아불능 시성불능야

爲長者折枝 語人曰 我不能 是不爲也 非不能也 故王之不
위장자절지 어인왈 아불능 시불위야 비불능야 고왕지불

王 非挾太山以超北海之類也 王之不王 是折枝之類也 老
왕 비협태산이초북해지류야 왕지불왕 시절지지류야 노

吾老 以及人之老 幼吾幼 以及人之幼 天下可運於掌 詩云
오노 이급인지노 유오유 이급인지유 천하가운어장 시운

刑于寡妻 至于兄弟 以御于家邦 言擧斯心加諸彼而已 故
형우과처 지우형제 이어우가방 언거사심가제피이이 고

推恩足以保四海 不推恩無以保妻子 古之人所以大過人
추은족이보사해 불추은무이보처자 고지인소이대과인

者無他焉 善推其所爲而已矣 今恩足以及禽獸 而功不至
자무타언 선추기소위이이의 금은족이급금수 이공불지

於百姓者 獨何與 權 然後知輕重 度 然後知長短 物皆然
어백성자 독하여 권 연후지경중 도 연후지장단 물개연

心爲甚 王請度之 抑王興甲兵 危士臣 構怨於諸侯 然後快
심위심 왕청도지 억왕흥갑병 위사신 구원어제후 연후쾌

於心與 王曰 否 吾何快於是 將以求吾所大欲也 曰 王之
어심여 왕왈 부 오하쾌어시 장이구오소대욕야 왈 왕지

所大欲可得聞與 王笑而不言 曰 爲肥甘不足於口與 輕煖
소대욕가득문여 왕소이불언 왈 위비감불족어구여 경난

不足於體與 抑爲采色不足視於目與 聲音不足聽於耳與
불족어체여 억위채색불족시어목여 성음불족청어이여

便嬖不足使令於前與 王之諸臣皆足以供之 而王豈爲是
편폐불족사령어전여 왕지제신개족이공지 이왕기위시

哉 曰 否 吾不爲是也 曰 然則王之所大欲可知已 欲辟土
재 왈 부 오불위시야 왈 연즉왕지소대욕가지이 욕벽토

地 朝秦楚 涖中國而撫四夷也 以若所爲求若所欲 猶緣木
지 조진초 리중국이무사이야 이약소위구약소욕 유연목

而求魚也 王曰 若是其甚與 曰 殆有甚焉 緣木求魚 雖不
이구어야 왕왈 약시기심여 왈 태유심언 연목구어 수불

得魚 無後災 以若所爲 求若所欲 盡心力而爲之 後必有災
득어 무후재 이약소위 구약소욕 진심력이위지 후필유재

曰 可得聞與 曰 鄒人與楚人戰 則王以爲孰勝 曰 楚人勝
왈 가득문여 왈 추인여초인전 즉왕이위숙승 왈 초인승

曰 然則小固不可以敵大 寡固不可以敵衆 弱固不可以敵
왈 연즉소고불가이적대 과고불가이적중 약고불가이적

彊 海內之地方千里者九 齊集有其一 以一服八 何以異於
강 해내지지방천리자구 제집유기일 이일복팔 하이이어

鄒敵楚哉 蓋亦反其本矣 今王發政施仁 使天下仕者皆欲
추적초재 개역반기본의 금왕발정시인 사천하사자개욕

立於王之朝 耕者皆欲耕於王之野 商賈皆欲藏於王之市
립어왕지조　경자개욕경어왕지야　　상고개욕장어왕지시

行旅皆欲出於王之塗 天下之欲疾其君者皆欲赴愬於王
행려개욕출어왕지도　천하지욕질기군자개욕부소어왕

其若是 孰能禦之 王曰 吾惛 不能進於是矣 願夫子輔吾志
기여시 숙능어지 왕왈 오혼 불능진어시의 원부자보오지

明以敎我 我雖不敏 請嘗試之 曰 無恆産而有恆心者 惟士
명이교아 아수불민 청상시지 왈 무항산이유항심자 유사

爲能 若民 則無恆産 因無恆心 苟無恆心 放辟 邪侈 無不
위능 약민 즉무항산 인무항심 구무항심 방벽 사치 무불

爲已 及陷於罪 然後從而刑之 是罔民也 焉有仁人在位 罔
위이 급함어죄 연후종이형지 시망민야 언유인인재위 망

民而可爲也 是故明君制民之産 必使仰足以事父母 俯足
민이가위야　시고명군제민지산　필사앙족이사부모　부족

以畜妻子 樂歲終身飽 凶年免於死亡 然後驅而之善 故民
이축처자 락세종신포 흉년면어사망 연후구이지선 고민

之從之也輕 今也制民之産 仰不足以事父母 俯不足以畜
지종지야경　금야제민지산　앙불족이사부모　부불족이축

妻子 樂歲終身苦 凶年不免於死亡 此惟救死而恐不贍 奚
처자 락세종신고 흉년불면어사망 차유구사이공부섬 해

暇治禮義哉 王欲行之 則盍反其本矣 五畝之宅 樹之以桑
가치예의재 왕욕행지 즉합반기본의　오무지택 수지이상

제1편 양혜왕 상　37

> 五十者可以衣帛矣 雞豚狗彘之畜 無失其時 七十者可以
> 오십자가이의백의 계돈구체지축 무실기시 칠십자가이
> 食肉矣 百畝之田 勿奪其時 八口之家可以無飢矣 謹庠序
> 식육의 백무지전 물탈기시 팔구지가가이무기의 근상서
> 之教 申之以孝悌之義 頒白者不負戴於道路矣 老者衣帛
> 지교 신지이효제지의 반백자불부재어도로의 노자의백
> 食肉 黎民不飢不寒 然而不王者 未之有也
> 식육 려민불기불한 연이불왕자 미지유야

    제선왕이 "제환공과 진문공의 일에 대해서 들을 수 있습니까?" 하고 물었다. 맹자가 "공자의 제자들 중에는 환공과 문공의 일을 말한 사람은 없습니다. 그래서 후세에 전해지지 않아 저도 그것을 듣지 못했습니다. 굳이 말하라면 왕도에 대해서 말하겠습니다." 왕이 "왕이 되려면 어떤 덕이 있어야 합니까?"라고 묻자, 맹자가 "백성들을 보호하는 왕이 되면 누구도 그를 막을 수 없습니다."고 말했다. "과인과 같은 사람도 백성들을 보호할 수 있습니까?" 하고 묻자, 맹자가 "가능합니다."라고 말했다. 왕이 "어떻게 내가 할 수 있다는 것을 아십니까?"라고 묻자, 맹자가 "호흘에게서 들었습니다. 그가 말하기를, 왕께서 당상(堂上)에 계실 때 소를 끌고 당상 아래를 지나가는 사람이 있었습니다. 왕께서 그것을 보고 '저 소를 어디로 끌고 가는 거냐?'고 하니, 그가 대답하기를 '흔종에 쓰려 하옵니다.'라고 하자, 왕께서 '그 소를 살려 주어라. 부들

부들 떨면서 아무 죄 없이 죽으러 끌려가는 것 같아서 차마 볼 수 없구나.' 하니, 그가 '그럼 흔종의 의식을 그만두오리까?' 하자, 왕께서 '어떻게 그만두겠는가. 대신 양을 쓰도록 하라.'고 말씀하셨다고 했습니다. 그것이 사실입니까?" 왕이 "그런 일이 있었습니다."고 하자, 맹자가 "그런 마음이면 왕이 될 수 있습니다. 백성들은 모두 왕께서 소가 아까워서 그런 것이라고 합니다만, 저는 왕이 진심으로 가여운 소를 차마 볼 수 없어서 그렇게 하신 것으로 알고 있습니다."고 하자, 왕이 "그렇습니다. 실제로 그렇게 말하는 백성들도 있습니다. 제나라가 비록 작기는 해도 내 어찌 소 한 마리를 아까워하겠습니까? 부들부들 떨며 죄 없이 끌려가는 소를 차마 볼 수 없어서 양으로 바꾸라고 한 것입니다."고 말했다. 맹자가 "왕께서는 그런 말을 이상하게 생각하실 것 없습니다. 작은 것을 큰 것과 바꾸었으니 백성들이 그 속마음까지 알겠습니까. 그런데 왕께서는 죄 없이 끌려가는 소를 불쌍하게 생각했다면 어째서 소와 양을 차별하셨습니까?" 하자, 왕이 웃으면서 "정말 내가 무슨 마음에서 그랬을까요? 내가 소가 아까워서 양으로 바꾸라고 한 것은 아닙니다. 그러나 듣고 보니 백성들이 내게 소가 아까워서 그랬다는 것도 맞습니다."고 했다. 맹자가 "상관없습니다. 그것이 바로 인술입니다. 소는 직접 눈으로 보았지만, 양은 보지 않았기 때문입니다. 군자는 짐승을 대함에 있어서 살아 있는 짐승을 보고 그것이 죽는 것은 차마 보지 못하고, 우는 소리를 듣고서 차마 그 고기를 먹지 못합니다. 그래서 군자는 푸줏간을 멀리하는 것입니다."고 말하니, 제선왕은 기뻐하며

"《시경》에 '남의 마음을 내가 헤아린다.'고 했는데, 바로 선생님을 두고 한 말입니다. 내가 그렇게 해 놓고도 돌이켜서 그 이유를 찾아봐도 내 마음을 알 수가 없었는데, 선생님께서 말씀해 주시니 내 마음이 느끼는 바가 있습니다. 그런데 그러한 마음이 왕이 되기에 적합하다는 것은 어째서입니까?" 하고 말했다. 맹자가 "어떤 사람이 엄청난 무게를 들 힘은 충분해도 깃털 하나를 들기에는 부족하고, 또 터럭 한 올까지도 잘 볼 수 있지만 수레에 가득 실은 장작더미는 보지 못한다고 하면 왕께서는 그것을 믿겠습니까?"라고 묻자, 왕이 "믿을 리가 있습니까?"라고 말했다. 그러자 맹자가 "지금 왕의 은혜가 짐승에 미칠 정도인데, 유독 백성에게 그 공덕이 미치지 못하고 있는 것은 무엇 때문입니까? 그렇다면 깃털 하나 들지 못하는 것은 힘을 쓰지 않기 때문이고, 수레에 가득 실은 장작더미가 보이지 않는 것은 보려고 하지 않기 때문이며, 백성들이 보호받지 못하는 것은 은혜를 베풀지 않기 때문입니다. 그러니 왕께서 왕다운 왕이 되지 못하는 것은 하지 않는 것이지 하지 못해서가 아닙니다."고 했다. 왕이 "하지 않는 것과 하지 못하는 것은 어떻게 다릅니까?" 하고 묻자, 맹자가 "태산을 옆에 끼고 북해를 뛰어넘는 능력에 대해서 남들에게 '나는 할 수 없다.'고 하면, 그것은 정말로 하지 못하는 것입니다. 그러나 어른에게 절을 하는 예의에 대해 남들에게 '나는 할 수 없다.'고 하면, 이것은 하지 않는 것이지 하지 못하는 것이 아닙니다. 그러므로 왕께서 왕도정치를 하지 못하는 것은 태산을 옆에 끼고 북해를 뛰어넘는 그런 경우가 아니고, 왕도정치를 하지 않는 것은 곧 어른에게 절을 하지 않는 경우입니다. 내 집안의 어른을 소중히 여겨서 그 마음이 남의 집 어른에게까지 미치게 하고, 내 집의 아이를 사랑하여 그 마음이 남의 아이에까지 미치게 하면, 천하를 손바닥 위에서 움직일 수 있습니다. 《시경》에서 '내 아내에게 본보기가 되고 형제에게 미침으로써 집안과 나라를 다스린다.' 했습니다. 이것은 노인과 자식에 대한 사랑이 남에게까지 널리 미치라고 말하는 것입니다. 그러므로 은혜를 이렇게 넓혀 나가면 천하도 잘 보존하게 되고, 이를 넓혀 나가지 못하면 처자도 제대로 거느릴 수 없습니다. 옛날의 성현들이 남보다 훨씬 뛰어났던 까닭은 다름이 아니라 그들이 하는 일을 미루어 넓혀 나간 때문입니다. 지금 왕의 은혜가 짐승에게까지 미치는데 유독 백성들에게는 그 공덕이 미치지 못하는 것은 도대체 무슨 까닭입니까? 저울질을 한 후에야 무게를 알 수 있고, 자로 잰 후에야 길이를 알 수 있습니다. 사물이 다 그렇지만 사람의 마음은 더욱 그렇습니다. 왕께서 깊이 자신의 마음을 헤아려 보십시오. 도대체 왕께서 전쟁을 일으켜 군사와 신하들의 목숨을 위태롭게 하고, 이웃의 제후들과 원한을 맺어야 마음이 유쾌해지십니까?" 하고 말했다. 왕이 "아닙니다. 내 어찌 그것이 유쾌할 수 있겠습니까? 그것은 내가 간절하게 원하는 바를 얻으려는 것입니다."고 말하자, 맹자가 "왕께서 간절하게 원하는 것이 무엇인지 들어 볼 수 있습니까?" 하자, 왕은 웃기만 하고 대답하지 않았다. 맹자가 "맛있는 고기와 음식이 부족하기 때문입니까? 가볍고 따뜻한 옷이 부족하기 때문입니까? 아니면 눈에 보이는 아름다운 색깔들이 부족하기 때문입니까? 듣기 좋은 음악 소리가 부족하기 때문입니까? 측근들을 부리기에 부족하기 때문입니까? 그런 것들은 왕의 신하들이 다 보살펴 줄 것인데, 왕께서는 그런 일 때문에 그러겠습니까?" 하니, 왕이 "아닙니다. 나는 그런 일 때문에 그러는 것이 아닙니다."고 말했다. 맹자가 "그렇다면 왕께서 간절히 바라는 것을 알 수 있겠습니다. 영토를 넓히고, 진나라와 초나라로 하여금 조공을 바치게 하며, 중국의 중심에 자리 잡아 사방의 오랑캐들을 평정하는 일입니다. 그러나 그러한 방법으로 원하는 것을 얻으려 하는 것은 나무에 올라가서 물고기를 잡으려는 것과 같은 것입니다."라고 말하자, 왕은 "그것이 그 정도로 심한 일입니까?"라고 물었다. 맹자는 "그런 정도가 아닙니다. 나무에서 물고기를 잡는 것은 비록 고기를 잡지 못할 뿐 다른 재난은 없습니다. 그러나 그러한 방법으로 얻고자 하는 것을 얻으려고 하면, 마음과 힘을 다한다 해도 뒤에 반드시 재앙이 있을 것입니다." 하고 말했다. 왕이 "그 말씀을 들어볼 수 있겠습니까?" 하고 말하자, 맹자가 "만약에 작은 추나라와 큰 초나라가 싸우면, 왕께서는 어느 쪽이 이길 것 같습니까?"하고 물었다. 왕이 "초나라가 이길 것입니다."고 대답하자, 맹자가 "그렇습니다. 작은 나라는 큰 나라를 이기지 못하고, 적은 무리는 많은 무리를 이기지 못하고, 약한 것은 강한 것을 이기지 못하는 것입니다. 지금 천하에는 사방에 천리가 되는 영토를 가진 큰 나라가 아홉인데, 제나라는 그 중 하나에 불과합니다. 그 하나로 여덟을 정복한다는 것이 추나라가 초나라를 상대로 싸우는 것과 무엇이 다릅니까? 어째서 근본으로 돌아가지 않으십니까? 지금 왕께서 정치를 하여 어진 마음을 베풀면 벼슬을 원하는 사람은 모두 왕의 조정에서 벼슬하기를 원하게 되고, 농사짓는 사람은 다 왕의 들판에서 농사짓고 싶어 하며, 장사꾼들은 모두가 왕의 시장에서 장사하고 싶어 하고, 여행하는 사람들은 모두 왕의 나라를 지나가고자 할 것이며, 자신의 군주에게 불만을 품은 사람은 모두 왕을 찾아와 호소하게 될 것입니다. 이렇게 된다면 누가 그것을 막을 수 있겠습니까?"라고 말했다. 왕이 "내가 원래 혼미하여 그렇게까지 할 수가 없으니, 부디 선생께서 내 뜻을 살펴서 분명하게 가르쳐 주십시오. 내가 비록 못났지만 한번 실천해 보겠습니다."고 하자, 맹자가 "고정적인 생업이 없어도 곧은 마음을 갖는 것은 오직 선비만이 가능한 것입니다. 일반 백성들은 고정적인 생업이 없으면 그로 인하여 곧은 마음을 잃게 됩니다. 그리고 곧은 마음이 없으면 방벽사치의 행위를 하게 될 것이니, 죄에 빠지게 만들어 놓은 다음에 그것을 형벌로 다스린다면 그것은 백성들을 그물질해서 잡는 것입니다. 어찌 어진 사람이 임금의 자리에 있으면서 백성을 그물질하는 일을 할 수 있습니까? 따라서 현명한 왕은 백성들의 생업을 제정함에 있어서 위로는 부모를 넉넉하게 섬기게 하고, 아래로는 처자를 먹여 살릴 만하게 하여, 풍년에는 늘 배불리 먹고 흉년에 굶어 죽는 것을 면하게 해야 합니다. 그런 다음에 백성들로 하여금 착한 길로 가게 하면 백성들이 잘 따르게 됩니다. 지금 백성들의 생업으로는 위로 부모를 섬기고, 아래로 처자를 먹이기에 부족합니다. 풍년에도 죽도록 고생하고 흉년에는 죽음을 면하기가 어렵습니다. 이래서야 죽음을 면하기도 어려운 형편이니 어느 겨를에 예의를 익히겠습니까? 왕께서 어진 정치를 펴려고 하시면 왜 그 근본으로 돌아가지 않습니까? 다섯 이랑의 집터에 뽕나무를 심으면, 오십의 노인이 비단 옷을 입을 수 있고, 가축을 기름에 있어서 번식하는 때를 놓치지 않으면 칠십의 노인도 고기를 먹을 수 있으며, 백 이랑의 전답을 가진 사람이 제 철에 농사를 지으면 여러 식구가 굶주리지 않을 것입니다. 학교 교육을 근엄하게 시행해서 효도와 공경의 뜻을 가르치면 길거리에 반백의 노인이 무거운 짐을 지거나 이고 다니지 않게 될 것입니다. 칠십의 노인이 비단옷을 입고 고기반찬을 먹고, 백성들을 굶주리거나 헐벗지 않게 하면서 왕이 되지 못한 사람은 없었습니다." 하고 말했다.

[語釋]

*제선왕(齊宣王) : 원래 제(齊)나라의 국성(國姓)은 태공망(太公望) 강(姜) 씨의 후손이었으나, 뒤에 전화(田和)가 제나라를 침탈했다. 여기에서 선왕(宣王)은 전화의 증손(曾孫)이다. *제환진문공지사(齊桓晉文之事) : 제나라 환공과 진(晉)나라 문공의 사적(史蹟)을 말함. *도(道) : 여기에서는 '이야기하다, 말하다'의 뜻. *무이측왕호(無以則王乎) : 여기에서 以는 '말다, 그만두다'라는 뜻. 즉 王께서 나와의 이야기를 그만둘 수 없다면, 王道에 대한 이야기나 하자는 뜻. *보민(保民) : 편안하게 백성들을 돌보아 줌. *막지능어야(莫之能禦也) : 여기에서 之는 타동사로 사용되었음. *가(可) : 若王則可以保民也를 줄인 말. 뜻은 '왕 같은 마음이면 백성을 편안하게 해주어 천하에 왕 노릇을 할 수가 있다는 뜻. *하유(何由) : 무엇으로 말미암아. 무엇으로 해서. *호흘(胡齕) : 제선왕의 측근 신하. *당상(堂上) : 넓은

대청. 층계 위가 당상(堂上), 층계 아래를 당하(堂下)라 함. *흔종(釁鐘) : 새로 만든 종(鐘)에 동물의 피를 갈라진 틈에 바르는 의식. *불인(不忍) : 不忍見의 뜻. *곡속(觳觫) : 두려워서 떠는 모양. *약(若) : 이처럼, 이렇게. 그처럼, 그렇게. *여(與) : 여(歟). 그런가? *유저(有諸) : 여기에서 諸는 지호(之乎)가 줄어든 것. 따라서 有諸는 有之乎와 같은 뜻. *고(固) : 원래부터. 그렇다는 뜻. *편소(褊小) : 좁다. *무(無) : ~하지 말라. *피오지지(彼惡知之) : 彼는 저들 곧 백성들, 惡는 어떻게, 之는 제선왕이 소를 불쌍하게 여기는 마음. *이(而) : 여기에서는 그러나, 그런데도. *포주(庖廚) : 주방(廚房), 또는 푸줏간. *촉탁(忖度) : 다른 사람의 마음을 헤아려 알다. *부(夫) : 대저, 대체로 등의 뜻으로, 글 첫 머리에 놓임. *내(乃) : 도리어. 부사(副詞). *척척(戚戚) : 마음이 움직임이 있다는 말. *복(復) : 아뢰다, 사뢰다. *균(鈞) : 무게의 단위. *독하여(獨何與) : 獨은 '바로, 다만, 오직'의 뜻이고, 與는 어조사 歟이다. *연즉(然則) : 그렇다면. *위장자절지(爲長者折枝) : 윗사람을 위하여 절한다는 뜻. *과처(寡妻) : 덕이 없는 처(妻)라 하여 자기 아내에 대한 겸칭(謙稱). *가방(家邦) : 국가. 나라. *고지인(古之人) : 여기서부터는 주문왕(周文王)가 같은 옛 성왕(聖王)을 두고 한 말이다 *태과인(太過人) : 남들보다 월등하게 훌륭하다는 말. *권(權) : 저울 또는 저울추. *청탁지(請度之) : 여기에서 請은 완곡한 명령의 뜻이고, 度은 마음을 헤아린다는 뜻. *억(抑) : '그런데, 도대체, 그렇지마는'의 뜻. *비감(肥甘) : 살찐 고기와 맛있는 요리. *경난(輕煖) : 가볍고 따뜻한 옷. *편폐(便嬖) : 총애를 받는 측근의 신하. *벽(辟) : 벽(闢). 개척하여 확장하다로, 여기에서는 영토의 확장을 의미함. *서(敍) : 여기에서는 군림(君臨)의 을 뜻한다. 무(撫) : 안정시키다. 항거하는 것을 진압하다. *개(蓋) : 어찌 ~하지 않으리오. *상고(商賈) : 상인(商人)을 통틀어 이르는 말. 돌아다니면서 장사하는 사람을 商이라 하고, 한 곳에서 장사하는 사람을 賈라고 한다. *항산(恒産) : 생활

제1편 양혜왕 상 45

의 근거가 되는 일. *제민지산(制民之産) : 백성의 생활 근거를 정해 주는 것.
*앙부(仰俯) : 仰은 본래 우러러본다는 뜻이나, 여기서는 '위', 따라서 俯는 '아래'.
*락세(樂歲) : 풍년이 든 해. *경(輕) : 易과 같은 뜻.

[大意]

맹자가 살던 춘추전국시대는 중기에 들어서면서 더욱 열국의 분열이 심해졌다. 그렇지만 그러는 와중에서 통일의 기운도 일어났다고 할 수 있다. 따라서 다가오는 통일의 시대에 마지막 승자가 되어 군림하려는 야망은 당시의 모든 제후들이 가지고 있었다고 할 수 있다. 제선왕도 그러한 야망을 품고 맹자에게 제나라 환공이나 진나라 문공의 통치 비결을 물었다. 그의 물음에 맹자는 그런 비결에 대해서는 아는 것이 없다고 묵살하며 참된 왕도가 어떤 것인가를 일러주고 있다.

제2편

양혜왕(梁惠王) 下

제1장

莊暴見孟子 曰 暴見於王 王語暴以好樂 暴未有以對也 曰
장포견맹자 왈 포현어왕 왕어포이호악 포미유이대야 왈

好樂何如 孟子曰 王之好樂甚 則齊國其庶幾乎 他日 見於
호악하여 맹자왈 왕지호악심 즉제국기서기호 타일 견어

王曰 王嘗語莊子以好樂 有諸 王變乎色 曰 寡人非能好先
왕왈 왕상어장자이호악 유제 왕변호색 왈 과인비능호선

王之樂也 直好世俗之樂耳 曰 王之好樂甚 則齊其庶幾乎
왕지악야 직호세속지악이 왈 왕지호악심 즉제기서기호

今之樂猶古之樂也 曰 可得聞與 曰 獨樂樂 與人樂樂 孰
금지악유고지악야 왈 가득문여 왈 독악락 여인악락 숙

樂 曰 不若與人 曰 與少樂樂 與衆樂樂 孰樂 曰 不若與衆
락 왈 불약여인 왈 여소악락 여중악락 숙락 왈 불락여중

臣請為王言樂 今王鼓樂於此 百姓聞王鐘鼓之聲 管籥之
신청위왕언악 금왕고악어차 백성문왕종고지성 관약지

音 擧疾首蹙頞而相告曰 吾王之好鼓樂 夫何使我至於此
음 거질수축안이상고왈 오왕지호고악 부하사아지어차

極也 父子不相見 兄弟妻子離散 今王田獵於此 百姓聞王
극야 부자불상견 형제처자이산 금왕전렵어차 백성문왕

車馬之音 見羽旄之美 擧疾首蹙頞而相告曰 吾王之好田
거마지음 견우모지미 거질수축안이상고왈 오왕지호전

獵 夫何使我至於此極也 父子不相見 兄弟妻子離散 此無
렵 부하사아지어차극야 부자불상견   형제처자이산 차무

他 不與民同樂也 今王鼓樂於此 百姓聞王鐘鼓之聲 管
타 불여민동락야 금왕고악어차 백성문왕종고지음 관

籥之音 擧欣欣然有喜色而相告曰 吾王庶幾無疾病與 何
약지음 거흔흔연유희색이상고왈 오왕서기무질병여 하

以能鼓樂也 今王田獵於此 百姓聞王車馬之音 見羽旄之
이능고악야 금왕전렵어차 백성문왕거마지음 견우모지

美 擧欣欣然有喜色而相告曰 吾王庶幾無疾病與 何以能
미 거흔흔연유희색이상고왈 오왕서기무질병여 하이능

田獵也 此無他 與民同樂也 今王與百姓同樂 則王矣
전렵야 차무타 여민동락야 금왕여백성동락 즉왕의

장포가 맹자를 만나서 "제가 왕을 뵙자 왕께서는 음악을 좋아한다고 하셨는데, 저는 뭐라고 대답할 수 없었습니다." 말하고는, 이어서 "음악을 좋아하는 것은 어떻습니까?" 하고 묻자, 맹자가 "왕이 음악을 매우 좋아하신다면, 제나라는 앞으로 희망이 있습니다." 하고 대답했다. 다른 날 맹자가 왕을 뵙고 "전에 장포에게 음악을 좋아하신다고 그러셨습니까?" 하고 물었다. 왕은 얼굴색이 변해서 대답했다. "과인은 선왕과 같은 음악이 아니라 그냥 세속의 음악을 좋아하는 데 불과합니다." 맹자가 "왕께서 음악을 그렇게 좋아하시니 제나라의 앞날은 밝습니다. 요즘 음악이나 옛

날 음악이나 다 마찬가집니다."라고 말하니, 왕이 "그것에 대해 선생님의 말씀을 더 듣고 싶습니다."고 했다. 맹자가 "홀로 음악을 즐기시는 것과 다른 사람과 함께 음악을 즐기시는 것 중에서 어느 것이 더 즐겁습니까?" 하고 묻자, 왕이 "혼자 즐기는 것은 다른 사람과 함께 즐기는 것만 못하지요."라고 했다. 맹자가 "몇 사람과 즐기시는 것과 많은 사람과 음악을 즐기시는 것 중에서 어느 것이 더 즐겁습니까?" 하고 묻자, 왕은 "몇 사람과 즐기는 것은 많은 사람과 함께 즐기는 것만 못하지요."라고 대답했다. 맹자가 말했다. "음악에 대해 말씀드리겠습니다. 왕께서 음악을 연주하시면 백성들이 왕의 종과 북과 생황과 통소 소리를 듣게 됩니다. 그런데 듣고 나서 모두들 머리 아파하고 걱정하면서 '우리 왕은 음악을 연주하기를 좋아하는구나. 그런데 어째서 우리에게 이렇게 고통을 주는가. 부자가 서로 만나지 못하고, 형제와 처자까지 헤어지게 하는가?'라고 말들을 하고, 또 왕께서 사냥을 할 때에 백성들은 왕의 수레와 말의 소리를 듣고 화려한 깃털 장식을 보면서 머리 아파하고 걱정하면서 '우리 왕은 사냥을 즐기는구나. 그런데 어째서 사냥이 우리에게 이렇게 고통을 주는가. 부자가 서로 보지 못하고, 형제와 처자가 헤어지게 하는가?'라고 말한다면, 그것에는 다른 이유가 없습니다. 오직 백성과 함께 즐기지 않기 때문입니다. 왕께서 음악을 연주하면 백성들이 모두 즐겁게 웃으면서 '우리 왕께서 항상 음악을 연주하시도록 건강하셔야 할 텐데….'라고 말들을 하고, 왕께서 사냥을 하시면 백성들이 모두 즐겁게 웃으면서 말하기를 '우리 왕께서 늘 사냥하실 수 있도록 건강하셔야 할 텐데….'라고 한다면, 그것에는 다른 이유가 없습니다. 오직 백성과 함께 즐거움을 같이 하기 때문입니다. 왕께서 백성들과 함께 즐거움을 같이 하신다면 진정한 왕이 되실 것입니다."

[語釋]
*장포(莊暴) : 제선왕의 신하. *미유이대(未有以對) : 어떠한 상관이 있는가. *장자(莊子) : 장(莊) 씨. *변호색(變乎色) : 부끄럽게 여겨 낯빛이 변함. *직(直) : 다만, 단지. *불약(不若) : ~만 못하다. *관약(管籥) : 생황과 피리. *거(擧) : 다. 모두. *질수(疾首) : 골머리를 앓다. *축알(蹙頞) : 근심이 깊음. *전렵(田獵) : 사냥. *우모(羽旄) : 깃발 장식을 말함. *서기(庶幾) : 여기에서는 '제발 ~하소서.'의 의미.

[大意]
　진정한 왕이 되려면 여민동락(與民同樂), 즉 즐거움을 백성들과 함께 나누어야 한다고 말했다.
　왕이 백성들에게는 고통을 주면서 자기만 즐긴다면 백성들이 반발하겠지만, 백성들과 즐거움을 함께한다면 왕이 즐기는 것을 함께 기뻐할 것이라는 말이다.

제2장

齊宣王問曰 文王之囿方七十里 有諸 孟子對曰 於傳有之
제선왕문왈 문왕지유방칠십리 유제 맹자대왈 어전유지

曰 若是其大乎 曰 民猶以爲小也 曰 寡人之囿方四十里
왈 약시기대호 왈 민유이위소야 왈 과인지유방사십리

民猶以爲大 何也 曰 文王之囿方七十里 芻蕘者往焉 雉兎
민유이위대 하야 왈 문왕지유방칠십리 추요자왕언 치토

者往焉 與民同之 民以爲小 不亦宜乎 臣始至於境 問國之
자왕언 여민동지 민이위소 불역의호 신시지어경 문국지

大禁 然後敢入 臣聞郊關之內有囿方四十里 殺其麋鹿者
대금 연후감입 신문교관지내유유방사십리 살기미록자

如殺人之罪 則是方四十里 爲阱於國中 民以爲大 不亦宜乎
여살인지죄 즉시방사십리 위정어국중 민이위대 불역의호

    제나라 선왕이 "문왕의 동산이 사방 칠십 리였다고 하는데, 그렇습니까?" 하고 묻자, 맹자가 "전해 오는 말로는 그렇습니다." 하고 대답했다. 왕이 "그렇게 컸습니까?"라고 묻자, 맹자가 "백성들은 오히려 작다고 생각했습니다."고 대답했다. 왕이 "과인의 동산은 사방 사십 리인데도 백성들이 오히려 크다고 생각하는 것은 무엇 때문입니까?" 하고 묻자, 맹자가 대답했다. "문왕의 동산은 사방 칠십 리였으나, 풀을 베고 나무를 하는 사람들이 드나들고, 꿩과 토끼를 잡는 사람들도 드나들며 백성들과 함께 했으니 백성들이 작다고 생각한 것은 당연하지 않습니까? 제가 처음 제나라의 국경에 이르렀을 때는 제나라의 엄한 금령(禁令)이 무엇인지 물어 본 후에 들어왔습니다. 그때 제가 듣기로는 국경의 관문(關門) 안에 사방 사십 리의 동산이 있는데, 그곳에 있는 사슴을 잡는 사람은 살인죄와 마찬가지로 다스린다고 했습니다. 그렇다면 그것은 사방 사십 리가 되는 동산으로 나라 안에 함정을 파 놓은 것과 같은 것이니, 백성들이 그것을 크다고 생각하는 것도 당연한 것이 아니겠습니까?"

[語釋]

*문왕(文王) : 주(周)나라 문왕(文王). *유(囿) : 나라의 동산을 말함. *유제(有諸) : 그렇습니까? 여기에서 諸는 之乎의 줄임말. *추요자(芻蕘者) : 풀을 베고 나무를 하는 사람. *국지대금(國之大禁) : 여러 금령(禁令) 가운데에서도 특히 중대한 것. *정(阱) : 함정. 여기에서 백성을 죽음의 구렁텅이에 빠뜨린다는 의미로 사용되었음.

[大意]

맹자가 제선왕을 만나려고 제나라의 관문을 지나면서 제나라에서 가장 엄한 금령을 물어보았는데, 임금의 동산에서 일반 백성이 사슴을 잡는 것을 살인죄와 똑같이 다스린다는 말을 듣고, 제선왕에게 비록 제선왕의 동산은 문왕의 동산보다 작지만 그러한 금령이 있는 한 백성들에게는 너무나 큰 동산으로 여겨질 수밖에 없는 이유를 밝히고 있다. 즉 동산의 크고 넓음이 문제가 아니고 여민동락하는 정치에 대해 묻고 있는 것이다.

    나라의 동산이 백성들이 살아가는 터전이 되면 오히려 넓어도 작게 생각 되고, 백성들을 옥죄는 함정이 되면, 좁아도 오히려 넓게 생각되는 것이다.

제3장

齊宣王問曰 交鄰國有道乎 孟子對曰 有惟仁者為能以大
제선왕문왈　교린국유도호　맹자대왈　유유인자위능이대

事小 是故湯事葛 文王事昆夷 惟智者為能以小事大 故大
사소　시고탕사갈　문왕사곤이　유지자위능이소사대　고대

王事獯鬻 句踐事吳 以大事小者 樂天者也 以小事大者 畏
왕사훈죽　구천사오　이대사소자　락천자야　이소사대자　외

天者也 樂天者保天下 畏天者保其國 詩云 畏天之威 于時
천자야　락천자보천하　외천자보기국　시운　외천지위　우시

保之 王曰 大哉言矣 寡人有疾 寡人好勇 對曰 王請無好
보지　왕왈　대재언의　과인유질　과인호용　대왈　왕청무호

小勇 夫撫劍疾視曰 彼惡敢當我哉 此匹夫之勇 敵一人者
소용　부무검질시왈　피오감당아재　차필부지용　적일인자

也 王請大之 詩云 王赫斯怒 爰整其旅 以遏徂莒 以篤周
야　왕청대지　시운　왕혁사로　원정기려　이알조거　이독주

祜 以對于天下 此文王之勇也 文王一怒而安天下之民 書
호　이대우천하　차문왕지용지　문왕일로이안천하지민　서

曰 天降下民 作之君 作之師 惟曰其助上帝 寵之四方 有
왈　천강하민　작지군　작지사　유왈기조상제　총지사방　유

罪無罪 惟我在 天下曷敢有越厥志 一人衡行於天下 武王
죄무죄　유아재　천하갈감유월궐지　일인형행어천하　무왕

> 恥之 此武王之勇也 而武王亦一怒而安天下之民 今王亦
> 치지 차무왕지용지 이무왕역일노이안천하지민 금왕역
>
> 一怒而安天下之民 民惟恐王之不好勇也
> 일노이안천하지민 민유공왕지불호용야

　제선왕이 "이웃나라와 사귀는 데에도 도리가 있습니까?"라고 물으니, 맹자가 대답했다. "있습니다. 오직 인자한 사람만이 큰 것으로 작은 것을 섬길 수 있으니, 그런 연유로 탕왕이 갈(葛)을 섬겼고 문왕이 곤이(昆夷)를 섬겼습니다. 지혜로운 사람만이 작은 것으로 큰 것을 섬길 수 있으니, 그래서 주나라 태왕이 훈육(獯鬻)을 섬기고 구천이 오나라를 섬긴 것입니다. 큰 것으로 작은 것을 섬기는 사람은 하늘의 이치를 달게 받아들이는 사람이고, 작은 것으로 큰 것을 섬기는 사람은 하늘의 이치를 두려워하는 사람입니다. 하늘의 이치를 달게 받아들이는 사람은 천하를 보전하고, 하늘의 이치를 두려워하는 사람은 나라를 보전합니다. 《시경》에 '하늘의 위엄을 두려워하므로 나라를 보전한다.'는 말이 있습니다." 왕이 말했다. "말씀이 훌륭하십니다. 과인에게 걱정이 있는데 과인이 용맹함을 좋아하는 것입니다." 맹자가 대답했다. "왕께서는 사소한 용맹을 좋아하지 마십시오. 검을 어루만지고 노려보면서 '저놈이 어찌 나를 당하겠는가.' 라고 하는 것은 필부의 용맹이자 한 사람만을 대적하는 것뿐입니다. 왕께서는 큰 용기를 발휘하십시오. 《시경》에 '왕이 분노해서 이에 군대를 정비하여 조거(徂

莒)를 막고, 주나라의 복을 돈독히 해서 천하에 대응했다.'고 했으니, 이것이 문왕의 용기입니다. 문왕은 한 번의 분노로 천하의 백성들을 안정시켰습니다. 또 《서경》에 '하늘이 백성들을 세상에 내려 보내서 임금을 만들고 스승을 만든 것은 상제(上帝)를 도와서 사람들을 사랑하라고 한 것이다. 사방에 죄가 있고 없고는 오직 나에게 있으니, 천하 사람들 중에 어찌 감히 그 뜻을 벗어날 수 있겠는가?'라고 했습니다. 당시에 한 사람이 천하에서 제멋대로 하는 것을 무왕이 수치스러워 했습니다. 그것이 바로 무왕의 용기로, 무왕은 한 번 분노해서 천하의 백성들을 편안하게 한 것입니다. 이제 왕께서 한 번 분노해서 천하의 백성들을 편안하게 하신다면 백성들은 오히려 왕이 용맹한 것을 좋아하지 않을까 걱정할 것입니다."

[語釋]
*이소사대(以小事大) : 예의를 갖추어 작은 나라와의 국교를 유지하는 것. *탕(湯) : 은(殷)나라 시조 탕왕. *곤이(昆夷) : 옛 중국의 서쪽 국경 부근에 살던 민족. *대왕(大王) : 周나라의 시조 고공단부(古公亶父). 주문왕(周文王)의 조부(祖父). *훈육(獯鬻) : 옛 중국의 북쪽에 살던 유목민족. *구천사오(句踐事吳) : 춘추시대 월(越)나라 임금 구천(句踐)이 오(吳)나라 왕 부차(夫差)에게 붙잡혀 그의 말고삐를 잡는 등 갖은 욕을 당하다가, 귀국해서 재기하여 마침내 오나라를 멸망시킨 것. *낙천(樂天) : 하늘의 뜻을 기꺼이 받아들임. *우시(于時) : 於是와 같은 뜻. *대재언의(大哉言矣) : 哉와 矣는 둘 다 감탄을 나타내는 조사. *질(疾) : 성벽. 버릇. *혁(赫) : 붉은 빛을 뜻하여, 여기서는 불끈 성낸 모습. *사(斯) : 즉(則)의

의미를 가진 어조사. *원정기려(爰整其旅) : 여기에서 爰은 어조사로, 뜻은 '이에 (乃)'이다. 旅는 본래 오백의 병사를 뜻하고 군대를 말한다. *이알조거(以遏徂莒) : 徂는 여기서 침략의 뜻이고, 莒는 주(周)나라 때의 제후(諸侯)나 나라의 이름. *하(下) : 下土, 즉 땅 위. *유왈(惟曰) : 하늘이 땅에 있는 백성들을 위해 임금과 스승을 마련한 뜻을 추구(追求)한다는 말. *기조상제(其助上帝) : 其는 그들 즉 임금과 스승, 上帝는 만물을 다스리는 하늘, 따라서 하늘의 뜻을 도와 임금과 스승이 하늘을 대신한다는 의미. *유아재(惟我在) : 我는 주(周)나라 무왕(武王). *曷(갈) : 어찌 ~하리오. *월(越) : 하늘의 뜻을 무시한다는 의미. *일인충행(一人衡行) : 여기에서 一人은 은나라의 주왕(紂王)이고, 또 衡(형)은 횡(橫)의 뜻이다. 따라서 衡行은 橫行과 같다.

[大意]

　제선왕이 이웃나라와 사귀는 도리에 대해 묻자, 맹자가 필부의 용기와 제왕의 용기를 예로 들어 설명하고 있다.

　인간 사회에서 크던 작던 지도자가 될 사람이라면 하늘의 뜻이 진정으로 어디에 있는지 잠시라도 잊지 말아야 한다.

　용맹함은 용기를 크게 발휘하는 것으로, 하늘의 뜻을 받들어 천하의 백성을 편안하게 하는 것이라고 주장했다. 민심은 천심이니, 하늘의 뜻을 두려워할 줄 알아야 한다는 것이다.

제4장

齊宣王見孟子於雪宮 王曰 賢者亦有此樂乎 孟子對曰 有
제선왕견맹자어설궁 왕왈 현자역유차락호 맹자대왈 유

人不得 則非其上矣 不得而非其上者 非也 為民上而不與
인부득 즉비기상의 부득이비기상자 비야 위민상이불여

民同樂者 亦非也 樂民之樂者 民亦樂其樂 憂民之憂者 民
민동락자 역비야 락민지락자 민역락기락 우민지우자 민

亦憂其憂 樂以天下 憂以天下 然而不王者 未之有也 昔者
역우기우 락이천하 우이천하 연이불왕자 미지유야 석자

齊景公問於晏子曰 吾欲觀於轉附 朝儛 遵海而南 放于琅
제경공문어안자왈 오욕관어전부 조모 준해이남 방우낭

邪 吾何脩而可以比於先王觀也 晏子對曰 善哉問也 天子
야 오하수이가이비어선왕관야 안자대왈 선재문야 천자

適諸侯曰巡狩 巡狩者巡所守也 諸侯朝於天子曰述職 述
적제후왈순수 순수자순소수야 제후조어천자왈술직 술

職者述所職也 無非事者 春省耕而補不足 秋省斂而助不
직자술소직야 무비사자 춘성경이보부족 추성검이조불

給 夏諺曰 吾王不遊 吾何以休 吾王不豫 吾何以助 一遊
급 하언왈 오왕불유 오하이휴 오왕불예 오하이조 일유

一豫 為諸侯度 今也不然 師行而糧食 飢者弗食 勞者弗息
일예 위제후도 금야불연 사행이량식 기자불식 노자불식

睊睊胥讒 民乃作慝 方命虐民 飮食若流 流連荒亡 爲諸侯
견견서참 민내작특 방명학민 음식약류 유연황망 위제후

憂 從流下而忘反謂之流 從流上而忘反謂之連 從獸無厭
우 종류하이망반위지류 종류상이망반위지연 종수무염

謂之荒 樂酒無厭謂之亡 先王無流連之樂 荒亡之行 惟君
위지황 락주무염위지망 선왕무류연지락 황망지행 유군

所行也 景公說 大戒於國 出舍於郊 於是始興發補不足 召
소행야 경공열 대계어국 출사어교 어시시흥발보부족 소

太師曰 爲我作君臣相說之樂 蓋徵招角招是也 其詩曰 畜
대사왈 위아작군신상열지악 개치소각소시야 기시왈 축

君何尤 畜君者 好君也
군하우 축군자 호군야

제선왕이 설궁에서 맹자를 만났다. 왕이 말했다. "현자도 이러한 즐거움이 있습니까?" 맹자가 대답했다. "있습니다. 사람이 즐거움을 얻지 못하면 그 윗사람의 잘못이라 합니다. 그러나 즐거움을 얻지 못해서 그 윗사람의 잘못이라 하는 것도 잘못된 것이고, 백성들의 윗사람으로서 백성들과 더불어 같이 즐기지 않는 것도 역시 잘못입니다. 백성들의 즐거움을 자신의 즐거움으로 생각하면 백성들 역시 왕의 즐거움을 자신들의 즐거움으로 생각합니다. 백성들의 근심을 걱정하면 백성들 역시 왕의 근심을 걱정합니다. 천하의 사람들과 함께 즐거워하고 천하의 사람들과 함께 근심을 하면서 왕이 되지 못한 사람은 없습니다. 옛날에 제나라의 경공이 안자에게 '나는 전부(轉附)와 조무(朝儛)를 여행하고, 바다를 따라 남으로 가서 낭야(瑯邪)까지 가고 싶은데, 내가 어떻게 준비해야 선왕들이 여행한 것에 비교할 수 있겠소?' 하고 물었습니다. 안자가 대답했습니다. '좋은 질문입니다. 천자가 제후에게 가는 것을 순수(巡狩)라고 하며, 순수는 제후의 영토를 순시하는 것입니다. 제후가 천자에게 조회하러 가는 것을 술직(述職)이라 하는데, 술직은 맡은 직무를 보고하는 것입니다. 일과 관련되지 않은 것은 없습니다. 봄에는 농사를 살펴 부족한 것을 보충해주고, 가을에는 거두는 것을 살펴 넉넉하지 못한 것을 도와줍니다. 하나라 속담에 '우리 왕께서 여행하지 않으시면 우리가 어찌 쉬고, 우리 왕께서 여행하지 않으시면 우리가 어떻게 도움을 받겠는가?' 라는 말이 있습니다. 한 번 유람하고 한 번 순시하는 것이 제후들에게 도리가 되었던 것입니다. 그러나 지금의 왕들은 그렇지 않아서 병사들이 돌아다니며 식량을 걷어가기 때문에 굶주린 사람은 먹지 못하고 일하는 사람은 쉬지 못합니다. 따라서 백성들은 서로 곁눈질하고 헐뜯으며 나쁜 짓을 하게 되었습니다. 그래도 여전히 백성들을 학대하고, 음식을 물 흐르는 것처럼 낭비하고, 유연황망(流連荒亡)하여 제후들의 근심거리가 됩니다. 뱃놀이의 즐거움에 빠져 멈추지 못하는 것을 류(流), 배를 끌고 물살을 거슬러 오르며 억지로 만들어 즐기는 것을 연(連), 사냥을 하면서 만족하지 못하고 그만두지 않는 것을 황(荒), 술을 마시면서 멈추지 못하고 자신을 망치는 것을 망(亡)이라 합니다. 선왕들은 유연의 즐거움이나 황망의

제2편 양혜왕 하 61

행동은 하지 않았습니다. 어느 것을 따를지는 오직 군주께서 결정할 일입니다.' 경공은 이 말을 듣고 매우 기뻐하며 나라 안에 훈령을 내리도록 하고 성 밖에 나가 머물면서 창고를 열고 양곡을 풀어 식량이 부족한 사람들을 도와주었습니다. 태사를 불러서 '나를 위하여 임금과 신하가 서로 즐길 음악을 만들라.'고 했으니, 치소(徵招)와 각소(角招)가 바로 그것 입니다. 그 가사에 '군주의 욕심을 막는 것이 무슨 허물인가?'라고 했습니다. 군주의 욕심을 막는 것은 군주를 좋아한다는 것입니다."

[語釋]

*설궁(雪宮) : 제(齊)나라 왕의 궁(宮) 이름. *현자(賢者) : 맹자를 가리키는 말도 있고, 어질고 덕이 있는 군자를 가리킨다는 말도 있다. *경공(景公) : 선왕(宣王)의 십대 조(祖). *안자(晏子) : 제나라의 대부. 공자의 선배인 동시대의 인물. *관(觀) : 유람의 뜻. *전부·조무(轉附·朝儛) : 제나라의 산(山) 이름. *준해(遵海) : 遵은 순(循)의 뜻. 바다를 따라서, 즉 해변을 따라서. *방(放) : 지(至). *낭야(琅邪) : 제나라의 고을 이름. *순수(巡狩) : 제후가 맡고 있는 토지를 천자가 시찰하며 순행하는 것. *성(省) : 순시(巡視), 시찰(視察). *렴(斂) : 곡식을 수확, 즉 추수하는 것. 斂은 거둘 렴. *예(豫) : 여기에서는 즐긴다는 뜻. *금야(今也) : 지금. 안자(晏子)가 살던 당시를 말함. *사(師) : 중(衆)의 뜻으로, 수행원을 말함. *견견(睊睊) : 눈을 흘기며 질시함. *서참(胥讒) : 서로 헐뜯음. *작특(作慝) : 나쁜 짓을 저지름. *방명(方命) : 여기에서 方은 방(放)과 통하는 글자, 곧 버린다는 뜻. *종수(從獸) : 짐승 사냥. *황(荒) : 귀중한 시일을 폐(廢)함. *망(亡) : 정사(政事)를 태만하게 하여 잃어버리는 것. *설(說) : 열(悅)과 같은 뜻. *대계어국(大戒於國) : 全國에

널리 훈령을 내리다. *출사어교(出舍於郊) : 대궐에서 나와 들 밖 민가에 머무르면서(舍 = 宿) 민생고를 살피다. *흥발(興發) : 나라의 창고를 열어 곡식을 백성들에게 방출하는 것. *태사(太師) : 음악을 담당하는 관리. *군신(君臣) : 경공과 안자. *치소·각소(徵招·角招) : 궁상각치우(宮商角徵羽) 오음(五音) 가운데 징조(徵調)와 각조(角調)에 따른 소(韶)의 음악. 招는 韶와 같은 뜻으로, 순(舜)임금의 음악 이름이다. *축군(畜君) : 畜은 지(止)의 뜻. 군주의 욕심을 막다.

[大意]

맹자는 경공과 안자의 고사(故事)를 예로 들어 혼자만의 즐거움을 말하는 제선왕의 반성을 촉구했다.

맹자는 '자신들이 가질 수 없다고 왕을 비방하는 것도 잘못이지만, 백성들의 왕으로서 백성들과 함께 즐거움을 같이하지 않고 혼자 즐기는 것 역시 잘못이다. 왕이 백성들의 즐거움을 기뻐하면 백성들 역시 왕의 즐거움을 기뻐하고, 왕이 백성들의 근심을 걱정하면 백성들 역시 왕의 근심을 걱정한다.'고 말했다.

또 한 걸음 더 나아가서 관(觀), 즉 선왕들의 유행(遊行)이 단순한 유람이 아니었던 것을 안자(晏子)의 입을 빌려서 얘기했다.

제선왕의 조상 경공이 재상 안자에게 유람[觀]하면서 어떠한 태도를 취하여야 선왕들과 비교하여 손색이 없겠느냐고 질문하자, 관(觀) 즉 유행(遊行)이 단순한 즐거움이 아니라는 것을 선왕 경공의 예를 들어 설명한다. 백성들을 보살핀다는 생각을 잠시도 잊지 않으면서 지방을 순시하고 유람한 선왕들의 관(觀)은 분명히 악정(惡政)과 선정(善政)의 좋은 대조이다.

제5장

齊宣王問曰 人皆謂我毀明堂 毀諸 已乎 孟子對曰 夫明堂
제선왕문왈 인개위아훼명당 훼제 이호 맹자대왈 부명당

者 王者之堂也 王欲行王政 則勿毀之矣 王曰 王政可得聞
자 왕자지당야 왕욕행왕정 즉물훼지의 왕왈 왕정가득문

與 對曰 昔者文王之治岐也 耕者九一 仕者世祿 關市譏而
여 대왈 석자문왕지치기야 경자구일 사자세록 관시기이

不征 澤梁無禁 罪人不孥 老而無妻曰鰥 老而無夫曰寡 老
부정 택량무금 죄인불로 노이무처왈환 노이무부왈과 노

而無子曰獨 幼而無父曰孤 此四者 天下之窮民而無告者
이무자왈독 유이무부왈고 차사자 천하지궁민이무고자

文王發政施仁 必先斯四者 詩云 哿矣富人 哀此煢獨 王曰
문왕발정시인 필선사사자 시운 가이부인 애차경독 왕왈

善哉言乎 曰 王如善之 則何為不行 王曰 寡人有疾 寡人
선재언호 왈 왕여선지 즉하위불행 왕왈 과인유질 과인

好貨 對曰 昔者公劉好貨 詩云 乃積乃倉 乃裹餱糧 于橐
호화 대왈 석자공유호화 시운 내적내창 내과후량 우탁

于囊 思戢用光 弓矢斯張 干戈戚揚 爰方啟行 故居者有積
우랑 사집용광 궁시사장 간과척양 원방계행 고거자유적

倉 行者有裹糧也 然後可以爰方啟行 王如好貨 與百姓同
창 행자유과량야 연후가이원방계행 왕여호화 여백성동

> 之 於王何有 王曰 寡人有疾 寡人好色 對曰 昔者大王好
> 지 어왕가유 왕왈 과인유질 과인호색 대왈 석자대왕호
>
> 色 愛厥妃 詩云 古公亶甫 來朝走馬 率西水滸 至于岐下
> 색 애궐비 시운 고공단보 내조주마 솔서수호 지우기하
>
> 爰及姜女 聿來胥宇 當是時也 內無怨女 外無曠夫 王如好
> 원급강녀 율래서우 당시시야 내무원녀 외무광부 왕여호
>
> 色 與百姓同之 於王何有
> 색 여백성동지 어왕하유

제선왕이 물었다. "사람들은 모두 내게 명당을 헐어버리라고 하는데 헐까요? 그만둘까요?" 맹자가 대답했다. "명당은 왕의 집입니다. 왕께서 왕도정치를 할 생각이면 헐지 마십시오." 왕이 "왕도정치가 무엇인지에 대해서 들려주시겠습니까?"라고 말하자, 맹자가 대답했다. "옛날에 문왕이 기(岐)라는 곳을 다스릴 때 농사짓는 사람에게서는 9분의 1의 세금을 거두고, 벼슬하는 사람에게는 대대로 녹봉을 주었으며, 세관과 시장에서는 감시만 하고 세금은 거두지 않았으며, 연못이나 개천에서 물고기를 잡는 것을 금하지 않았고, 죄지은 사람은 처자식에게 연좌해서 처벌하지 않았습니다. 늙어서 아내가 없는 것을 홀아비라 하고, 늙어서 남편이 없는 것을 과부라 하며, 늙어서 자식이 없는 것을 무의탁자라 했고, 어려서 부모가 없는 것을 고아라고 했는데, 이 네 가지 경우의 사람들은 궁색한 백성들로 어디에 하소연할 데도 없는 사람들

입니다. 문왕은 정치를 하면서 인(仁)을 베풀어 반드시 이 네 가지 경우의 사람들을 우선으로 했습니다. 《시경》에 '부자들은 괜찮지만, 애처롭구나. 외롭고 고독한 사람들이여.'라고 했습니다." 왕이 "훌륭한 말씀입니다." 하니, 맹자가 "왕께서 좋으시다면 어찌 실행하지 않으십니까?" 했다. 그러자 왕은 "과인에게 결점이 있으니 재물을 좋아하는 것입니다."라고 했다. 맹자가 말했다. "옛날에 공유(公劉)라는 현자가 재물을 좋아했습니다. 《시경》에 '노적으로 쌓고 창고에 저장하고 말린 양식을 전대에 자루에 넣었네. 백성을 편안하게 하는데 모두 써서 나라의 힘을 보여 주었네. 활과 화살을 준비하고, 방패와 창과 도끼를 높이 들어 이에 행군을 시작했네.'라고 했습니다. 공유는 남아 있는 사람에게는 노적과 창고의 곡식을 마련해 주고, 길을 떠나는 사람에게는 곡식을 전대와 자루에 넣어 준 후에 행군을 할 수 있었습니다. 왕께서 재물을 좋아하더라도 백성들과 함께 하신다면 왕도에 무슨 문제가 있겠습니까?" 왕이 말했다. "과인은 또 다른 결점이 있습니다. 여색을 좋아합니다." 맹자가 말했다. "옛날에 태왕은 여색을 좋아하여 왕비를 사랑했습니다. 《시경》에 '고공단보는 아침에 말을 달려서 서쪽 물가를 따라 기산 아래에 이르러서 강씨 부인을 데리고 와서 살 곳을 살폈네.'라고 했으니, 당시에는 안으로 독수공방하는 여인이 없었고, 바깥으로 외로운 사내가 없었습니다. 왕께서 여색을 좋아하더라도 백성들과 함께 하신다면 왕도에 무엇이 문제가 되겠습니까?"

[語釋]

*명당(明堂) : 왕이 정치를 집행하는 곳의 이름. 옛날에 천자가 사방으로 순행할 때 제후들을 모아 놓고 정령(政令)을 펴던 궁전. *기(岐) : 지명(地名). *경자구일(耕者九一) : 정전제(井田制)를 말함. 구백 무(畝)를 아홉으로 구분하여, 한 가운데는 공전(公田), 바깥 둘레는 사전(私田)으로 하여 여덟 가구에 분배하였고, 여덟 가구는 각각 백 무씩의 사전을 경작하여 그 수확을 조세로 납부했다. 곧 9분의 1을 납부하는 것이다. *세록(世祿) : 관록(官祿)을 세습함. *관시(關市) : 관문과 시장. *기(譏) : 찰(察)과 같은 뜻, 단속하고 조사함. *정(征) : 통행세나 물품세 등의 세금을 받음. *택량무금(澤梁無禁) : 물이 괸 곳을 澤이라 하고, 물을 막아 고기 잡는 곳을 梁이라고 하는데, 택량무금은 고기잡이를 금하지 않는 것. *노(孥) : 처자(妻子). *가(哿) : 可와 같음. *경독(煢獨) : 지치고 외로운 사람. *공유(公劉) : 주(周)나라 후직(后稷)의 증손. *내적내창(乃積乃倉) : 積은 지붕 없는 노천, 倉은 지붕 있는 창고에 곡식을 쌓아 두는 것. *후량(餱糧) : 마른 양식. *탁(橐) : 밑이 없는 것, 전대. *랑(囊) : 밑 있는 것, 자루. *집(戢) : 화(和)의 뜻. *척양(戚揚) : 척은 斧(부), 양은 鉞(월) 둘 다 도끼를 말함. 斧는 작은 것, 鉞은 큰 것. *원방계행(爰方啓行) : 여기에서 爰은 이에, 方은 비로소의 뜻. 계행은 출발하는 것. *어왕하유(於王何有) : 왕 노릇 하는데 무슨 어려움이 있겠느냐는 뜻. *태왕(大王) : 공유(公劉)의 구세(九世) 손(孫). *궐(厥) : 기(其)와 같은 뜻. *고공단보(古公亶父) : 古公은 태왕의 본호(本號), 단보(亶父)는 그 본명(本名). *솔(率) : 순(循)의 뜻. '따라서, 좇아서'의 뜻. *수호(水滸) : 물가. *기하(岐下) : 岐山之下. *강녀(姜女) : 대왕비 태강(太姜)을 말함. *율(聿) : 수(遂)의 뜻, 마침내. *서우(胥宇) : 胥는 相, 宇는 居의 뜻, 함께 살다. *원녀(怨女) : 혼기 놓친 남편 없는 여인. *광부(曠夫) : 曠은 공허하고 외롭다는 뜻, 나이가 찼음에도 아내가 없는 사내를 말함.

[大意]

맹자가 활동하던 당시는 이미 주(周)나라의 왕실의 권력이 약해진 전국시대이다. 주나라 천자의 위신이 땅에 떨어진 그 당시에 천자의 순수(巡狩)는 벌써 폐지되었으니, 명당은 있으나마나한 무용지물이었다. 그래서 명당을 헐어버리자는 말이 나온 것이다. 맹자는 여기에서도 그것을 자신의 왕도론(王道論)을 역설하는 계기로 삼았으니, 왕도의 정치를 할 생각이 있다면 결코 명당을 헐어서는 안 된다고 한 것이다.

문왕(文王)은 백성의 생활을 편안하게 하고, 가난한 백성에게 어진 정치를 베푼 성왕(聖王)이다. 맹자로부터 문왕의 얘기를 듣고, 백성을 사랑하고 보호하여 천하의 왕 노릇을 할 수 있는 가능성을 가늠해 본 제선왕, 그러나 그것은 마음뿐으로 실행을 못하고 마는 것이 그의 큰 결점이다.

왕도정치를 권하는 맹자에게 왕은 자신의 결점을 솔직하게 말하면서 능력이 없다고 변명하지만, 맹자는 재물을 좋아한다고 하더라도 백성들과 함께하는 욕심, 백성을 위하는 욕심이라면 참다운 왕이 되는데 무슨 문제가 있겠느냐고 한다. 또 왕이 여색을 좋아한다고 하자, 맹자는 여색을 좋아하더라도 좋아하는 것을 백성들과 함께 하면 참다운 왕이 되는데 아무런 문제가 없다고 한다. 즉 맹자는 재물을 좋아하고 여색을 좋아하는 것도 백성과 함께 하면 괜찮다는 왕도정치를 주장한 것이다.

제6장

> 孟子謂齊宣王曰 王之臣有託其妻子於其友 而之楚遊者
> 맹자위제선왕왈 왕지신유탁기처자어기우 이지초유자
> 比其反也 則凍餒其妻子 則如之何 王曰 棄之 曰 士師不
> 비기반야 즉동뇌기처자 즉여지하 왕왈 기지 왈 사사불
> 能治士 則如之何 王曰 已之 曰 四境之內不治 則如之何
> 능치사 즉여지하 왕왈 이지 왈 사경지내불치 즉여지하
> 王顧左右而言他
> 왕고좌우이언타

맹자가 제선왕에게 물었다. "왕의 신하 중에 하나가 자신의 아내와 자식을 친구에게 맡기고 초나라에 여행을 갔는데, 그가 돌아와 보니 그 친구가 자신의 아내와 자식을 추위에 떨고 굶주리게 했다면, 그런 경우 왕께서는 그 친구를 어떻게 하겠습니까?" 왕이 대답했다. "버리겠습니다." 맹자가 물었다. "사법관이 재판을 잘 관리하지 못하면 어떻게 하겠습니까?" 왕이 대답했다. "파면시키겠습니다." 맹자가 물었다. "나라가 잘 다스려지지 않으면 어떻게 하겠습니까?" 그러자 왕은 좌우를 돌아보면서 딴 말을 했다.

[語釋]

*탁(託) : 위탁(委託), 즉 맡기다. 보살펴 줄 것을 부탁함. *지초(之楚) : 초나라에

가다. *급(及) : 이르다. *비(比) : 미치다, 이르다. '마침내'라는 의미가 포함되어 있다. *뇌(餒) : 굶주리다. *기(棄) : 버리다. 단절하다. *사사(士師) : 옥관(獄官). 법을 담당하는 관리. *치사(治士) : 여기에서 士는 사무를 말하는 것이니, 법을 담당하는 사무, 治는 관리의 뜻. *이(已) : 버리다. 그만두게 하다.

[大意]

믿을 수 없는 친구와 일 처리를 못하는 사법관을 예로 들어 왕의 의견을 물으면서, 맹자가 신랄하게 제선왕의 약점을 추궁했다. 그러나 남의 일에는 정직하고 과감한 의견을 말하던 왕도 자신의 약점에 대해서는 모른 척한다.

남을 탓하기는 쉽다. 그렇지만 진심으로 자신의 잘못을 고백하는 사람은 많지 않다.

제7장

孟子見齊宣王曰 所謂故國者 非謂有喬木之謂也 有臣之
맹자견제선왕왈 소위고국자 비위유교목지위야 유신지

謂也 王無親臣矣 昔者所進 今日不知其亡也 王曰 吾何以
위야 왕무친신의 석자소진 금일부지기망야 왕왈 오하이

識其不才而舍之 曰 國君進賢如不得已 將使卑踰尊 疏踰
식기부재이사지 왈 국군진현여부득이 장사비유존 소유

戚 可不愼與 左右皆曰賢 未可也 諸大夫皆曰賢 未可也
척 가불신여 좌우개왈현 미가야 제대부개왈현 미가야

國人皆曰賢 然後察之 見賢焉 然後用之 左右皆曰不可 勿
국인개왈현 연후찰지 견현언 연후용지 좌우개왈불가 물

聽 諸大夫皆曰不可 勿聽 國人皆曰不可 然後察之 見不可
청 제대부개왈불가 물청 국인개왈불가 연후찰지 견불가

焉 然後去之 左右皆曰可殺 勿聽 諸大夫皆曰可殺 勿聽
언 연후거지 좌우개왈가살 물청 제대부개왈가살 물청

國人皆曰可殺 然後察之 見可殺焉 然後殺之 故曰國人殺
국인개왈가살 연후찰지 견가살언 연후찰지 고왈국인살

之也 如此 然後可以爲民父母
지야 여차 연후가이위민부모

맹자가 제선왕을 만나서 말했다. "고국(故國)을 말하는 것은 큰 나무들이 있는 것을 말하는 것이 아니라, 대대로 공을 세운 신하들이 있다는 것을 말합니다. 지금 왕에게는 신임할 신하가 없으니, 어제 등용된 신하들이 오늘 그만두었다는 것조차 알지 못하십니다." 왕이 말했다. "내가 어떻게 해야 그들의 무능함을 알고, 등용하거나 그만두게 할 수 있겠습니까?" 맹자가 말했다. "왕이 어진 인물을 등용할 때에는 매우 신중해야 합니다. 신분이 낮은 사람을 높은 사람 위에 앉히고, 가깝지 않은 사람을 가까운 친척 위에 올려 세우는 일이니, 어떻게 신중하지 않을 수가 있겠습니까? 모두가 그 사람을 현명하다고 말해도 믿지 말고, 대부들이 모두 현명하다고 말해도 믿으면 안 되며, 나라 사람들 모두가 현명하다고 말한 후에 그를 살펴보아서 현명하다고 보이면 그 후에 등용하십시오. 모두가 좋지 않다고 말해도 듣지 말고, 대부들이 모두 좋지 않다고 말해도 믿으면 안 되며, 나라사람 모두가 좋지 않다고 말한 후에 그를 살펴보아서 좋지 않은 점이 보이면 그를 물리치십시오. 모두가 죽여야 한다고 말해도 듣지 말고, 모든 대부가 죽여야 한다고 말해도 듣지 말며, 나라사람 모두가 죽여야 한다고 말하면 그 후에 그를 살펴보아서 그 후에 죽여야 할 점이 보이면 그를 죽이십시오. 그래야 나라사람들이 그를 죽인 것이 됩니다. 이렇게 해야 백성들의 부모가 될 수 있습니다."

[語釋]

*소위(所謂) : 말하는 바, 이른 바. *고국(故國) : 故는 古와 같으니, 오랜 역사를 지닌 나라라는 뜻. *교목(喬木) : 높이 솟은 나무, 즉 큰 나무를 말한다. *세신(世臣)

: 대대로 나라에 공을 세운 신하. 여기에서는 교목과 함께 나라에 꼭 있어야 할 것을 뜻함. *소진(所進) : 소임을 맡겨 등용한 인물. *소유척(疎踰戚) : 疎는 가깝지 않은 사람, 踰는 초월함, 戚은 가까운 친척. *미가(未可) : 未可進用을 줄인 말.

[大意]

 오래된 나라는 단순히 그 연륜이 길어서가 아니고, 울창한 숲에 큰 나무들이 가득하게 들어서듯이 대대로 사려 깊은 신하들이 굳건히 이어져 내려오는 것을 말한다.

 측근에 믿을 만한 신하가 없고, 등용했던 신하가 언제 그만두었는지도 모르면서 자신의 주장만을 고집하는 제선왕에게 맹자는 잘못을 지적하면서 사람을 등용할 때에는 신중에 신중을 거듭해야 된다고 역설했다.

제8장

齊宣王問曰 湯放桀 武王伐紂 有諸 孟子對曰 於傳有之
제선왕문왈 탕방걸 무왕벌주 유제 맹자대왈 어전유지

曰 臣弑其君可乎 曰 賊仁者謂之賊 賊義者謂之殘 殘賊之
왈 신시기군가호 왈 적인자위지적 적의자위지잔 잔적지

人謂之一夫 聞誅一夫紂矣 未聞弑君也
인위지일부 문주일부주의 미문시군야

　제선왕이 물었다. "탕이 걸을 추방했고, 무왕이 주를 정벌했다고 하는데 그것이 사실입니까?" 맹자가 대답했다. "전해 오는 기록이 있습니다." 왕이 물었다. "신하가 군주를 시해하는 것이 옳습니까?" 맹자가 대답했다. "인(仁)을 해치는 사람을 적(賊)이라 말하고, 의(義)를 해치는 사람을 잔(殘)이라고 말합니다. 잔적(殘賊)이라는 사람을 가리켜서 일부(一夫)라고 합니다. 일부인 주를 처형했다는 말은 들었어도, 군주를 시해했다는 말은 듣지 못했습니다."

[語釋]

*시(弑) : 아랫사람이 윗사람을 죽이는 것. *잔적(殘賊) : 사람이나 물건을 잔인하게 해침. *일부(一夫) : 한 사내. 필부(匹夫)와 같은 뜻.

[大意]

 사람은 그 바탕으로 인해서 성인이 될 수도 있고, 범부나 필부가 될 수도 있다. 군주는 덕을 베풀어 백성을 위한 정치를 해야 하며, 포악하고 백성을 억압하는 군주는 한 사람의 필부에 불과하다. 따라서 걸왕과 주왕이 내쫓긴 것은 신하가 군주를 죽인 것이 아니라 무도한 한 남자를 처벌한 것이라고 설명했다.

제9장

> 孟子謂齊宣王曰 爲巨室 則必使工師求大木 工師得大木
> 맹자위제선왕왈 위거실 즉필사공사구대목 공사득대목
> 則王喜 以爲能勝其任也 匠人斲而小之 則王怒 以爲不勝
> 즉왕희 이위능승기임야 장인착이소지 즉왕노 이위불승
> 其任矣 夫人幼而學之 壯而欲行之 王曰 姑舍女所學 而從
> 기임의 부인유이학지 장이욕행지 왕왈 고사녀소학 이종
> 我 則何如 今有璞玉於此 雖萬鎰 必使玉人雕琢之 至於治
> 아 즉하여 금유박옥어차 수만일 필사옥인조탁지 지어치
> 國家 則曰 姑舍女所學 而從我 則何以異於敎玉人雕琢
> 국가 즉왈 고사여소학 이종아 즉하이이어교옥인조탁
> 玉哉
> 옥재

맹자가 제선왕에게 말했다. "큰 집을 지으려면 반드시 공사(工師)를 시켜 재목을 구해야 합니다. 공사가 큰 나무를 구하면 왕은 기뻐하며 그가 맡은 일을 잘할 것이라고 생각합니다. 그러나 목수가 그것을 깎아서 작게 만들면 왕은 화가 나서 그가 맡은 일을 잘하지 못한다고 여길 것입니다. 대체적으로 사람은 어려서 배운 것을 자라서도 그대로 실행하려고 합니다. 그런데 왕께서 '잠시 네가 배운 것을 버려두고 내가 시키는 대로 하라.'고 하면 어떻겠

습니까? 지금 이곳에 다듬어지지 않은 옥석이 있다면, 비록 그 비용이 20만 냥이 들더라도 반드시 옥을 다루는 기술자를 시켜서 조각하고 새길 것입니다. 나라를 다스림에 있어서 '잠시 네가 배운 것을 버려두고 내가 시키는 대로 하라.'고 하는 것은 옥을 다루는 기술자에게 옥을 조각하고 새기는 것을 가르치는 것과 무엇이 다르겠습니까?"

[語釋]
*위거실(爲巨室) : 여기에서 爲는 만드는 것, 巨室은 궁전을 말함. *공사(工師) : 공사의 우두머리, 곧 도목수. *착(斲) : 깎다. 쪼개다. *소지(小之) : 작게 만들다. 구해온 나무를 작게 만든 것을 말함. *고(姑) : 잠시 잠깐. 또는 우선, 장차. *사여소학(舍女所學) : 舍는 버릴 사(捨), 女는 너 여(汝)로, '네가 배운 것을 버린다'는 말. *박옥(璞玉) : 다듬지 않은 자연 그대로의 玉. *일(鎰) : 무게의 단위로 이십 냥. *彫琢(조탁) : 새기고 쪼다. 여기에서는 璞玉을 새기고 쪼아서 고운 玉을 만드는 것을 말함.

[大意]
맹자의 뜻을 파악하지 못하고 패기만으로 정치를 하려고 하는 제선왕에게 왕도정치를 거대한 궁전을 짓는 것에 비유하여 설명하고 있다.

궁전을 지으려는 목재를 서툰 목수가 버리게 되면 공사는 그르치게 되고, 값비싼 옥은 옥을 다루는 장인에게 맡겨야 하듯이, 정치도 어질고 덕이 있는 정치가에게 맡겨야 한다는 말이다.

제10장

> 齊人伐燕 勝之 宣王問曰 或謂寡人勿取 或謂寡人取之 以
> 제인벌연 승지 선왕문왈 혹위과인물취 혹위과인취지 이
> 萬乘之國伐萬乘之國 五旬而擧之 人力不至於此 不取 必
> 만승지국벌만승지국 오순이학지 인력부지어차 불취 필
> 有天殃 取之何如 孟子對曰 取之而燕民悅 則取之 古之人
> 유천앙 취지어하 맹자대왈 취지이연민열 즉취지 고지인
> 有行之者 武王是也 取之而燕民不悅 則勿取 古之人有行
> 유행지자 무왕시야 취지이연민불열 즉물취 고지인유행
> 之者 文王是也 以萬乘之國伐萬乘之國 簞食壺漿以迎王
> 지자 문왕시야 이만승지국벌만승지국 단사호장이영왕
> 師 豈有他哉 避水火也 如水益深 如火益熱 亦運而已矣
> 사 기유타재 피수화야 여수익심 여화익열 역운이이의

제나라 사람들이 연나라를 정벌하여 이겼다. 선왕이 말했다. "어떤 사람들은 과인에게 연나라를 병합하지 말라 하고, 어떤 사람들은 과인에게 병합하라고 합니다. 만승지국으로서 비등한 만승지국을 50일 만에 정벌한 것은 사람의 힘만으로 된 것 같지 않습니다. 병합하지 않으면 반드시 재앙이 있을 것입니다. 병합하는 것이 어떻겠습니까?" 맹자가 대답했다. "병합해서 연나라 백성들이 기뻐할 것 같으면 병합하십시오. 옛 사람 중에 그렇게

한 사람이 있었는데 바로 무왕이십니다. 그러나 병합해서 연나라 백성들이 기뻐하지 않을 것 같으면 병합하지 마십시오. 옛사람 중에 그렇게 한 사람이 문왕이십니다. 만승지국으로서 비등한 만승지국을 정벌하는데 그 백성들이 대바구니에 담은 밥과 병에 담은 물로 왕의 군사를 환영하는 것이 어찌 다른 이유가 있겠습니까? 물과 불을 피하는 것입니다. 만약에 물이 더욱 깊어지고 불이 더욱 뜨거워지면 백성들은 또한 다른 곳으로 옮겨갈 뿐입니다."

[語釋]
*혹(或) : 누구, 어떤 사람. *물취(勿取) : 취하지 말라. *거지(擧之) : 해치우다. *古之人(고지인) : 태고시대에 이상적인 정치를 한 임금. *수화(水火) : 여기에서는 가혹한 정치를 비유한 것 *장(漿) : 즙. 음료수나 미음. *운(運) : 옮겨가다. *이의(而已) : ~뿐, ~할 따름.

[大意]
　제선왕이 연나라가 수란한 틈을 타서 손쉽게 연나라를 정벌하고는 맹자에게 연나라를 병합시켜도 되겠느냐고 물었다. 이에 맹자는 연나라의 백성들이 기꺼이 승복한다면 가능하다고 한다. 즉 다른 나라를 정벌해서 합병하더라도 그 나라 백성들의 뜻이 중요하다고 가르쳐 준 것이다.
　민심(民心)은 천심이다. 민심이 잠시 자신에게 왔다고 해서 교만하면 안 된다. 백성들은 그저 안정된 삶을 원하며 그렇지 않으면 곧 떠나고 만다. 이것은 예나 지금이나 변치 않는 민심이다.

제11장

齊人伐燕 取之 諸侯將謀救燕 宣王曰 諸侯多謀伐寡人者
제인벌연 취지 제후장모구연 선왕왈 제후다모벌과인자

何以待之 孟子對曰 臣聞七十里爲政於天下者 湯是也 未
하이대지 맹자대왈 신문칠십리위정어천하자 탕시야 미

聞以千里畏人者也 書曰 湯一征 自葛始 天下信之 東面而
문이천리외인자야 서왈 탕일정 자갈시 천하신지 동면이

征 西夷怨 南面而征 北狄怨 曰 奚爲後我 民望之 若大旱
정 서이원 남면이정 북적원 왈 해위후아 민망지 약대한

之望雲霓也 歸市者不止 耕者不變 誅其君而弔其民 若時
지망운예야 귀시자부지 경자불변 주기군이조기민 약시

雨降 民大悅 書曰 徯我后 后來其蘇 今燕虐其民 王往而
우강 민대열 서왈 해아후 후래기소 금연학기민 왕왕이

征之 民以爲將拯己於水火之中也 簞食壺漿以迎王師 若
정지 민이위장증기어수화지중야 단사호장이영왕사 약

殺其父兄 係累其子弟 毀其宗廟 遷其重器 如之何其可也
살기부형 계루기자제 훼기종묘 천기중기 여지가기가야

天下固畏齊之彊也 今又倍地而不行仁政 是動天下之兵
천하고외제지강야 금우배지이불행인정 시동천하지병

也 王速出令 反其旄倪 止其重器 謀於燕衆 置君而後去之
야 왕속출령 반기모예 지기중기 모어연중 치군이후거지

則猶可及止也
즉 유 가 급 지 야

    제나라 사람들이 연나라를 정벌하여 병합하자, 제후들이 연나라를 구하려고 모의를 했다. 제선왕이 "제후들이 모두 과인을 치려고 모의하는데 어떻게 대처해야 합니까?" 하고 묻자, 맹자가 대답했다. "신이 들은 바로는 사방 칠십 리의 땅으로 천하를 다스렸다는데, 탕왕이 바로 그렇습니다. 그러나 사방이 천리나 되는 땅으로 다른 사람을 두려워한다는 말은 아직 들어보지 못했습니다. 《서경》에 '탕(湯)왕이 갈(葛)나라부터 정벌을 시작했다.'고 했습니다. 천하가 다 그를 믿었으므로, 동쪽을 정벌하면 서쪽 오랑캐가 원망하고, 남쪽을 정벌하면 북쪽의 오랑캐가 원망을 하면서 '어째서 우리는 뒤로 미루는가?'라고 했습니다. 백성들이 그를 바라보기를 마치 큰 가뭄에 구름과 무지개를 보는 것 같이 했습니다. 시장으로 되돌아오는 사람들이 그치지 않고, 농사짓는 사람들도 변함이 없었습니다. 그들의 포악한 군주를 죽이고 그 백성들을 위로하는 것이 마치 비가 때를 맞춰서 내리는 것 같아서, 백성들은 크게 기뻐했습니다. 《서경》에 '우리의 임금을 기다리네. 임금께서 오시면 우리는 살아난다네.'라고 했습니다. 지금 연나라가 그들의 백성을 학대하고 있으니, 왕께서 정벌하면 그 백성들은 물과 불 속에서 자기들을 구해줄 것이라 여기고, 대바구니에 담은 밥과 병에 담은 마실 것으로 왕의 군사들을 환영할 것입니다.

만약에 그들의 부모형제를 죽이고 자제들을 구속하며, 그들의 종묘를 훼손하고 귀중한 기물들을 빼앗는다면 어찌 그것이 가능하겠습니까? 천하가 진실로 제나라의 막강함을 두려워하고 있는데, 지금 땅을 배로 늘리고도 어진 정치를 하지 않는다면, 그것은 연합군의 공격을 부르는 것입니다. 왕께서는 속히 명령을 내려 노인과 어린이를 돌려보내고, 그들의 귀중한 기물들을 실어내는 것을 그만두게 하고, 연나라 백성들과 의논하여 새로운 군주를 세운 후에 떠나면, 제후들이 연합하는 모의를 그만두게 할 수 있을 것입니다."

[語釋]

*대지(待之) : 준비를 해서 대처하다. *雲霓(운예) : 구름과 무지개. *귀시자(歸市者) : 시장으로 장사하러 가는 사람들을 말한다. *주(誅) : 죄 지은 사람을 죽이는 것. *기(其) : 장차, 아마도. *소(蘇) : 소생(蘇生). *왕사(王師) : 제선왕의 군사를 말한다. *계루(係累) : 결박하여 묶는다는 뜻이니, 여기에서는 포로로 한다는 뜻. *천기중기(遷其重器) : 연나라 대대로 전해오는 기물을 제나라로 옮겨간다는 뜻. *배지(倍之) : 연나라를 빼앗아서 이제 제나라 영토가 두 배가 되었다는 말. *반기모예(反其旄倪) : 反은 돌려보낸다는 뜻, 노인과 어린이를 돌려보낸다는 말.

[大意]

제나라가 연나라를 정벌해서 병합해버리자, 여러 나라의 제후들이 연합하여 연나라를 구하려고 한다. 이에 당황한 제선왕이 맹자에게 해결책을 묻자, 맹자는 《서경》에 있는 사례를 들어 문제를 해결하려고 한다.

은나라의 탕왕은 비록 사방 칠십 리의 작은 나라였지만 포악한 왕을 쫓아내고 백성을 구해서 그 백성들의 사랑으로 천하의 주인이 되었는데, 제선왕은 큰 나라의 주인이면서 사방의 적들을 걱정하게 된 것이다.

맹자는 왕의 잘못을 지적하며 제선왕 스스로가 적을 만든 것이라고 말하고, 그런 걱정에서 벗어나려면 연나라를 정벌한 후에 잘못한 것들을 되돌려 놓아야 한다고 역설했다.

제12장

鄒與魯鬨 穆公問曰 吾有司死者三十三人 而民莫之死也
추여로홍 목공문왈 오유사사자삼십삼인 이민막지사야

誅之 則不可勝誅 不誅 則疾視其長上之死而不救 如之何
주지 즉불가승주 불주 즉질시기장상지사이불구 여지하

則可也 孟子對曰 凶年饑歲 君之民老弱轉乎溝壑 壯者散
즉가야 맹자대왈 흉년기세 군지민노약전호구학 장자산

而之四方者幾千人矣 而君之倉廩實 府庫充 有司莫以告
이지사방자기천인의 이군지창름실 부고충 유사막이고

是上慢而殘下也 曾子曰 戒之戒之 出乎爾者 反乎爾者也
시상만이잔하야 증자왈 계지계지 출호이자 반호이자야

夫民今而後得反之也 君無尤焉 君行仁政 斯民親其上 死
부민금이후득반지야 군무우언 군행인정 사민친기상 사

其長矣
기장의

추나라가 노나라와 싸웠다. 노나라의 목공이 물었다. "내 유사 군관들 중에 죽은 사람이 33명이나 되지만, 징집된 백성들은 죽지 않았습니다. 그들을 죽이자니 모두 다 죽일 수 없고, 죽이지 않으려니 그들이 윗사람이 죽어가는 것을 보고도 구해주지 않은 것이 괘씸합니다. 어떻게 하면 좋겠습니까?" 맹자가 대답했다.

"흉년으로 굶주리던 해에 왕의 백성들 중 굶어 죽은 늙은이와 어린아이들의 주검이 물웅덩이에서 뒹굴고, 사방으로 흩어져 달아난 젊은이들도 수천 명이 될 것입니다. 왕의 곡식창고는 가득 찼었고 재물 창고도 가득 찼었는데, 군관들 중 하나도 그 사실을 알리지 않았으니, 그것은 윗사람이 태만하여 아랫사람을 해친 것입니다. 증자가 말하기를 '경계하고 또 경계하라. 너에게서 나간 것은 너에게로 되돌아온다.'고 했습니다. 백성들은 지금 되갚을 기회를 얻은 것이니, 왕께서 탓하지 마십시오! 왕께서 어진 정치를 베풀면 백성들은 곧바로 윗사람을 친애하여 윗사람을 위해서 죽을 것입니다."

[語釋]

*홍(鬨) : 싸우는 소리나 함성. 여기에서는 전쟁한다는 뜻. *목공(穆公) : 추(鄒)나라의 군주. *유사(有司) : 관직을 받은 사람, 관리. 여기에서는 군사를 통솔하는 장교. *구학(溝壑) : 땅이 움푹하게 팬 곳. *주(誅) : 죄인을 죽이다. 베다. *질(疾) : 괴로워하나. *창름(倉廩) : 양곡을 저장하는 창고. *부고(府庫) : 재물을 쌓아두는 창고. *증자(曾子) : 공자의 제자. *출호이(出乎爾) : 爾는 너라는 이인칭 대명사로, 出乎爾는 너에게서 나간 것. *우(尤) : 탓하다. *사(斯) : 즉(則)과 같다.

[大意]

추나라에 패한 노나라의 목공은 자신의 잘못은 뉘우치지 않고 전쟁에 진 것만을 분하게 여겨서, 백성들이 전쟁에서 죽은 군관들을 돕지도 않고 함께 싸우지도 않았다고 그 부당함을 맹자에게 묻는다. 맹자는 그 물음에, 백성들이 윗사람을 돕지 않는 것은 평소에 그들이 백성들의 원망을 샀기 때문에 그 앙갚음을 당한 것이라고 말하면서, 윗사람이 아랫사람을 학대하면 반드시 보복을 당하기 마련이니 항상 덕과 사랑으로 백성들을 보살펴야 한다고 대답한다.

제13장

> 滕文公問曰 滕 小國也 間於齊楚 事齊乎 事楚乎 孟子對
> 등문공문왈 등 소국야 문어제초 사제호 사초호 맹자대
> 曰 是謀非吾所能及也 無已 則有一焉 鑿斯池也 築斯城也
> 왈 시모비오소능급야 무이 즉유일언 착사지야 축사성야
> 與民守之 效死而民弗去 則是可為也
> 여민수지 효사이민불거 즉시가위야

 등문공이 물었다. "등나라는 작은 나라로 제나라와 초나라 사이에 끼어 있습니다. 제나라를 섬겨야 합니까? 초나라를 섬겨야 합니까?" 맹자가 대답했다. "그런 계책은 내가 말할 수 있는 것이 아닙니다. 꼭 말해야 한다면 한 가지 계책이 있으니, 연못을 파고 성을 쌓아서 죽을 때까지 백성들과 함께 지키면 백성들이 떠나지 않을 것입니다. 그렇게 하는 것은 해볼 만합니다."

[語釋]

*등(滕) : 주(周)나라 문왕(文王)의 아들이 다스리던 제후국. *효(效) : 바치다. 다하다. *불(弗) : 불(不)보다 강한 부정을 나타냄.

[大意]

 당시 큰 나라 사이의 알력은 그 사이에 끼어 있는 작은 나라들

의 생존에 공통적인 고민거리였다. 작은 나라인 등나라의 문공이 제나라와 초나라 중에 어느 나라를 섬겨야 하느냐고 묻자, 맹자는 직접적인 대답을 하지 않고, 백성들과 죽을 때까지 함께 하는 정치를 베푸는 것이 가장 좋은 방법이라고 말한다.

지킬만한 자존심과 죽음도 이겨낼 가치가 있는 것이라면, 세상에 두려울 것이 없다는 말이다.

제14장

> 滕文公問曰 齊人將築薛 吾甚恐 如之何則可 孟子對曰 昔
> 者大王居邠 狄人侵之 去之岐山之下居焉 非擇而取之 不
> 得已也 苟為善 後世子孫必有王者矣 君子創業垂統 為可
> 繼也 若夫成功 則天也 君如彼何哉 強為善而已矣

등문공이 물었다. "제나라 사람들이 설나라에 성을 쌓으려 해서 내가 매우 두려운데, 어떻게 하면 좋겠습니까?" 맹자가 대답했다. "옛날에 태왕께서 빈 땅에 살 때 오랑캐가 침략하자, 그곳을 떠나서 기산 아래에 살았습니다. 그것은 선택해서 그런 것이 아니라 어쩔 수 없어서 그런 것입니다. 진실로 선한 정치를 베풀면 후세의 자손 중에서 반드시 훌륭한 왕이 나올 것입니다. 군자가 나라를 세워 다스리고 전통을 전하는 것은 그것을 이어가기 위해서입니다. 그러나 그것을 성공하는 것은 하늘에 달렸습니다. 왕께서는 제나라 사람들을 어떻게 하겠습니까? 그저 선한 정치를 실천하도록 힘써야 할 것입니다."

[語釋]

*설(薛) : 주나라 때의 제후국의 하나. 지금의 산동성 동남쪽에 있었음. *빈(邠) : 고대 중국의 나라 이름. *기산(岐山) : 산시성에 있는 현의 이름.

[大意]

 큰 나라인 제나라가 성을 쌓으려 하므로 위협을 느낀 등문공이 맹자에게 조언을 구하자, 맹자는 문왕의 조부 태왕이 오랑캐를 피하여 다른 곳으로 이주한 사례를 들어서 위로했다.

 큰 나라와 대적할 수 없으면 국가의 전통을 이어서 선한 정치를 하면 후손에게 영광이 있을 것이고, 그것은 하늘의 뜻으로 전해진다고 말했다.

 현실이 어렵고 곤궁하다고 회피할 수 있는가? 그럴 수 없는 까닭은 운명이 그렇기 때문이다. 그러나 오늘이 그렇다고 내일도 그러겠는가? 그렇지 않다. 선을 베풀어 덕을 쌓으면 하늘이 내버려 두지는 않는다는 말이다.

제15장

滕文公問曰 滕 小國也 竭力以事大國 則不得免焉 如之何
등문공문왈 등 소국야 갈력이사대국 즉부득면언 여지하

則可 孟子對曰 昔者大王居邠 狄人侵之 事之以皮幣 不得
즉가 맹자대왈 석자대왕거빈 적인침지 사지이피폐 부득

免焉 事之以犬馬 不得免焉 事之以珠玉 不得免焉 乃屬其
면언 사지이견마 부득면언 사지이주옥 부득면언 내속기

耆老而告之曰 狄人之所欲者 吾土地也 吾聞之也 君子不
기로이고지왈 적인지소욕자 오토지야 오문지야 군자불

以其所以養人者害人 二三子何患乎無君 我將去之 去邠
이기소이양인자해인 이삼자하환호무군 아장거지 거빈

踰梁山 邑于岐山之下居焉 邠人曰 仁人也 不可失也 從之
유량산 읍우기산지하거언 빈인왈 인인야 불가실지 종지

者如歸市 或曰 世守也 非身之所能為也 效死勿去 君請擇
자여귀시 혹왈 세수야 비신지소능위야 효사물거 군청택

於斯二者
어사이자

등문공이 물었다. "등나라는 작은 나라라 힘을 다해서 큰 나라를 섬겨도 걱정을 면하지 못하니 어떻게 하면 좋겠습니까?" 맹자가 대답했다. "옛날에 태왕이 빈 땅에 살 때 오랑캐가 침략했는데,

가죽과 비단을 바치면서 섬겨도 걱정을 면하지 못했고, 개와 말을 바치면서 섬겨도 걱정을 면하지 못했으며, 구슬과 옥을 바치면서 섬겨도 걱정을 면하지 못했습니다. 이에 태왕은 장로들에게 '오랑캐들이 원하는 것은 우리의 땅입니다. 내가 듣기에 군자는 사람을 살리는 땅 때문에 사람을 해치면 안 된다고 했습니다. 여러분들이 왕이 없다고 근심할 것이 무엇입니까? 백성들이 다치는 것을 원치 않으니 나는 떠나겠습니다.'고 했습니다. 그리고 빈을 떠나 양산(梁山)을 넘어 기산 아래에 도읍을 정하고 살았습니다. 그러자 빈의 사람들이 '어진 사람이다. 잃어서는 안 된다.'고 말하면서 마치 사람들이 시장으로 몰려드는 것처럼 그를 따랐습니다. 그러나 어떤 사람들은 '대대로 지켜 온 땅이니, 혼자서 마음대로 할 수 있는 것이 아니다. 떠나지 말고 목숨을 바쳐 지키자.'고 할 것입니다. 왕께서는 이 두 가지 중에서 하나를 선택하십시오."

[語釋]

*피폐(皮幣) : 가죽과 비단. *주옥(珠玉) : 珠는 바다에서 나는 구슬, 玉은 산에서 나는 옥(玉). *기로(耆老) : 耆는 육십 대, 老는 칠십 대의 노인. 그러나 여기에서 耆老는 노인을 뜻함. *세수(世守) : 대대로 지켜 내려온 것.

[大意]

맹자는 등문공에게 작은 나라가 큰 나라의 틈에서 살아나갈 수 있는 두 가지 방법을 제시했다.

하나는 주나라 태왕 고공단보처럼 굴욕적인 삶을 사느니 백성들을 다치게 하지 않고 다른 곳으로 떠나가서 나라를 세워 살면 다시 천하를 되찾을 수 있다는 것이고, 또 하나는 백성들이 군주와 나라를 잃고 곤궁과 핍박을 받으며 사느니 죽을힘을 다하여 대대로 내려온 땅과 백성을 지키면서 사는 것이라고 말했다.

제16장

魯平公將出 嬖人臧倉者請曰 他日君出 則必命有司所之
노평공장출 폐인장창자청왈 타일군출 즉필명유사소지

今乘輿已駕矣 有司未知所之 敢請 公曰 將見孟子 曰 何
금승여이가의 유사미지소지 감청 공왈 장견맹자 왈 하

哉 君所爲輕身以先於匹夫者 以爲賢乎 禮義由賢者出 而
재 군소위경신이선어필부자 이위현호 예의유현자출 이

孟子之後喪踰前喪 君無見焉 公曰 諾 樂正子入見 曰 君
맹자지후상유전상 군무견언 공왈 락 악정자입견 왈 군

奚爲不見孟軻也 曰 或告寡人曰 孟子之後喪踰前喪 是以
해위불견맹가야 왈 혹고과인왈 맹자지후상유전상 시이

不往見也 曰 何哉君所謂踰者 前以士 後以大夫 前以三鼎
불왕견야 왈 하재군소위유자 전이사 후이대부 전이삼정

而後以五鼎與 曰 否 謂棺槨衣衾之美也 曰 非所謂踰也
이후이오정여 왈 부 위관곽의금지미야 왈 비소위유야

貧富不同也 樂正子見孟子 曰 克告於君 君爲來見也 嬖人
빈부부동야 악정자견맹자 왈 극고어군 군위래견야 폐인

有臧倉者沮君 君是以不果來也 曰 行或使之 止或尼之 行
유장창자저군 군시이불과래야 왈 행혹사지 지혹닐지 행

止非人所能也 吾之不遇魯侯 天也 臧氏之子 焉能使予不
지비인소능야 오지불우노후 천야 장씨지자 언능사예불

遇哉
우 재

　노평공이 외출하려고 하는데, 가까운 측근 장창(臧倉)이란 사람이 청해서 말했다. "다른 날은 왕께서 외출하실 때 반드시 관리에게 가는 곳을 일러주었습니다. 지금 이미 수레가 출발할 준비가 되었는데도 관리는 어디로 갈지 모릅니다. 말씀해주시기 바랍니다." 평공이 말했다. "맹자를 만나보려고 한다." 장창이 "무엇 때문입니까? 왕께서 신분을 낮추어 일반 사람을 먼저 찾는 것은 그 사람이 현명하기 때문입니까? 예의는 현명한 사람들에게서 나온다지만, 맹자의 후상(後喪)은 전상(前喪)보다 도가 지나쳤습니다. 왕께서 먼저 찾아가서 만나지 마십시오."라고 말했다. 평공은 "알겠다."고 했다. 악정자(樂正子)가 들어가 평공을 만나보고서 말했다. "왕께서는 어째서 맹자를 만나지 않았습니까?" 평공이 말했다. "누가 과인에게 알리기를 '맹자는 후상이 전상보다 지나쳤다.'고 해서 만나지 않은 것이오." 악정자가 물었다. "왕께서는 무엇이 지나쳤다고 말씀하시는 것입니까? 이전에는 선비의 예를 갖추고, 후에는 대부의 예를 갖춘 것을 가리키는 것입니까? 이전에는 삼정(三鼎)의 제기를 쓰고, 후에는 오정(五鼎)의 제기를 쓴 것 때문입니까?" 평공이 말했다. "그게 아니오. 관곽(棺槨)과 의금(衣衾)이 화려한 것을 말하는 것이오." 악정자가 말했다. "그것은 지나쳤다고 말할 것이 아닙니다. 이전과 지금의 재정 상태가 달랐

기 때문입니다." 악정자가 맹자를 만나서 말했다. "왕께 아뢰어서 왕께서 오시려고 했습니다만, 측근인 장창이란 사람이 만류해서 왕께서 오시지 않은 것입니다." 맹자가 말했다. "누가 가라고 해서 가고, 누가 멈추라고 한다고 멈추는 것이 아니다. 가고 멈추는 것은 사람이 할 수 있는 것이 아니다. 내가 노나라 왕을 만나지 못한 것은 하늘의 뜻이다. 장 씨라는 사람이 어떻게 왕과 나를 만나지 못하게 하겠는가?"

[語釋]

*노평공(魯平公) : 노경공(魯景公)의 아들. *폐인(嬖人) : 군주의 총애를 받는 측근의 사람. *유사(有司) : 벼슬아치, 관리. *가(駕) : 수레에 말을 매는 것. *후상(後喪) : 맹자 어머니의 초상(初喪). 이때 맹자는 대부의 벼슬을 했다. *전상(前喪) : 맹자 아버지의 초상(初喪). 이때 맹자는 선비였다. *관곽(棺槨) : 관을 넣는 궤짝. *닐(尼) : '말리다, 저지하다'는 뜻일 때는 닐로 읽음. *악정자(樂正子) : 맹자의 제자. 노(魯)나라에서 벼슬을 지냈다. *삼정(三鼎)·오정(五鼎) : 鼎은 제기(祭器)의 이름. 三鼎은 선비의 예(禮)에 따른 제물(祭物)의 진설(陳設)로 수퇘지 一鼎과 생선 一鼎과 육포 一鼎이 그것이다. 반면에 五鼎이란 대부(大夫)의 예에 따른 제물의 진설로 三鼎에 더하여 양(羊) 一鼎과 돼지가죽 一鼎을 더한 것을 말한다.

[大意]

노나라 평공은 경공의 아들로, 노나라의 국운이 쇠약해지자 그것을 안타깝게 여긴 나머지 맹자의 의견을 듣고자 몸을 낮추어 찾아보려고 했는데, 그 때가 맹자가 모친상(母親喪)을 당한 때였다. 그러나 측근 신하인 장창이 맹자가 이전에 돌아가신 부친상(父親喪)보다 모친상을 더 후하게 지내어 도리에 맞지 않는다고 말리는 바람에 맹자를 만나러 가지 않았다. 당시에 맹자는 제나라의 대부(大夫)의 지위에 있었는데, 부친상을 당했을 때는 일개 선비였다. 어쨌든 이런 까닭으로 맹자의 제자 악정자가 주선하려 했던 평공과 맹자의 만남은 어그러지고 말았다.

그러나 여기에서는 모친상과 부친상의 문제가 아니라, 평공이 간사한 신하 장창의 말을 듣고 맹자를 만나지 않은 데에 있다. '가고 멈추는 것은 사람의 힘으로 어쩔 수 없다.'는 맹자의 말은, 하늘의 뜻으로 세상의 모든 이치가 이루어진다는 깊은 뜻이 숨어 있는 말이다

제3편

공손추(公孫丑) 上

제1장

公孫丑問曰 夫子當路於齊 管仲晏子之功 可復許乎 孟子
공손추문왈 부자당로어제 관중안자지공 가복허호 맹자

曰 子誠齊人也 知管仲晏子而已矣 或問乎曾西曰 吾子與
왈 자성제인야 지관중안자이이의 혹문호증서왈 오자여

子路孰賢 曾西蹴然曰 吾先子之所畏也 曰 然則吾子與管
자로숙현 증서축연왈 오선자지소외야 왈 연즉오자여관

仲孰賢 曾西艴然不悅曰 爾何曾比予於管仲 管仲得君如
중숙현 증서불연불열왈 이하증비여어관중 관중득군여

彼其專也 行乎國政如彼其久也 功烈如彼其卑也 爾何曾
피기전야 행호국정여피기구야 공열여피기비야 이아증

比予於是 曰 管仲 曾西之所不爲也 而子爲我願之乎 曰
비여어시 왈 관중 증서지소불위야 이자위아원지호 왈

管仲以其君霸 晏子以其君顯 管仲晏子猶不足爲與 曰 以
관중이기군패 안자이기군원 관중안자유부족위여 왈 이

齊王由反手也 曰 若是 則弟子之惑滋甚 且以文王之德 百
제왕유반수야 왈 약시 즉제자지혹자심 차이문왕지덕 백

年而後崩 猶未洽於天下 武王 周公繼之 然後大行 今言王
년이후붕 유미흡어천하 무왕 주공계지 연후대행 금언왕

若易然 則文王不足法與 曰 文王何可當也 由湯至於武丁
약역연 즉문왕부족법여 왈 문왕하가당야 유탕지어무정

賢聖之君六七作 天下歸殷久矣 久則難變也 武丁朝諸侯
현성지군육칠작 천하귀은구의 구즉란변야 무정조제후

有天下 猶運之掌也 紂之去武丁未久也 其故家遺俗 流風
유천하 유운지장야 주지거무정미구야 기고가유속 유풍

善政 猶有存者 又有微子 微仲 王子比干 箕子 膠鬲 皆賢
선정 유유존자 우유미자 미중 왕자비간 기자 교격 개현

人也 相與輔相之 故久而後失之也 尺地莫非其有也 一民
인야 상여보상지 고구이후실지야 척지막비기유야 일민

莫非其臣也 然而文王猶方百里起 是以難也 齊人有言曰
막비기신야 연이문왕유방백리기 시이란야 제인유언왈

雖有智慧 不如乘勢 雖有鎡基 不如待時 今時則易然也 夏
수유지혜 불여승세 수유자기 불여대시 금시즉역연야 하

后殷周之盛 地未有過千里者也 而齊有其地矣 雞鳴狗吠
후은주지성 지미유과천리자야 이제유기지의 계명구폐

相聞 而達乎四境 而齊有其民矣 地不改辟矣 民不改聚矣
상문 이달호사경 이제유기민의 지불개비의 민불개취의

行仁政而王 莫之能禦也 且王者之不作 未有疏於此時者
행인정이왕 막지능어야 차왕자지불작 미유소어차시자

也 民之憔悴於虐政 未有甚於此時者也 饑者易為食 渴者
야 민지초췌어학정 미유심어차시자야 기자이위식 갈자

易為飲 孔子曰 德之流行 速於置郵而傳命 當今之時 萬乘
이위음 공자왈 덕지유행 속어치우이전명 당금지시 만승

> 之國行仁政 民之悅之 猶解倒懸也 故事半古之人功必倍
> 지 국 행 인 정   민 지 열 지   유 해 도 현 야   고 사 반 고 지 인 공 필 배
>
> **之 惟此時爲然**
> 지 유 차 시 위 연

공손추가 맹자에게 물었다. "선생님께서 제나라의 요직을 맡으시면 관중과 안자가 세운 공적을 다시 이룰 수 있습니까?" 맹자가 말했다. "자네는 정말로 제나라 사람이구나. 관중과 안자만 알 따름이다. 어떤 사람이 증서에게 '선생과 자로 중에 어느 쪽이 더 현명합니까?' 하니, 증서가 불안해하면서 '그분은 내 조부님도 경외하시던 분입니다.' 하고, 다시 '그렇다면 선생과 관중은 어느 쪽이 더 뛰어납니까?' 하니, 증서가 발끈하여 불쾌해하면서 '자네는 어찌 또 나를 관중과 비교하려고 하는가? 관중은 군주의 신임을 얻어 나라 일을 했고, 정사를 맡은 것이 그렇게 오래되었지만, 공적은 그렇게 대단하지 않은데, 자네는 어떻게 나를 관중과 비교하려고 하는가?'라고 말했다." 맹자가 이어서 말했다. "관중은 증서조차 비교되기를 원하지 않는 사람인데, 자네는 내가 그 사람처럼 되기를 바란다는 말인가?" 공손추가 다시 물었다. "관중은 그 왕을 군주가 되게 해주었고, 안자는 그 왕의 이름을 떨치게 해주었는데도 관중과 안자가 본받을 만하지 못합니까?" 맹자가 대답했다. "제나라와 같은 큰 나라를 왕의 나라로 만들기는 손바닥을 뒤집는 것같이 쉬운 일이다." 공손추가 말했다. "그렇다면

저는 더 의심스러워집니다. 문왕은 백 년을 살면서 덕을 베풀었지만, 그 덕으로 천하를 충분하게 교화하지는 못했고, 무왕과 주공이 그것을 이어받은 뒤에야 덕이 널리 퍼졌습니다. 지금 왕을 만드는 것이 그처럼 손쉬운 것처럼 말씀하신다면, 문왕도 본받을 만한 사람이 못 된다는 것입니까?" 맹자가 말했다. "문왕이 어떻게 비교 당할 수 있겠는가? 탕왕으로부터 무정에 이르기까지 어질고 성스러운 왕이 일곱에서 여덟 사람이나 나왔으니, 온 천하가 은나라로 귀속된 지 오래 되었고, 오래되면 바뀌기 어려운 것이다. 따라서 무정이 제후들에게 알현하게 하여 천하를 다스리는 것은 마치 손바닥 위에 놓고 움직이는 것 같이 쉬웠으니, 주왕은 무정 때로부터 시간적으로 오래되지 않았으므로, 그 옛날의 풍속과 아름다운 기풍과 어진 정치는 여전히 남아 있었고, 또 미자와 미중과 왕자 비간과 기자와 교격 같은 사람들은 모두 현명하고 재능이 있는 사람들이 있었다. 그들이 주왕을 서로 함께 도와주었기 때문에 포악한 정치를 했어도 오래 지탱하다가 천하를 잃게 된 것이다. 한 자의 땅도 주왕의 것이 아닌 것이 없었고, 한 사람의 백성이라도 주왕의 신하가 아닐 수 없었다. 그러한 처지에서 문왕은 사방 백 리의 땅을 가지고 다스리려던 것이니 힘이 들었던 것이다. 제나라 사람들이 하는 말에 '지혜가 있다고 해도 유리한 기회를 잡느니만 못하고, 농기구가 있다고 해도 제 때를 기다려서 농사짓느니만 못하다.'고 했지만, 지금이 그렇게 하기 쉬운 때이다. 하나라와 은나라와 주나라는 흥성할 때에도 땅은 사방 천리를 넘지 못했는데, 제나라는 그만한 땅을 차지하고 있다. 제나라는 사방의 국경에 이르기까지 닭 울고 개 짖는 소리를 들을 만큼 백성들이 많이 살고 있다. 그러니 땅을 더 넓힐 것도 없고 백성들을 더 모을 것도 없이, 어진 정치를 펴서 나라를 다스리면 아무도 천하의 왕이 되는 것을 막을 수 없을 것이다. 게다가 어진 왕이 나오지 않은 지가 지금처럼 오래 된 적은 없었고, 백성들이 억압에 시달린 것이 지금보다 심한 적이 없었다. 굶주린 사람들은 먹을 것에 까다롭지 않고, 목마른 사람들은 마실 것에 까다롭지 않다. 공자께서 말씀하기를 '덕이 퍼져 나가는 것은, 역마를 갈아타고 명령을 전달하는 것보다도 빠르다.'고 했으니, 지금 같은 때에 제나라 같은 만승의 나라에서 어진 정치를 베풀면, 백성들은 마치 거꾸로 매달렸다가 풀려난 것처럼 기뻐할 것이다. 그래서 옛날 사람의 절반만 일을 해도 그 효과는 그것의 갑절이 될 것이다. 지금이 그렇게 할 수 있는 때이다."

[語釋]

*공손추(公孫丑) : 제나라 사람으로 맹자의 제자. *당로(當路) : 路는 요로(要路), 따라서 當路는 요직(要職)에 앉는 것. *관중·안자(管仲·晏子) : 모두 제나라의 재상으로 管仲은 환공(桓公)을 도와 높은 공적을 쌓았고, 晏子는 경공(景公)을 도와 이름을 높였다. *허(許) : 여(與)라고 해석하기도 하고, 기(期)의 의미로 해석하기도 한다. *증서(曾西) : 공자(孔子)의 제자인 증참(曾參)의 아들, 또는 손자라는 말이 있다. *자로(子路) : 공자의 고제자(高弟子)인 중유(仲由). *위연(衛然) : 불안한 모양, 또는 공경심을 드러내는 모양. *선자(先子) : 작고한 분을 가리키는 말로, 증서의 조부 증참(曾參)을 말함. *불연(艴然) : 발끈한 모양, 또는 성난 모습.

*하증(何曾) : 曾은 내(乃)의 뜻이다. *공렬(功烈) : 공업(功業)이라는 뜻. *소불위(所不爲) : 爲의 본뜻이 모방한다는 것이니, 본받는다는 말. *유반수야(由反手也) : 由는 猶와 같다. 따라서 손을 뒤집듯이 쉽다는 말. *운지장(運之掌) : 극히 쉽다는 말. *고가유속(故家遺俗) : 나라에 공이 있는 옛 신하들의 집안에 대대로 전해오는 미풍양속. *유풍(流風) : 후세에까지 내려오는 임금의 덕망과 교화. *미자(微子) : 주(紂)왕의 이복형, 공자가 비간(比干)과 기자(箕子)와 함께 은나라 말기의 삼인(三仁)이라고 불렀음. *척지(尺地) : 사방 한 자의 극히 좁은 방. *승세(乘勢) : 그 시대의 정세에 따르는 것. *하후(夏后) : 하왕조(夏王朝). *치우(置郵) : 우(郵)는 역참(驛站), 따라서 置郵는 빠르게 전달하기 위하여 역참을 두고 거마(車馬)로 바꿔가며 명령서 등을 전달하는 제도. *도현(倒懸) : 거꾸로 매다는 형벌.

[大意]

맹자의 제자 공손추가 맹자의 정치적인 견해가 과연 제나라에 실제로 이루어 놓은 관중과 안자의 공적처럼 이룰 수 있을지를 물어보고 있다. 제자 공손추의 물음에 맹자는 당시 제나라의 여러 가지 여건으로 보아서 이긴 정치를 베풀기만 하면 관중과 안자처럼 이루기는 손바닥을 뒤집듯이 쉬운 일이라고 대답했다.

맹자는 정치란 하늘의 섭리에 따라서 올바른 왕도정치를 베풀면, 어느 한 사람의 커다란 역할로 펴나갈 수 있는 것이라고 본 것이다.

제2장

公孫丑問曰 夫子加齊之卿相 得行道焉 雖由此霸王不異
공손추문왈 부자가제지경상 득행도언 수유차패왕불이

矣 如此 則動心否乎 孟子曰 否 我四十不動心 曰 若是
의 여차 즉동심부호 맹자왈 부 아사십부동심 왈 약시

則夫子過孟賁遠矣 曰 是不難 告子先我不動心 曰 不動心
즉부자과맹분원의 왈 시불난 고자선아부동심 왈 부동심

有道乎 曰 有 北宮黝之養勇也 不膚撓 不目逃 思以一豪
유도호 왈 유 북궁유지양용야 불부요 불목도 사이일호

挫於人 若撻之於市朝 不受於褐寬博 亦不受於萬乘之君
좌어인 약달지어시조 불수어갈관박 역불수어만승지군

視刺萬乘之君 若刺褐夫 無嚴諸侯 惡聲至 必反之 孟施
시자만승지군 약척갈부 무엄제후 악성지 필반지 맹시

舍之所養勇也 曰 視不勝猶勝也 量敵而後進 慮勝而後會
사지소양용야 왈 시불승유승야 양적이후진 려승이후회

是畏三軍者也 舍豈能為必勝哉 能無懼而已矣 孟施舍似
시외삼군자야 사기능위필승재 능무구이이의 맹시사사

曾子 北宮黝似子夏 夫二子之勇 未知其孰賢 然而孟施舍
증자 북궁유사자하 부이자지용 미지기숙현 연이맹시사

守約也 昔者曾子謂子襄曰 子好勇乎 吾嘗聞大勇於夫子
수약야 석자증자위자양왈 자호용호 오상문대용어부자

矣 自反而不縮 雖褐寬博 吾不惴焉 自反而縮 雖千萬人
의 자반이불축 수갈관박 오부췌언 자반이축 수천만인

吾往矣 孟施舍之守氣 又不如曾子之守約也 曰 敢問夫子
오왕의 맹시사지수기 우불여증자지수약야 왈 감문부자

之不動心 與告子之不動心 可得聞與 告子曰 不得於言 勿
지부동심 여고자지부동심 가득문여 고자왈 불득어언 물

求於心 不得於心 勿求於氣 不得於心 勿求於氣 可 不得
구어심 부득어심 물구어기 부득어심 물구어기 가 부득

於言 勿求於心 不可 夫志 氣之帥也 氣體之充也 夫志至
어언 물구어심 불가 부지 기지수야 기체지충야 부지지

焉 氣次焉 故曰 持其志 無暴其氣 既曰 志至焉 氣次焉
언 기차언 고왈 지기지 무포기기 기왈 지지언 기차언

又曰 持其志無暴其氣 者 何也 曰 志壹則動氣 氣壹則動
우왈 지기지무폭기기 자 하야 왈 지일즉동기 기일즉동

志也 今夫蹶者趨者 是氣也 而反動其心 敢問夫子惡乎長
지야 금부궐자추자 시기야 이반동기심 감문부자악호장

曰 我知言 我善養吾浩然之氣 敢問何謂浩然之氣 曰 難言
왈 아지언 아선양오호연지기 감문하위호연지기 왈 난언

也 其爲氣也 至大至剛 以直養而無害 則塞于天地之間 其
야 기위기야 지대지강 이직양이무해 즉색우천지지간 기

爲氣也 配義與道 無是 餒也 是集義所生者 非義襲而取之
위기야 배의여도 무시 뇌야 시집의소생자 비의습이취지

也 行有不慊於心 則餒矣 我故曰 告子未嘗知義 以其外之
야 행유불겸어심 즉뇌의 아고왈 고자미상지의 이기외지

也 必有事焉而勿正 心勿忘 勿助長也 無若宋人然 宋人有
야 필유사언이물정 심물망 물조장야 무약송인연 송인유

閔其苗之不長而揠之者 芒芒然歸 謂其人曰 今日病矣 予
민기묘지불장이알지자 망망연귀 위기인왈 금일병의 여

助苗長矣 其子趨而往視之 苗則槁矣 天下之不助苗長者
조묘장의 기자추이왕시지 묘즉고의 천하지불조묘장자

寡矣 以為無益而舍之者 不耘苗者也 助之長者 揠苗者也
과의 이위무익이사지자 불운묘자야 조지장자 알묘자야

非徒無益 而又害之 何謂知言 曰 詖辭知其所蔽 淫辭知其
비도무익 이우해지 하위지언 왈 피사지기소폐 음사지기

所陷 邪辭知其所離 遁辭知其所窮 生於其心 害於其政 發
소함 사사지기소이 둔사지기소궁 생어기심 해어기정 발

於其政 害於其事 聖人復起 必從吾言矣 宰我 子貢善為說
어기정 해어기사 성인복기 필종오언의 재아 자공선위열

辭 冉牛 閔子 顏淵善言德行 孔子兼之 曰 我於辭命則不
사 염우 민자 안연선언덕행 공자겸지 왈 아어사명즉불

能也 然則夫子既聖矣乎 曰 惡是何言也 昔者子貢 問於
능야 연즉부자기성의호 왈 악시하언야 석자자공 문어

孔子曰 夫子聖矣乎 孔子曰 聖則吾不能 我學不厭而教不
공자왈 부자성의호 공자왈 성즉오불능 아학불염이교불

倦也 子貢曰 學不厭 智也 教不倦 仁也 仁且智 夫子既聖
권야 자공왈 학불염 지야 교불권 인야 인차지 부자기성

矣 夫聖 孔子不居 是何言也 昔者竊聞之 子夏 子游 子張
의 부성 공자불거 시하언야 석자절문지 자하 자유 자장

皆有聖人之一體 冉牛 閔子 顔淵則具體而微 敢問所安 曰
개유성인지일체 염우 민자 안연즉구체이미 감문소안 왈

姑舍是 曰 伯夷 伊尹何如 曰 不同道 非其君不事 非其民
고사시 왈 백이 이윤하여 왈 불동도 비기군불사 비기민

不使 治則進 亂則退 伯夷也 何事非君 何使非民 治亦進
불사 치즉진 난즉퇴 백이야 하사비군 하사비민 치역진

亂亦進 伊尹也 可以仕則仕 可以止則止 可以久則久 可以
난역진 이윤야 가이사즉사 가이지즉지 가이구즉구 가이

速則速 孔子也 皆古聖人也 吾未能有行焉 乃所願 則學孔
속즉속 공자야 개고성인야 오미능유행언 내소원 즉학공

子也 伯夷 伊尹於孔子 若是班乎 曰 否 自有生民以來 未
자야 백이 이윤어공자 약시반호 왈 부 자유생민이래 미

有孔子也 曰 然則有同與 曰 有 得百里之地而君之 皆能
유공자야 왈 연즉유동여 왈 유 득백리지지이군지 개능

以朝諸侯有天下 行一不義 殺一不辜而得天下 皆不爲也
이조제후유천하 행일불의 살일불고이득천하 개불위야

是則同 曰 敢問其所以異 曰 宰我 子貢 有若智足以知聖
시즉동 왈 감문기소이이 왈 재아 자공 유약지족이지성

人 汙 不至阿其所好 宰我曰 以予觀於夫子 賢於堯舜遠矣
인 오 불지아기소호 재아왈 이여관어부자 현어요순원의

子貢曰 見其禮而知其政 聞其樂而知其德 由百世之後 等
자공왈 견기예이지기정 문기악이지기덕 유백세지후 등

百世之王 莫之能違也 自生民以來 未有夫子也 有若曰 豈
백세지왕 막지능위야 자생민이래 미유부자야 유약왈 기

惟民哉 麒麟之於走獸 鳳凰之於飛鳥 太山之於丘垤 河海
유민재 기린지어주수 봉황지어비조 태산지어구질 하해

之於行潦 類也 聖人之於民 亦類也 出於其類 拔乎其萃
지어행료 류야 성인지어민 역류야 출어기류 발호기췌

自生民以來 未有盛於孔子也
자생민이래 미유성어공자야

공손추가 물었다. "선생님께서 제나라의 재상의 직책을 맡아서 뜻을 펼치게 되면 그것으로 말미암아 패업이나 왕업을 이루게 될 것인데, 그렇게 되면 마음이 동요되겠습니까, 그렇지 않겠습니까?" 맹자가 대답했다. "아니다. 나는 사십 살부터 마음이 동요하지 않았다." 공손추가 말했다. "그렇다면 선생님은 맹분보다 훨씬 더 뛰어나십니다." 맹자가 대답했다. "그것은 어렵지 않으니, 고자 같은 이도 나보다 먼저 마음이 동요하지 않았다." 공손추가 물었다. "마음이 동요하지 않게 하는데 어떤 방법이 있습니까?" 맹자가 말했다. "있다. 북궁유라는 사람은 용기를 기르는 데 있어서 살이 칼에 찔려도 움찔하지 않고, 눈이 찔려도 깜빡거리지 않았다. 털끝만큼이라도 남에게 욕을 먹으면 저자거리나 조정에서 매를 맞는 것같이 생각했으니, 누더기 옷을 입은 천한 사람에게서 모욕을 받지 않는 것은 물론 만승의 부유함을 지닌 군주에게서도 멸시를 받지 않았다. 만승의 군주를 찔러 죽이는 것을 누더기 옷을 입은 천한 사람을 찔러 죽이는 것같이 생각해서 제후도 무서울 것이 없었고, 자신에게 나쁜 소문이 들리면 반드시 보복하였다. 맹시사는 '용기를 기르는 데는 이기지 못할 것 같아도 이길 것같이 생각해야 하느니, 적군의 힘을 헤아려 알고 전진하고 승리를 가늠한 뒤에 진격한다면 이것은 적군의 대병력을 두려워하는 것일 뿐이다. 어떻게 반드시 이기기만 할 수 있겠는가? 단지 두려워하지 않을 뿐이다.'고 했다. 맹시사는 증자와 비슷하고 북궁유는 자하와 비슷하니, 두 사람의 용맹이 누가 나은지 모르겠으나 맹시사는 요약을 지켰다. 옛날에 증자가 자양에게 '나는 용기에 대해서 선생님께 들었는데 스스로 반성하여 옳지 못하면 누더기를 걸친 사람이라도 두려울 것이고, 스스로 반성하여 옳다면 천군만마라 해도 다가가서 대적할 수 있을 것이다.'고 했다. 맹시사가 지닌 용기는 기력이라서, 증자가 지키는 요약만은 못하다." 공손추가 물었다. "선생님께 감히 묻습니다. 선생님의 동요하지 않는 마음에 대해서 말씀해 주실 수 있겠습니까?" 맹자가 대답했다. "고자가 말하기를 '남의 말을 이해하지 못하더라도 고민하지 말고, 마음이 편하지 못해도 그것을 기력으로 해결하지 말라.'고 했으니, 마음이 편하지 못해도 그것을 기력으로 해결하지 않는 것은 옳지만, 남의 말을 이해하지 못하더라도 고민하지 말라는 말은 옳지 않다. 왜냐하면 뜻은 기력을 통솔하는 것이고 기력은 몸에 충만한 것이니, 뜻이 먼저 있고 기력이 다음에 따라가는 것이다. 그런 까닭에 그 뜻을 가지고 그 기력을 함부로 움직여서는 안 된다." 공손추가 말했다. "선생님께서 말씀하기를 뜻이 먼저 있고 기력이 다음에 따라간다고 하시고, 또 말씀하기를 그 뜻을 가지고도 그 기력을 함부로 움직여서는 안 된다고 하시는 것은 무슨 말씀입니까." 맹자가 대답했다. "뜻이 전일하면 기력을 움직이는 것이지만, 간혹 기력이 전일하게 되어 뜻을 움직이게도 된다. 엎어지고 달리는 것은 기력이지만 도리어 그 마음을 움직이게도 하는 것이다." 공손추가 물었다. "선생님은 어떤 점에서 뛰어나십니까?" 맹자가 대답했다. "남의 말을 잘 이해하고, 호연지기를 잘 기르는 것이다." 공손추가 말했다. "감히 묻겠습니다. 무엇을 호연지기라고 합니까?" 맹자가 대답했다. "말로는 표현하기 어렵다. 그 호연지기라는 것은 지극히 크고 지극히 강하니, 바르게 길러서 손상되지 않는다면 하늘과 땅 사이에 충만한 것이다. 그 기의 됨됨이가 의(義)와 도(道)로 배합해서 되는 것이어서 이것들이 없으면 위축된다. 이것은 의를 모아야 생겨나는 것이고 우연히 지니게 될 수 있는 것이 아니니, 행동해서 마음에 만족하지 못하면 위축되는 것이다. 그런 까닭에 고자가 아직 의를 알지 못한다고 하는 것은 고자가 의를 밖에 있는 것으로 여기기 때문이다. 의를 실천하는 일이라고 해서 결과에 집착하지 말고, 의를 실천하는 것을 마음속에 새겨야 하며, 그렇다고 해서 일부러 만들어서도 안 된다. 송나라 사람과 같이 하지 말 것이니, 송나라 사람 중에 곡식의 싹이 자라지 않는 것이 안타까워서 그 싹을 뽑아 올려준 사람이 있었는데, 하루는 바빠 집으로 돌아와서 자신의 가족들에게 '오늘은 힘들었다. 내가 싹이 빨리 자라도록 도와주었다.'고 해서, 그 아들이 달려가서 살펴보니 싹은 이미 시들어 있었다. 천하에 곡식이 자라기를 바라지 않는 사람은 거의 없을 것이니, 호연지기를 길러도 소용이 없다고 내팽개치는 것은 곡식을 김매지 않는 것과 같고, 호연지기를 억지로 기르게 하는 것은 곡식의 싹을 뽑아 올려주는 것과 같다. 그러면 그저 무익할 뿐만 아니라 또 해가 되는 것이다." 공손추가 또 물었다. "남의 말을 안다고 하는 것은 무슨 말씀이십니까." 맹자가 대답했다. "편파적인 말에서 그 말을 하는 사람의 속을 알고, 음란한 말에서 그 말을 하는 사람의 깊이를 알며, 사특한 말에서 그 말을 하는 사람이 도리에서 벗어나 있음을 알고, 둘러대는 말에서 그 말을 하는 사람이 궁지에 빠진 것을 알 수 있다. 이 말들은 그 마음에서 생겨나서 정치를 해치고, 정치를 하는 속에 퍼져 나가서 나라의 대사를 해치게 되는 것이니, 성인이 다시 나타난다 해도 틀림없이 내 말을 따르실 것이다." 공손추가 말했다. "재아와 자공은 말을 잘 하고, 염우와 민자와 안연은 덕행을 잘 했습니다. 공자께서는 이것을 모두 겸했다고 하는데, 공자께서 '나는 말에는 재주가 없다.'고 했습니다. 그렇다면 선생님은 두 가지에 다 뛰어나시니 이미 성인이십니다." 맹자가 대답했다. "아니, 그게 무슨 말이냐? 옛날에 자공이 공자께 '선생님은 성인이십니다.' 하니, 공자는 '성

제3편 공손추 상

인의 경지는 내가 감당하지 못한다. 나는 배우기를 싫어하지 않고 가르치기를 게을리 하지 않는 사람일 뿐이다.'고 하셨다. 이에 자공이 '배우기를 싫어하지 않는 것은 지혜로움이고 가르치기를 게을리 하지 않는 것은 어진 것이니, 어질고 또 지혜로우니 선생님은 이미 성인이십니다.'라고 말했다. 성인의 경지는 공자께서도 자처하지 않으셨는데, 그게 무슨 말이냐?" 공손추가 말했다. "제가 예전에 들은 적이 있는데, 자하와 자유와 자장은 모두 성인의 한 요소씩을 가지고 있고, 염유와 민자와 안연은 전체적인 요소를 갖추었으나 그 정도가 미약하다고 했습니다. 선생님께서는 어떤 경우에 해당되는지 묻고 싶습니다." 맹자가 대답했다. "그런 말은 그만두자." 공손추가 또 물었다. "백이와 이윤은 어떻습니까." 맹자가 말했다. "길이 같지 않으니 자신의 군주가 아니면 섬기지 않고, 자신의 백성이 아니면 부리지 않으며, 세상이 평화로우면 벼슬에 나아가고 어지러우면 물러난 이가 백이요, 누구를 섬긴들 자신의 군주가 아니며, 누구를 부린들 자신의 백성이 아니겠느냐고 해서 세상이 평화로워도 벼슬에 나아가고 어지러워도 또한 나아간 이가 이윤이었고, 벼슬을 할 만하면 벼슬을 하고 그만둘 만하면 그만두며, 오래 머물 만하면 오래 머물고 빨리 떠날 만하면 빨리 떠난 이가 공자였으니, 모두 다 옛날의 성인이었다. 나는 아직도 실제로 실행한 적은 없지만, 하고 싶다면 공자를 따라 배우는 것이다." 공손추가 물었다. "백이와 이윤이 공자와 그렇게 비등하다는 말씀이십니까?" 맹자가 대답했다. "아니다, 사람들이 살아온 이래로 아직도 공자만한 분은 없다." 공손추가 또 물었다.

"그렇다면 공통된 점이 있습니까?" 맹자가 대답했다. "있다. 만일 그들이 백 리의 땅을 얻어서 군주가 된다면 모든 제후들을 조공하게 하여 천하를 차지하게 될 것이다. 그러나 한 가지라도 불의를 행하고, 한 사람이라도 죄 없는 사람을 죽여서 천하를 얻게 된다면 모두 하려고 하지 않을 것이니, 그것이 공통된 점이다." 공손추가 물었다. "그러면 그들의 다른 점은 무엇입니까?" 맹자가 대답했다. "재아와 자공과 유약은 지혜가 성인을 이해하기에 충분하지만, 아무리 뒤처져도 자신들이 좋아하는 것에 대해서 아첨하는 일은 하지 않았다. 재아가 공자를 가리켜 말하기를 '제가 선생님을 관찰한 바로는 요임금이나 순임금보다도 더 현명하십니다.'고 했다. 자공은 '그 나라의 예법을 보면 그 정치를 알 만하고, 그 나라의 음악을 들으면 그 군주의 덕을 알 만하다. 백세의 뒤에서 백세 동안의 군주들을 비교해서 평가한다면 틀림없는 것이니, 사람이 생긴 이래로 공자만한 분은 없다.'고 했다. 유약은 '어떻게 사람의 경우뿐이겠는가? 기린과 달리는 짐승이, 봉황과 나는 새가, 태산과 둔덕이, 하해와 길가에 괸 물이 모두 동류이며, 성인과 보통사람도 또한 동류지만, 성인은 그 동류에서 뛰어나서 그 무리에서 불거지는 것이니, 사람이 생겨난 이래로 아직 공자만한 분은 없었다.'고 했다."

[語釋]
*부자(夫子) : 스승을 높여서 부르는 말. *가(加) : ~에 處하다, 또는 ~이 되다.
*부동심(不動心) : 불혹(不惑), 즉 의혹됨이 없는 마음. *맹분(孟賁) : 옛날의 이름

난 장사. *고자(告子) : 사상가의 한 사람. 맹자와는 통하는 듯하면서도 기본적으로 일치하지 않는 면이 있음. *북궁유(北宮黝) : 제나라의 유명한 용사. *부(膚) : 붙다. *시조(市朝) : 시장(市場). 사람이 많이 모여 있는 곳. *좌(挫) : 창피 또는 모욕. *갈관박(褐寬博) : 몸에 맞지 않고 헐렁거리는 옷을 입은 천(賤)한 사람을 나타내는 말. *맹시사(孟施舍) : 제나라의 용사. *삼군(三軍) : 대군(大軍)을 나타내는 말. 일군(一軍)은 대략 12,500명. *자하(子夏) : 공자(孔子)의 제자. *현(賢) : 뛰어나다. 낫다. *약(約) : '묶다' 등의 의미에서 요약(要約)이나 요점(要點)의 뜻. *자양(子襄) : 증자(曾子)의 제자. *축(縮) : 곧다. 바르다. 올바르다. *췌(惴) : 두려워함. *일(壹) : 전일(專一). 오로지. 한결같이. *궐자추자(蹶者趨者) : 蹶者는 넘어지거나 엎어지는 것, 趨者는 달리거나 성큼성큼 걷는 것. *색(塞) : 가득차다. 충만(充滿)하다. *뇌(餒) : 여기에서는 氣의 허탈(虛脫)을 말함. *습(襲) : 여기에서는 밖에서 의(義)가 마음속으로 들어오는 것을 뜻함. *겸(慊) : 쾌심(快心). *필유사언이물정(必有事焉而勿正) : 반드시 어떤 일을 목적으로 하여 일하되 급히 이루어지기를 바라지 말라는 것. *알(揠) : 뽑아 올리다. *망망연(笘笘然) : 망망(茫茫)과 통함. 아득한 모양. 피곤하고 지친 모양. *피사(詖辭) : 편벽되고 공정하지 못한 것. *재아·자공(宰我·子貢) : 둘 다 말을 잘하던 공자의 제자. *염우·민자·안연(冉牛·閔子·顔淵) : 덕행(德行)이 뛰어났던 공자의 제자들. *사명(辭命) : 사설(辭說). *자하·자유·자장(子夏·子游·子張) : 공자의 제자들. *일체(一體) : 몸의 한 부분을 말함. 여기에서는 성인이 될 수 있는 한 요소를 가지고 있다는 말. *소안(所安) : 소처(所處), 또는 소거(所居)의 뜻. *백이(伯夷) : 고죽군(孤竹君)의 장자(長子). *이윤(伊尹) : 하왕조(夏王朝) 말기에 폭군인 걸왕과 은왕조(殷王朝) 초기의 탕왕 밑에서 벼슬을 함. *반(班) : 여기에서는 비등(比等)한 것, 즉 비슷하다는 뜻. *아(阿) : 구석, 비탈을 뜻하나 여기에서는 '치우치다(偏僻)'의 의미. *여(予) : 재아(宰我)의 이름.

*어(於) : ~보다도. *기린(麒麟) : 여기서 기린은 설화에 나오는 상상의 동물로 짐승의 왕을 말함. 기(麒)는 암컷이고 린(麟)은 수컷. *질(垤) : 개미집을 짓기 위해 날라다 놓은 흙가루가 쌓인 둑. 따라서 구질(丘垤)이란 나지막한 산을 의미함. *료(潦) : 길바닥에 괸 물. 따라서 행료(行潦)는 길 가에 괸 물. *췌(萃) : 여기에서는 무리를 뜻함.

[大意]

맹자는 나이 마흔에 부동심(不動心)하였다. 즉 어떤 유혹에도 마음이 흔들리지 않았다는 말이니, 중책의 벼슬을 맡았을 때도 주위의 유혹에 현혹 되지 않고 소신대로 일했으며, 그것을 바탕으로 호연지기(浩然之氣)를 기른 것을 말하고 있다. 호연지기의 기운은 의(義)와 도(道)를 함께 짝하게 되어 있고, 의와 도가 없으면 그 기운은 그대로 시들어 없어진다. 그것은 의를 쌓고 쌓아 생겨나는 것으로, 하루아침에 얻어지는 것이 아니다.

맹자의 호연지기는 비도덕적인 것을 배척하고 도의적인 것을 실현하는 진정한 용기를 말힌다. 호연외 기야만로 지대지강(至大至剛)하며, 바르게 길러 손상함이 없다면 하늘과 땅 사이에 충만하다고 강조했다. 이 말은 맹자의 주관적 이상주의의 특색을 확실하게 나타낼 뿐만 아니라 유가(儒家)의 실천행위의 기본적인 구조 곧 그 이상적인 상태를 나타낸 것이다.

제3장

> 孟子曰 以力假仁者霸 霸必有大國 以德行仁者王 王不待
> 맹자왈 이력가인자패 패필유대국 이덕행인자왕 왕부대
> 大 湯以七十里 文王以百里 以力服人者 非心服也 力不贍
> 대 탕이칠십리 문왕이백리 이력복인자 비심복야 역불섬
> 也 以德服人者 中心悅而誠服也 如七十子之服孔子也 詩
> 야 이덕복인자 중심열이성복야 여칠십자지복공자야 시
> 云 自西自東 自南自北 無思不服 此之謂也
> 운 자서자동 자남자북 무사불복 차지위야

맹자가 말했다. "무력(武力)으로 인정(仁政)을 가장하는 사람은 패자(霸者)인데, 패자는 반드시 큰 나라가 있어야 한다. 덕으로 인을 베푸는 사람은 왕자(王者)인데, 왕자는 큰 나라가 필요하지 않다. 탕왕이 70리로 인을 베풀었고, 문왕은 백리로 인을 베풀었다. 무력으로 사람들을 복종시키면 그 마음이 복종하는 것이 아니고, 힘이 부족하기 때문이다. 덕으로 사람을 복종시키면 진심으로 기뻐하며 복종하는 것이니, 마치 70명의 제자가 공자에게 복종하는 것과 같다. 《시경》에 '서쪽에서 또 동쪽에서, 남쪽에서 또 북쪽에서 마음으로 복종하지 않는 사람이 없다.'고 한 것은 이것을 일컫는 것이다."

[語釋]

*이력가인(以力假仁) : 力은 영토와 병력이 강함을 말하나, 여기에서는 무력(武力)을 말함. 따라서 인정(仁政)을 가장하여 무력으로 강요한다는 뜻. *불섬(不贍) : 贍은 만족하다. 따라서 不贍은 부족함을 말함. *칠십자(七十子) : 공자의 삼천 문하생 중에 칠십 인이 육예(六藝)와 육경(六經)에 통달했다고 함.

[大意]

왕도정치는 인의(仁義)로 행하여지는 것이니, 왕도(王道)는 인의를 떠나서는 생각할 수 없다. 인정(仁政)을 가장해서 무력으로 나라를 다스리는 것이 패도(霸道)의 정치다. 왕도는 백성을 위해서 나라를 다스리는 것이고, 패도는 자신의 욕심과 명예를 위해서 나라를 다스리는 것이므로, 패도의 정치에서는 백성들의 진정한 마음을 얻을 수 없는 것이다. 또 땅이 커야 왕도를 펴는 것이 아니고, 작은 땅이라도 백성의 마음을 알고 펴나간다면 진정한 왕도를 이룰 수 있다고 했다.

제4장

孟子曰 仁則榮 不仁則辱 今惡辱而居不仁 是猶惡溼而居
맹자왈 인즉영 불인즉욕 금악욕이거불인 시유악습이거

下也 如惡之 莫如貴德而尊士 賢者在位 能者在職 國家閒
하야 여악지 막여귀덕이존사 현자재위 능자재직 국가한

暇 及是時明其政刑 雖大國 必畏之矣 詩云 迨天之未陰雨
가 급시시명기정형 수대국 필외지의 시운 태천지미음우

徹彼桑土 綢繆牖戶 今此下民 或敢侮予 孔子曰 為此詩者
철피상토 주무유호 금차하민 혹감모여 공자왈 위차시자

其知道乎 能治其國家 誰敢侮之 今國家閒暇 及是時般樂
기지도호 능치기국가 수감모지 금국가한가 급시시반악

怠敖 是自求禍也 禍福無不自己求之者 詩云 永言配命 自
태오 시자구화야 화복무불자기구지자 시운 영언배명 자

求多福 太甲曰 天作孼 猶可違 自作孼 不可活 此之謂也
구다복 태갑왈 천작얼 유가위 자작얼 불가활 차지위야

맹자가 말했다. "어진 정치를 베풀면 나라가 번영하고, 어진 정치를 베풀지 않으면 치욕을 당하게 된다. 치욕스러운 것을 싫어하면서도 어진 정치를 베풀지 않는 것은 마치 습한 것을 싫어하면서 습기가 있는 아래쪽에 머무는 것과 같다. 만일 치욕을 당하는 것이 싫다면 덕을 귀하게 여기고 선비를 존중해서 현명한 사람이

알맞은 지위에 있도록 하고, 능력에 맞는 사람이 알맞은 직책에 있게 해야 한다. 그래서 나라가 편안해지면 그 때에 맞춰서 정치와 형벌을 밝게 시행하면 아무리 큰 나라라 해도 그 나라를 두려워할 것이다. 《시경》에 '하늘에서 장맛비를 내리기 전에 뽕나무 껍질을 벗겨 창과 문을 얽어매니, 이제 저 아래의 사람들이 감히 나를 업신여기겠는가?'라고 했으며, 공자는 '이 시를 지은 사람은 도리를 아는구나. 그의 나라를 다스릴 수 있으니 누가 감히 그를 업신여기겠는가?'라고 했다. 나라가 평안해지면 그 때를 맞춰서 즐겨 놀고 태만하고 오만해지는데, 이것이 스스로 재앙을 부르는 것이다. 재앙과 복은 스스로 부르는 것이니, 《시경》에 '영원토록 하늘의 명을 따름으로 스스로 많은 복을 얻는다.'고 했고, 〈태갑(太甲)〉에 '하늘이 만든 재앙은 오히려 피할 수 있지만, 스스로 만든 재앙은 벗어날 수 없다.'고 했으니, 이것을 일컫는 것이다."

[語釋]

*여오지(如惡之) : 如는 만약을 나타내고, 之는 욕(辱)이니, 즉 치욕(恥辱)을 나타낸다. *정형(政刑) : 정교(政敎)와 형벌(刑罰). *태(迨) : 미치다, 이르다. *음우(陰雨) : 오랫동안 내리는 비, 즉 장맛비를 말한다. *철(徹) : 撤과 통함. 따라서 취하다, 뽑아 거둔다는 의미. *상두(桑土) : 뽕나무뿌리로 여기에서는 뽕나무 껍질. 土는 '두'로 읽고 杜(두)와 통하며, 뜻은 나무뿌리. *주무(綢繆) : 얽어매는 것. 여기에서는 다가올 장마를 대비해 집을 보수 수리하는 것. *유호(牖戶) : 살창과 지게문. 여기에서는 둥우리의 공기가 통하고 드나드는 곳을 말한다. *차하민(此下民) : 民은 새둥지를 튼 나무 밑의 사람들. 下는 나무 위에 앉은 새의 입장에서 아래를

가리켜 하는 말. *여(予) : 새가 자신을 가리키는 말. *반락(般樂) : 옮겨 다니며 노는 것, 즉 놀고 즐기는 것. *배명(配命) : 천명(天命)의 도리에 따른다는 뜻. *얼(孼) : 재앙.

[大意]

한 나라의 군주로서 치욕을 당하지 않으려면 참된 군주의 도리를 실행할 것을 강조했고, 천명에 따라 신념을 가지고 노력하면 하늘의 도움을 얻을 수 있다고 말했다.

그리고 덕으로 인재를 등용하여 어진 정치를 베풀고, 큰 일이 생기기 전에 미리 대비하면 그 누구도 함부로 대적하지 못할 것이라고 결론지었다.

제5장

孟子曰 尊賢使能 俊傑在位 則天下之士皆悅而願立於其
맹자왈 존현사능 준걸재위 즉천하지사개열이원입어기

朝矣 市廛而不征 法而不廛 則天下之商皆悅而願藏於其
조의 시전이부정 법이부전 즉천하지상개열이원장어기

市矣 關譏而不征 則天下之旅皆悅而願出於其路矣 耕者
시의 관기이부정 즉천하지려개열이원출어기로의 경자

助而不稅 則天下之農皆悅而願耕於其野矣 廛無夫里之
조이불세 즉천하지농개열이원경어기야의 전무부리지

布 則天下之民皆悅而願為之氓矣 信能行此五者 則鄰國
포 즉천하지민개열이원위지맹의 신능행차오자 즉린국

之民仰之若父母矣 率其子弟 攻其父母 自生民以來 未有
지민앙지약부모의 솔기자제 공기부모 자생민이래 미유

能濟者也 如此 則無敵於天下 無敵於天下者 天吏也 然而
능제자야 여차 즉무적어천하 무적어천하자 천리야 연이

不王者 未之有也
불왕자 미지유야

맹자가 말했다. "현명한 사람을 존중하고 능력 있는 사람을 등용하며 뛰어난 사람을 마땅한 지위에 있게 하면, 천하의 선비들이 모두 기뻐하고 그 나라의 조정에서 벼슬하기를 원하게 된다. 시장은 점포 세를 내게 하되 따로 세금은 거두지 않고, 법을 제정해서 점포를 함부로 짓지 않게 하면, 천하의 상인들이 모두 기뻐하며 그 나라의 시장에서 물건을 팔려고 할 것이다. 관문에서는 감시만 하고 관세를 거두지 않으면, 천하의 여행자들이 모두 기뻐하고 그 나라의 길로 다니려고 할 것이다. 농사짓는 사람에게는 조법을 적용하고 세금을 거두지 않으면, 천하의 농부들이 모두 기뻐하고 그 나라의 들에서 농사지으려고 할 것이다. 거주하는 땅에 부포(夫布)와 이포(里布)를 없애면, 천하의 백성들이 모두 기뻐하고 그 나라의 백성이 되려고 할 것이다. 이 다섯 가지를 잘 시행하면 이웃 나라의 백성들도 그 군주를 마치 부모처럼 우러러볼 것이다. 자식들을 거느리면서 그들의 부모를 공격하는 것은 사람이 생겨난 이래로 성공한 예가 없다. 이렇게만 시행할 수 있다면 천하에 대적할 사람이 없을 것이다. 천하에 대적할 사람이 없는 사람은 하늘이 내린 관리이다. 그렇게 되고 나서도 왕도를 행하지 못한 사람은 없었다."

[語釋]
*준걸(俊傑) : 재능과 덕이 뛰어난 사람. *기조(其朝) : 그 나라의 조정(朝廷). *전(廛) : 가게. 나라에서 저자거리에 지어 상인들로 하여금 장사를 하게 하는 점포. 여기에서는 동사로 쓰여서, 점포에서 세금을 걷는다는 뜻. *시전이부정(市廛而不征) : 여기에서 征은 조세(租稅), 따라서 시전이부정(市廛而不征)은 저자거리에 점포를 지어 상인들이 장사를 하도록 하고 따로 세금을 거두지 않는 것을 말함.
*법이부전(法而不廛) : 法은 시장단속법, 이 법을 간편하게 제정하고 점포세를

받지 않는다는 말. *조(助) : 공전(公田)의 경작을 돕는 것. 조이불세(助而不稅)는 맹자가 이상적으로 말하는 정전법(井田法)으로 조법(助法)을 적용하고 사전(私田)에서 거둬들이는 것에는 과세(課稅)하지 않는 것을 말함. *부리지포(夫里之布) : 부포(夫布)와 이포(里布). 布는 화폐를 말함. 땅을 묵히고 놀리는 사람에게는 里布, 부역(賦役)에 나가지 않는 사람에게는 부역을 보상하는 夫布를 물게 했던 것으로 본래는 하나의 벌금이었는데, 그러던 것이 전국시대에는 부리(夫里)에 대한 布를 물게 했다고 함. *맹(氓) : 다른 나라로부터 옮겨온 백성. *제(濟) : 여기에서는 성공의 뜻. *천리(天吏) : 천명(天命)을 받들어 집행하는 사람.

[大意]

전국시대의 군주들은 나라를 부강하게 하기 위해서 그 나라에 많은 백성이 살기를 원했다. 그것이 곧 국력과 뛰어난 지도력을 의미하는 것이기 때문이다. 이에 맹자는 군주가 원하는 바를 이룰 수 있는 다섯 가지의 구체적인 대책을 제시하고 있다.

첫째는 능력 있고 뛰어난 사람을 등용하여 재량을 발휘하게 할 것, 둘째는 덕이 있고 현명한 사람을 아끼고 사랑하여 천하의 선비들이 모여들게 할 것, 셋째는 백성들의 경제 문제를 생각해서 시장에서의 합당한 세금 정책을 실시할 것, 넷째는 농민을 위한 정전법에 의거해서 조법을 실시할 것, 다섯째는 주거지에 따른 여러 가지 적합한 세법을 실시할 것 등이다.

이상의 다섯 가지를 잘 실행한다면, 천하의 누구도 따라올 수 없는 훌륭한 군주가 된다고 말했다. 백성을 위하고 어진 정치를 기본으로 한 참된 왕도정치를 실현하려는 맹자의 이론이다.

제6장

孟子曰 人皆有不忍人之心 先王有不忍人之心 斯有不忍
맹자왈 인개유불인인지심 선왕유불인인지심 사유불인

人之政矣 以不忍人之心 行不忍人之政 治天下可運之掌
인지정의 이불인인지심 행불인인지정 치천하가운지장

上 所以謂人皆有不忍人之心者 今人乍見孺子將入於井
상 소이위인개유불인인지심자 금인사견유자장입어정

皆有怵惕惻隱之心 非所以內交於孺子之父母也 非所以
개유출척측은지심 비소이납교어유자지부모야 비소이

要譽於鄉黨朋友也 非惡其聲而然也 由是觀之 無惻隱之
요예어향당붕우야 비악기성이연야 유시관지 무측은지

心非人也 無羞惡之心非人也 無辭讓之心非人也 無是非
심비인야 무수악지심비인야 무사양지심비인야 무시비

之心非人也 惻隱之心 仁之端也 羞惡之心 義之端也 辭讓
지심비인야 측은지심 인지단야 수오지심 의지단야 사양

之心 禮之端也 是非之心 智之端也 人之有是四端也 猶其
지심 예지단야 시비지심 지지단야 인지유시사단야 유기

有四體也 有是四端而自謂不能者 自賊者也 謂其君不能
유사체야 유시사단이자위불능자 자적자야 위기군불능

者 賊其君者也 凡有四端於我者 知皆擴而充之矣 若火之始
자 적기군자야 범유사단어아자 지개확이충지의 약화지시

> **然 泉之始達 苟能充之 足以保四海 苟不充之 不足以事父母**
> 연 천지시달 구능충지 족이보사해 구부충지 부족이사부모

　　맹자가 말했다. "사람들은 모두 남의 고통을 차마 보지 못하는 마음이 있다. 선왕들은 남의 고통을 차마 보지 못하는 마음이 있어서, 이것이 남의 고통을 차마 보지 못하는 정치를 하게 했다. 남의 고통을 차마 보지 못하는 마음 때문에 남의 고통을 차마 보지 못하는 정치를 한다면, 천하를 다스리는 것은 손바닥 위에서 하는 것처럼 할 수 있다. 사람들이 모두 남의 고통을 차마 보지 못하는 마음이 있다고 하는 까닭은 이렇다. 지금 어떤 사람이 갑자기 한 어린아이가 우물에 빠지는 것을 보면 놀라고 측은한 마음을 가지게 되는데, 이것은 어린아이의 부모와 가까워지려는 이유도 아니고, 마을 사람과 친구에게 좋게 보이려는 이유도 아니며, 아이의 울음소리가 싫어서 그런 것도 아니다. 이것으로 살펴볼 때 측은지심(惻隱之心)이 없으면 사람이 아니고, 수오지심(羞惡之心)이 없으면 사람이 아니며, 사양지심(辭讓之心)이 없으면 사람이 아니고, 시비지심(是非之心)이 없으면 사람이 아니다. 측은지심은 인(仁)의 단서이고, 수오지심은 의(義)의 단서이며, 사양지심은 예(禮)의 단서이고, 시비지심은 지(智)의 단서이다. 사람에게 이 네 가지 단서(端緖)가 있는 것은 그가 사지(四肢)를 가지고 있는 것과 같다. 이 네 가지 단서를 가지고 있으면서 스스로 선을 실천할 수 없다고 말하는 사람은 스스로를 해치는 사람이고, 자신의

군주는 선을 실천할 수 없다고 말하는 사람은 자신의 군주를 해치는 사람이다. 무릇 나에게 네 가지의 사단이 있어서 모두 확충할 수 있으면 마치 불이 타오르기 시작하고 샘이 솟아나기 시작하는 것 같을 것이다. 진실로 이것을 확충할 수 있다면 천하를 보존할 수 있고, 확충하지 못한다면 부모를 섬기기에도 부족할 것이다."

[語釋]
*사(斯) : 다른 것이 아니라 곧, 또는 다시 말하여. *소이(所以) : 이유, 까닭. ~하기 위한 것. *사(乍) : 갑자기. 별안간. *유자(孺子) : 유아(乳兒). *출척(怵惕) : 놀라고 두려워하는 모양. *측은(惻隱) : 가엽게 여기는 것. *요(要) : 구하다. *납교(內交) : 교제를 맺음. 여기서 內는 납(納)과 같고 '맺다'의 뜻이 있음. *향당(鄕黨) : 한 마을 사람들. *확충(擴充) : 넓히고 채움. *연(然) : 연(燃)의 본자(本字)로, '타오르다'의 뜻. *천지시달(泉之始達) : 사단(四端)의 기세를 나타낸 것으로, 샘물이 처음 솟아 흐르기 시작해서 대해(大海)로 통하는 것과 같다는 비유.

[大意]
사람의 마음에 있는 성품에 대해서 말했다.

맹자의 성선설(性善說)도 여기에서 말하는 네 가지의 단서, 즉 측은지심(惻隱之心), 수오지심(羞惡之心), 사양지심(辭讓之心), 시비지심(是非之心)에서 나왔다고 할 수 있다.

사람은 누구나 인의예지(仁義禮智)의 덕을 쌓아야 하고, 나라를 다스리는 사람은 어진 정치를 베풀며, 백성들은 나라를 위해 네 가지, 즉 사단(四端)의 근본을 바르게 가져야 한다고 말하고 있다.

제7장

> 孟子曰 矢人豈不仁於函人哉 矢人唯恐不傷人 函人唯恐
> 맹자왈 시인기불인어함인재 시인유공불상인 함인유공
>
> 傷人 巫匠亦然 故術不可不慎也 孔子曰 里仁爲美 擇不處
> 상인 무장역연 고술불가불신야 공자왈 리인위미 택불처
>
> 仁 焉得智 夫仁 天之尊爵也 人之安宅也 莫之禦而不仁
> 인 언득지 부인 천지존작야 인지안택야 막지어이불인
>
> 是不智也 不仁 不智 無禮 無義 人役也 人役而恥爲役 由
> 시부지야 불인 부지 무예 무의 인역야 인역이치위역 유
>
> 弓人而恥爲弓 矢人而恥爲矢也 如恥之 莫如爲仁 仁者如
> 궁인이치위궁 시인이치위시야 여치지 막여위인 인자여
>
> 射 射者正己而後發 發而不中 不怨勝己者 反求諸己而已矣
> 사 사자정기이후발 발이불중 불원승기자 반구제기이이의

맹자가 말했다. "화살을 만드는 사람이 어찌 갑옷을 만드는 사람보다 어질지 못하겠는가? 화살을 만드는 사람은 오직 사람을 상하게 하지 못할까 걱정하고, 갑옷을 만드는 사람은 오직 사람을 상하게 할까 걱정한다. 무당과 관을 짜는 사람도 마찬가지다. 그래서 일은 신중하지 않으면 안 된다. 공자가 '인에 머물면 좋다. 가려서 인에 머물지 않으면 어찌 지혜를 얻겠는가?' 했으니, 무릇 인자한 것은 하늘이 준 고귀한 벼슬이요, 사람이 거처하는 편안한

집이다. 못하게 하지도 않는데 어질게 행동하지 않는 것은 지혜롭지 못한 것이다. 어질지 못하고 지혜롭지 못하며, 예가 없고 의가 없으면 남에게 부림을 당한다. 남에게 부림을 당하면서도 부림당하는 것을 수치스러워하는 것은, 활을 만드는 사람이 활을 만드는 것을 수치스러워하고 화살을 만드는 사람이 화살을 만드는 것을 수치스러워 하는 것과 같다. 만약 부림을 당하는 것을 수치스러워한다면 어질게 행동하는 것이 가장 좋다. 어질게 행동하는 것은 활을 쏘는 것과 같아서, 쏘는 사람은 몸을 바르게 한 후에 화살을 쏘아야 한다. 쏘아서 적중하지 못해도 자신을 이긴 사람을 원망하지 않고 반성해서 잘못을 자신에게서 찾을 뿐이다."

[語釋]
*시인(矢人) : 활을 만드는 사람. *함인(函人) : 갑옷 만드는 사람. *무장(巫匠) : 巫는 무당, 匠은 관(棺)을 만드는 사람. *이인(里仁) : 인자(仁慈)한 곳에 거처한다는 말, 里는 주거(住居)의 뜻. *천지존작(天之尊爵) : 사람이 태어날 때 하늘로부터 받은 선천적인 벼슬, 본성(本性)을 말함. *인지안택(人之安宅) : 사람이 안주할 수 있는 곳. *인역(人役) : 위인소역(爲人所役)을 줄인 말로, 사람을 부린다는 말. *유(由) : 마치 ~와 같다. *인자(仁者) : 여기서는 어진 사람이 아니라, 仁을 실천하는 사람이란 뜻. *반구제기(反求諸己) : 반성해서 잘못을 자신에게서 구하는 것.

[大意]
여기에서 맹자는 인(仁)을 하늘에서 부여받은 고귀한 벼슬이라고 했고, 또 사람이 거처할 편안한 집이라고 했다.

사람의 안에 있는 도리는 여러 가지 이유로 인해서 잘못될 수가 있으니, 항상 인의예지(仁義禮智)를 닦아서 돌이켜 반성하며 인에 머물도록 하라고 했다.

제8장

> 孟子曰 子路 人告之以有過則喜 禹聞善言則拜 大舜有大
> 맹자왈 자로 인고지이유과즉희 우문선언즉배 대순유대
>
> 焉 善與人同 舍己從人 樂取於人以為善 自耕稼陶漁 以至
> 언 선여인동 사기종인 악취어인이위선 자경가도어 이지
>
> 為帝 無非取於人者 取諸人以為善 是與人為善者也 故君
> 위제 무비취어인자 취제인이위선 시여인위선자야 고군
>
> 子莫大乎與人為善
> 자막대호여인위선

맹자가 말했다. "자로는 남들이 그의 잘못을 알려주면 기뻐했고, 우(禹)임금은 좋은 말을 들으면 절을 했으며, 위대한 순(舜)임금은 더 대단해서 선한 일을 다른 사람들과 함께 하면서 사사로움을 버리고 다른 사람들을 따랐으며, 다른 사람들에게서 좋은 점을 받아들이기를 즐겼다. 농사를 짓고 도자기를 구우며 고기를 잡을 때부터 임금이 될 때까지, 다른 사람들의 좋은 점을 받아들이지 않은 것이 없었다. 다른 사람들에게서 받아들여 선행을 실천하는 것이 바로 다른 사람들과 함께 선행을 하는 것이다. 그래서 군자에게 다른 사람들과 함께 선행을 하는 것보다 더 큰 일은 없는 것이다."

[語釋]

*언(焉) : 어차(於此)를 줄인 것으로, 여기에서 此(이것, 또는 그것)는 바로 앞의 자로(子路)와 우(禹)임금을 가리키는 말. *여선인동(善與人同) : 善을 실천하되 자기 혼자가 아닌 세상 사람들도 같이 하게 하는 것. *사기종인(舍己從人) : 자신의 잘못을 버리고 다른 사람이 실천하는 선(善)을 따르는 것.

[大意]

선여인동(善與人同)의 모범을 보인 순임금과 우임금과 자로의 예를 들어 도의를 실천하는 본보기를 말했다.

군자이면서 남과 함께 선행을 하지 않는 사람은 없으니, 농사짓고 도자기를 굽고 고기를 잡을 때부터서 임금이 될 때까지 선행을 받아들이고 실천하면서 자신의 잘못을 반성하며 수행한 순임금처럼 수양을 쌓아야 한다고 말했다.

제9장

孟子曰 伯夷 非其君不事 非其友不友 不立於惡人之朝 不
맹자왈 백이 비기군불사 비기우불우 불립어악인지조 불

與惡人言 立於惡人之朝 與惡人言 如以朝衣朝冠坐於塗
여악인언 립어악인지조 여악인언 여이조의조관좌어도

炭 推惡惡之心 思與鄉人立 其冠不正 望望然去之 若將浼
탄 추오악지심 사여향인립 기관부정 망망연거지 약장매

焉 是故諸侯雖有善其辭命而至者 不受也 不受也者 是亦
언 시고제후수유선기사명이지자 불수야 불수야자 시역

不屑就已 柳下惠 不羞汙君 不卑小官 進不隱賢 必以其道
불설취이 류하혜 불수오군 불비소관 진불은현 필이기도

遺佚而不怨 阨窮而不憫 故曰 爾為爾 我為我 雖袒裼裸裎
유일이불원 액궁이불민 고왈 이위이 아위아 수단석라정

於我側 爾焉能浼我哉 故由由然與之偕而不自失焉 援而
어아측 이언능매아재 고유유연여지해이불자실언 원이

止之而止 援而止之而止者 是亦不屑去已 孟子曰 伯夷隘
지지이지 원이지지이지자 시역불설거이 맹자왈 백이애

柳下惠不恭 隘與不恭 君子不由也
류하혜불공 애여불공 군자불유야

맹자가 말했다. "백이는 자신의 마음에 둔 임금이 아니면 섬기지를 않았고, 자신의 마음에 둔 친구가 아니면 사귀지를 않았다. 그릇된 사람의 조정에서는 일하지 않았고, 그릇된 사람과는 말을 함께 하지 않았다. 그릇된 사람의 조정에서 일하고 그릇된 사람과 함께 말을 하는 것을 마치 조의조관을 한 차림으로 진흙탕이나 숯검정 속에 앉아 있는 것 같이 생각했다. 이렇게 그릇된 것을 싫어하는 마음을 미루어 보건대, 마을사람들과 함께 서 있을 때 그들의 관이 반듯하지 않으면 마치 자신이 그릇된 것 같아서 곧바로 그 자리를 떠났다. 이런 까닭으로 비록 제후들이 초빙하는 글을 좋게 써서 보내도 받지 않았다. 받지 않은 까닭은 역시 그들 앞에 나아갈 가치가 떳떳치 않다고 생각했기 때문이다. 유하혜(柳下惠)는 그릇된 군주라도 부끄럽게 생각하지 않았고, 작은 벼슬자리도 하찮게 생각하지 않았다. 벼슬길에 나아가서 재능을 숨기지 않고 반드시 그의 도리에 따라 일을 했다. 벼슬자리를 그만두어도 원망하지 않았고, 재난을 당하여 궁색해져도 근심하지 않았다. 그래서 '너는 너고 나는 나니, 비록 내 옆에서 옷을 벗고 벌거숭이가 된다고 해서 네가 어찌 나를 더럽힐 수 있겠는가.'라고 했던 것이다. 그래서 다른 사람들과 함께 있으면서도 자신을 잃지 않았고, 다른 사람들이 끌어당겨서 말리면 머물렀다. 끌어당겨서 말리면 머물렀던 까닭은 떠나는 것이 떳떳치 않다고 생각했기 때문이다." 맹자가 말했다. "백이는 마음이 좁았고, 유하혜는 공손하지 못했다. 마음이 좁고 공손하지 못한 것은 군자가 따르는 것이 아니다."

[語釋]

*조의조관(朝衣朝冠) : 조정에 나갈 때 입는 의복과 머리에 쓰는 관. *도탄(塗炭) : 진흙과 숯검정. *추오악지심(推惡惡之心) : 앞의 惡은 오로 읽는 동사이고, 뒤의 惡은 악으로 읽는 명사이다. *향인(鄕人) : 배움이 적은 서민들. *망망연(望望然) : 떠나가서 돌아보지 않는 모습. *매(浼) : 더럽히다. 명예 같은 것이 손상되다. *사명(辭命) : 사령(辭令)과 같음. 초빙(招聘)하는 말을 전함. *설(屑) : 달갑게 여기다. 떳떳하게 생각하다. *유하혜(柳下惠) : 노(魯)나라의 대부(大夫). *유일(遺佚) : 유능한 사람이 등용되지 않아서 세상에 나타나지 않는 것. 버리고 돌아보지 않는 것. *액(阨) : 곤궁하다. 궁색하다. *이위이(爾爲爾) : 爲는 '~이다'의 뜻으로, 너는 너라는 뜻. *단석나정(袒裼裸裎) : 袒裼은 살을 가리지 않고 웃통을 드러낸 것을 말하고, 裸裎은 온 몸을 벌거벗을 것을 말한다. 따라서 무례한 모습을 말한다. *유유연(由由然) : 즐거워하는 모습으로 유유연(油油然)과 같다. *불자실(不自失) : 자신의 올바른 태도를 잃지 않는 것. *원(援) : 남을 자기편으로 끌어들이는 것. *애(隘) : 편협(偏狹)하고 고루(固陋)한 것.

[大意]

　　백이와 유하혜 두 사람을 비교하면서 군자의 도리에 대해서 말하고 있다.

　　백이는 고죽국(孤竹國)의 왕자로 은나라 주왕의 폭정이 싫어서 주나라에서 은거생활을 했다. 그러나 주나라 무왕이 불효불인(不孝不仁)으로 나라를 차지하는 것을 보고 주나라에서 벼슬하는 것은 부끄러운 일이라 하여 수양산(首陽山)에 들어가 고사리를 캐서 먹고 살다가 그것조차도 주나라 땅의 것이라 하여 먹지 않고 굶어 죽었다고 한다. 반면에 유하혜는 노나라의 대부를 지낸 인물로, 악을 피하지도 물리치지도 않고, 다른 사람들의 평판 같은 것은 개의치 않고 자기 소신껏 일을 한 사람이다.

그러나 이 두 사람은 상반되면서도 너무 지나치다는 것이 맹자의 비판이다. 백이의 경우는 편협함과 고루함을 면치 못했고, 유하혜의 경우는 불공(不恭)하여 근신할 줄 모른다는 면에서 군자의 도리에는 어긋난다고 지적한 것이다.

제4편

공손추(公孫丑) 下

제1장

孟子曰 天時不如地利 地利不如人和 三里之城 七里之郭
맹자왈 천시불여지리 지리불여인화 삼리지성 칠리지곽
環而攻之而不勝 夫環而攻之 必有得天時者矣 然而不勝
환이공지이불승 부환이공지 필유득천시자의 연이불승
者 是天時不如地利也 城非不高也 池非不深也 兵革非不
자 시천시불여지리야 성비불고야 지비불심야 병혁비불
堅利也 米粟非不多也 委而去之 是地利不如人和也 故曰
견리야 미속비불다야 위이거지 시지리불여인화야 고왈
域民不以封疆之界 固國不以山谿之險 威天下不以兵革
역민불이봉강지계 고국불이산계지험 위천하불이병혁
之利 得道者多助 失道者寡助 寡助之至 親戚畔之 多助之
지리 득도자다조 실도자과조 과조지지 친척반지 다조지
至 天下順之 以天下之所順 攻親戚之所畔 故君子有不戰
지 천하순지 이천하지소순 공친척지소반 고군자유부전
戰必勝矣
전필승의

맹자가 말했다. "천시(天時)는 지리(地利)만 못하고, 지리는 인화(人和)만 못하다. 둘레가 3리와 7리인 작은 성을 포위하고 공격을 해도 이기지 못할 때가 있다. 대체로 포위하여 공격을 하면 반드시 천시를 얻을 수가 있는데, 그러나 이기지 못하는 것은 천시가 지리만 못하기 때문이다. 성이 높지 않은 것이 아니고 못이 깊지 않은 것도 아니며, 무기와 갑옷이 견고하고 예리하지 않은 것도 아니고 군량이 적은 것도 아닌데, 성을 포기하고 가는 때가 있으니, 이것은 지리가 인화만 못하기 때문이다. 그래서 '백성으로 나라의 영역을 구별하는 것은 국경의 경계만으로는 안 되고, 나라를 굳게 지키는 것은 산과 계곡의 험준함만으로도 안 되며, 천하에 위엄을 보이는 것은 병기와 갑옷의 예리함만으로는 안 된다.'고 했다. 도를 얻은 사람에게는 많은 도움이 있고, 도를 잃은 사람에게는 도움이 적은 법이다. 도움이 적은 경우에는 친척도 배반하게 되고, 도움이 많은 경우에는 천하의 사람들이 따르게 된다. 천하의 사람들이 따르는 힘으로 친척도 배반하는 상대를 공격하는 것이니, 그래서 군자는 싸우려 하지 않지만, 싸우면 반드시 이기게 된다."

[語釋]

*천시(天時) : 음양오행에서 말하는 길흉(吉凶)의 때. 기후적인 조건. *지리(地利) : 전쟁에 유리한 지리적 조건. *환(環) : 포위(包圍). *역(域) : 지경(地境)이나 구역(區域)을 설정함. *봉강(封疆) : 봉경(封境)과 같다. 여기에서는 국경을 말함. *반(畔) : 배반(背叛).

[大意]

맹자의 전쟁론에 대해서 말했다.

맹자는 전쟁에서 가장 중요한 것은 인화(人和)에 의한 승리라고 주장했다. 인화로 천하의 사람들을 오게 한다면 전쟁을 하지 않고도 천하를 얻는 것과 같고, 전쟁을 해도 반드시 승리하게 된다는 것이다. 여기에서 말하는 승리는 백성의 편에 서서 인의(仁義)를 바탕으로 하여 불의(不義)를 의(義)로 이끄는 것을 말한다.

제2장

孟子將朝王 王使人來曰 寡人如就見者也 有寒疾 不可以
맹자장조왕 왕사인래왈 과인여취견자야 유한질 불가이

風 朝將視朝 不識可使寡人得見乎 對曰 不幸而有疾 不能
풍 조장시조 불식가사과인득견호 대왈 불행이유질 불능

造朝 明日 出吊於東郭氏 公孫丑曰 昔者辭以病 今日吊
조조 명일 출조어동곽씨 공손추왈 석자사이병 금일조

或者不可乎 曰 昔者疾 今日愈 如之何不吊 王使人問疾
혹자불가호 왈 석자질 금일유 여지하불조 왕사인문질

醫來 孟仲子對曰 昔者有王命 有采薪之憂 不能造朝 今病
의래 맹중자대왈 석자유왕명 유채신지우 불능조조 금병

小愈 趨造於朝 我不識能至否乎 使數人要於路 曰 請必無
소유 추조어조 아불식능지부호 사수인요어로 왈 청필무

歸 而造於朝 不得已而之景丑氏宿焉 景子曰 內則父子 外
귀 이조어조 부득이이지경추씨숙언 경자왈 내즉부자 외

則君臣 人之大倫也 父子主恩 君臣主敬 丑見王之敬子也
즉군신 인지대륜야 부자주은 군신주경 추견왕지경자야

未見所以敬王也 曰 惡 是何言也 齊人無以仁義與王言者
미견소이경왕야 왈 오 시하언야 제인무이인의여왕언자

豈以仁義為不美也 其心曰 是何足與言仁義也 云爾 則不
기이인의위불미야 기심왈 시하족여언인의야 운이 즉불

敬莫大乎是 我非堯舜之道 不敢以陳於王前 故齊人莫如
경막대호시 아비요순지도 불감이진어왕전 고제인막여

我敬王也 景子曰 否 非此之謂也 禮曰 父召 無諾 君命召
아경왕야 경자왈 부 비차지위야 예왈 부소 무낙 군명소

不俟駕 固將朝也 聞王命而遂不果 宜與夫禮若不相似然
불사가 고장조야 문왕명이수불과 의여부례약불상사연

曰 豈謂是與 曾子曰 晋楚之富 不可及也 彼以其富 我以
왈 기위시여 증자왈 진초지부 불가급야 피이기부 아이

吾仁 彼以其爵 我以吾義 吾何慊乎哉 夫豈不義而曾子言
오인 피이기작 아이오의 오하겸호재 부기불의이증자언

之 是或一道也 天下有達尊三 爵一 齒一 德一 朝廷莫如
지 시혹일도야 천하유달존삼 작일 치일 덕일 조정막여

爵 鄕黨莫如齒 輔世長民莫如德 惡得有其一 以慢其二哉
작 향당막여치 보세장민막여덕 악득유기일 이만기이재

故將大有為之君 必有所不召之臣 欲有謀焉 則就之 其尊
고장대유위지군 필유소불소지신 욕유모언 즉취지 기존

德樂道 不如是不足與有為也 故湯之於伊尹 學焉而後臣
덕락도 불여시부족여유위야 고탕지어이윤 학언이후신

之 故不勞而王 桓公之於管仲 學焉而後臣之 故不勞而霸
지 고불노이왕 환공지어관중 학언이후신지 고불로이패

今天下地醜德齊 莫能相尚 無他 好臣其所教 而不好臣其
금천하지추덕제 막능상상 무타 호신기소교 이불호신기

所受教 湯之於伊尹 桓公之於管仲 則不敢召 管仲且猶不
소수교 탕지어이윤 환공지어관중 즉불감소 관중차유불

可召 而況不爲管仲者乎
가소 이황불위관중자호

　　맹자가 조회에 나가 왕을 뵈려고 하는데, 왕이 사람을 보내서 전했다. "과인이 선생을 찾아보려고 했으나 감기가 들어서 바람을 쐴 수 없습니다. 내일 아침 조회에서 뵈려하는데 과인이 볼 수 있을는지요?" 맹자가 대답했다. "불행하게도 저도 병이 나서 조회에 나갈 수 없습니다." 다음날 맹자가 동곽씨(東郭氏)에게 문상하러 나가는데, 공손추가 물었다. "어제는 병으로 조회에 나가는 것을 사양하시더니 오늘 문상을 하다니 어떤 것이 옳지 않은 것입니까?" 맹자가 말했다. "어제는 병이 났었지만 오늘은 나았으니 어찌서 문상을 하지 않겠느냐?" 맹자가 문상을 간 뒤에 왕이 의원을 보내고, 사람을 시켜서 병을 물었다 맹중자가 대답했다. "어제 왕이 부르셨으나 병이 나서 조회에 참석하지 못했습니다. 오늘 병이 조금 나아서 조회에 참석하려고 달려가셨는데 도착했는지 모르겠습니다." 그리고는 사람을 시켜서 맹자가 돌아오는 길목을 지키고 있다가, 맹자에게 "집으로 가지 마시고 조회에 참석하십시오."라고 말을 전하게 했다. 그래서 맹자는 하는 수 없이 경추씨(景丑氏)의 집에 가서 묵었다. 경추가 말했다. "안으로는 아버지와 아들, 밖으로는 임금과 신하 사이의 도리가 사람에게 큰 윤리입니다. 아버지와 아들은 은혜를 주로 하고, 임금과 신하는 공경을 주로 합니다. 저는 왕께서 선생을 공경하는 것은 봤어도 선생이 왕을 공경하는 것은 보지 못했습니다." 맹자가 말했다. "아니, 그것이 무슨 말이요? 제나라 사람들이 인의(仁義)의 도리로 왕과 더불어 말하는 사람이 하나도 없는데, 그것이 인의가 좋지 않다고 여겨서 그러겠소? 그들 마음이 '그 사람과 더불어 어떻게 인의를 말하겠는가?'라고 여겨서 그러는 것이니, 불경함이 이것보다 큰 것은 없소. 나는 요순의 도가 아니면 감히 왕 앞에서 말씀드리지 않으니, 따라서 제나라 사람들이 나보다 왕을 공경하지 못하는 것이오." 경추가 말했다. "아닙니다. 그것을 말하는 것이 아닙니다. 《예(禮)》에 이르기를 '아버지가 부르면 더디 대답하지 말고 곧바로 달려가고, 군주가 부르면 가마를 기다리지 않고 달려가야 한다.'고 했으니, 본래 조회에 참석하라는 왕의 부르심을 듣고 참석하지 않은 것은 예에 맞지 않은 것 같습니다." 맹자가 말했다. "어찌 그렇게 말할 수 있소. 증자가 말하기를 '진나라와 초나라의 부유함에는 내가 미치지 못하지만, 그들이 부유하다면 나에게는 나의 인이 있고, 그들이 벼슬을 한다면 나에게는 나의 의가 있으니, 내가 무엇이 그들보다 부족한 것이 있겠는가?'라고 했소. 어찌 옳지 않은 것을 증자가 말했겠습니까? 이것도 하나의 도리입니다. 천하에 공통적으로 존귀한 것이 세 가지가 있는데, 벼슬자리가 그 하나이고 나이가 그 하나며 덕이 그 하납니다. 조정에서는 벼슬자리가 제일이고 마을에서는 나이가 제일이며 세상을 돕고 백성을 이끄는 데는 덕이 제일이니, 어떻게 그 세

가지 중의 하나만을 가지고 나머지 둘을 소홀히 여길 수 있겠습니까? 따라서 장차 큰일을 하려는 군주는 반드시 앉아서 부를 수 없는 신하가 있는 것이니, 의견을 듣고자 하면 군주가 나서서 만나야 합니다. 군주가 덕을 존중하고 도를 가까이함이 이와 같지 않다면 함께 일하기에는 부족하오. 그래서 탕왕이 이윤에게서 배운 후에 그를 신하로 삼았으므로 힘들이지 않고 왕도를 펴는 왕이 되었고, 환공이 관중에게서 배운 후에 그를 신하를 삼았으므로 힘들이지 않고 패자가 된 것입니다. 이제 천하는 영토가 서로 비슷하고 덕도 서로 비슷해서 어느 편이 낫다고 하지 못하는 것은, 다름이 아니라 군주가 가르칠 만한 사람만을 신하로 삼으려 하고, 가르침을 받을 만한 사람은 신하로 삼으려 하지 않기 때문입니다. 탕왕이 이윤을 대할 때나 환공이 관중을 대할 때 감히 부르지 않았습니다. 관중 같은 사람도 감히 부를 수 없었는데, 하물며 관중 같은 사람이 되고 싶지 않은 나 같은 사람은 더 말할 필요가 있습니까?"

[語釋]

*조(朝) : 배알. 왕을 알현함. *여취견(如就見) : 如는 '마땅히 ~해야 하다, 또는 당연히 ~하다.'의 뜻, 就는 '나아가다'의 뜻. *한질(寒疾) : 감기. 추위로 인한 병. *동곽씨(東郭氏) : 제(齊)나라 대부의 집안. *석자(昔者) : 어제. *맹중자(孟仲子) : 맹자의 종제(從弟)이면서 제자. *채신지우(采薪之憂) : 병이 들어 나무를 하지 못한다는 뜻으로, 신하가 임금에게 자신의 병을 말할 때 쓰는 말. *요어로(要於路) : 길에서 기다렸다가 만나는 것. *경추씨(景丑氏) : 제(齊)나라 대부의 집안. *운이

(云爾) : 그렇게 말한다면. *무락(無諾) : 諾은 대답하거나 고개를 끄덕이는 것이니, 無諾은 대답만 하는 것이 아니라 곧바로 가 뵙는 것을 말함. *불사가(不俟駕) : 駕는 멍에로 말에다 수레를 연결하는 것이고 俟는 기다린다는 뜻. *수(遂) : 마침내. *의(宜) : 아마, 아마도, 거의. *달존(達尊) : 세상 어디에서나 통하는 존귀(尊貴)한 것. *치(齒) : 년치(年齒). 나이. *소불소지신(所不召之臣) : 임금이 직접 찾아 나서서 상의하려고 만나는 신하. *지추(地醜) : 여기에서 醜는 '견주다'의 뜻으로, 땅의 넓이가 비슷하다는 말. *상(尙) : 일반을 뛰어넘는 것으로, 즉 월등하게 뛰어나다는 뜻. *차유(且猶) : ~조차도, ~까지도.

[大意]

사람이라면 누구나 존귀하게 여기는 세 가지 즉 벼슬과 나이와 덕에 대해서 말하고, 도덕심이 높은 인물의 소중함에 대해서 강조하고 있다.

맹자는 제선왕이 단지 감기가 들었다는 이유로 자신을 조정으로 부르자, 그것은 군주가 덕망이 높은 사람을 아낄 줄 모르는 소치라고 말했다. 은나라의 탕왕은 자신이 먼저 이윤을 찾아가 배우면서 쉽게 왕업을 이루었고, 제나라의 환공 역시 맹자가 대단치 않게 생각하는 관중에게 그렇게 했다고 하면서, 자신을 조정으로 불러들이는 왕의 행동은 도리에 어긋난 일이라고 한 것이다. 맹자의 자부심을 느낄 수 있는 대목이다.

요임금과 순임금의 도리를 들어가며 어질고 바른 정치를 베풀어 왕업을 이루도록 하려는 맹자가 제선왕을 그렇게 말한 것은 맹자가 왕의 인품에 실망했다는 것을 단적으로 보여주는 것이다.

제3장

陳臻問曰 前日於齊 王餽兼金一百而不受 於宋 餽七十鎰
진진문왈 전일어제 왕궤겸금일백이불수 어송 궤칠십일

而受 於薛 餽五十鎰而受 前日之不受是 則今日之受非也
이수 어설 궤오십일이수 전일지불수시 즉금일지수비야

今日之受是 則前日之不受非也 夫子必居一於此矣 孟子
금일지수시 즉전일지불수비야 부자필거일어차의 맹자

曰 皆是也 當在宋也 予將有遠行 行者必以贐 辭曰 餽贐
왈 개시야 당재송야 여장유원행 행자필이신 사왈 궤신

予何為不受 當在薛也 予有戒心 辭曰 聞戒 故為兵餽之
여하위불수 당재설야 여유계심 사왈 문계 고위병궤지

予何為不受 若於齊 則未有處也 無處而餽之 是貨之也 焉
여하위불수 약어제 즉미유처야 무처이궤지 시화지야 언

有君子而可以貨取乎
유군자이가이화취호

진진이 물었다. "지난날 제나라에 계실 때에 왕이 품질이 좋은 금 백 일을 주셨는데 받지 않으셨고, 송나라에 계실 때는 칠십 일을 주셨는데 받으셨으며, 설나라에 계실 때는 오십 일을 주셨는데 받으셨습니다. 지난날 받지 않은 것이 옳다면 오늘날 받지 않은 것은 옳지 못한 것이고, 오늘날 받은 것이 옳다면 지난날 받지 않은 것은 옳지 못한 것이니, 선생님께서는 이 두 가지 잘못 중 하나에는 해당됩니다." 맹자가 말했다. "모두 옳다. 송나라에 있을 때에는 내가 장차 먼 길을 떠나려는 참이었는데, 먼 길을 가는 사람에게는 반드시 노자를 주는 법이니 인사의 말로 노자로 주는 것이라고 하는데 내가 어찌 받지 않겠느냐? 설나라에 있을 때에는 내가 신변의 위험을 경계하고 있던 터라, 인사의 말로 신변의 위험을 경계하고 있다고 들어서 경호할 사람을 구하는데 쓰라고 주는데 내가 어찌 받지 않겠느냐? 제나라에 있을 때에는 그럴 필요가 없었다. 필요 없는데 금을 보내는 것은 뇌물로 주는 것이니, 어떻게 군자가 뇌물을 받을 수 있겠느냐?"

[語釋]

*진진(陳臻) : 맹자의 제자. *궤(餽) : 증정(贈呈). 음식이나 물건을 보냄. *겸금(兼金) : 품질이 좋은 금. *일(鎰) : 무게의 단위. *신(贐) : 전별금(餞別金). *사(辭) : 청하다. *화지(貨之) : 貨는 뇌물의 뜻으로, 뇌물을 바치다.

[大意]

이 장에서는 금품의 수수에 대해서 말했다.

맹자는 금품을 받을 필요가 있을 때에 받지 않는 것과, 받을 필요가 없을 때에 받는 것은 모두 다 군자가 취할 도리가 아니라고 했다. 정당한 이유가 없이 받는 금품은 환심을 사려는 뇌물이므로 받지 않아야 한다고 결론지었다.

제4장

> 孟子之平陸 謂其大夫曰 子之持戟之士 一日而三失伍 則去之否乎 曰 不待三 然則子之失伍也亦多矣 凶年饑歲 子之民 老羸轉於溝壑 壯者散而之四方者 幾千人矣 曰 此非距心之所得為也 曰 今有受人之牛羊而為之牧之者 則必為之求牧與芻矣 求牧與芻而不得 則反諸其人乎 抑亦立而視其死與 曰 此則距心之罪也 他日 見於王曰 王之為都者 臣知五人焉 知其罪者 惟孔距心 為王誦之 王曰 此則寡人之罪也

맹자가 평육이라는 곳에 가서 그 지방의 대부에게 물었다. "창을 든 당신의 군사가 하루 동안에 세 번씩이나 행렬에서 벗어난다면 처형을 하겠소, 하지 않겠소?" 대부가 대답했다. "세 번까지

기다리지는 않을 것입니다." 맹자가 말했다. "그렇다면 당신도 행렬에서 벗어난 적이 많았소. 흉년이 들어 식량이 부족한 해에 당신의 백성들 중 노약자들이 도랑과 골짜기에서 죽어 뒹굴고, 장정들은 흩어져 사방으로 떠나간 사람들이 몇 천 명이나 되었소." 대부가 대답했다. "그것은 제가 할 수 있는 일이 아닙니다." 맹자가 말했다. "만약에 남의 소와 양을 맡아 길러 주기로 한 사람이 있다고 합시다. 그는 소와 양을 치려면 반드시 목장과 목초를 구해야 합니다. 그러나 목장과 목초를 구하려고 해도 구하지 못하면, 소와 양을 그 주인에게 돌려줘야 합니까, 아니면 소와 양이 죽어가는 것을 보고 있어야 합니까?" 대부가 대답했다. "그것은 바로 저의 죄입니다." 훗날에 맹자가 왕을 만나 뵙고 "신이 왕의 도읍을 다스리는 사람 중에 다섯을 알고 있는데, 자신의 죄를 알고 있는 사람은 공거심뿐이었습니다." 하며 왕에게 그 이야기를 그대로 되풀이하니, 왕이 말했다. "그것은 바로 과인의 잘못입니다."

[語釋]

*평륙(平陸) : 제나라의 고을 이름. *대부(大夫) : 여기에서는 읍장(邑長), 공거심(孔距心)을 말함. *극(戟) : 끝이 두 갈래로 갈라져 있는 창. *노리(老羸) : 노인과 병약자. *목여추(牧與芻) : 목장과 목초. *억(抑) : 아니면. 그렇지 않으면. 부사(副詞)로 사용됨. *타일(他日) : 다른 날, 후일. *위도(爲都) : 도읍을 다스림. *송(誦) : 되풀이해서 말하다.

[大意]

 이 장 역시 맹자가 제선왕에게 왕이 스스로 자신의 잘못을 깨달아 반성하게 하는 장이다.
 작은 지방을 다스리는 공거심이라는 사람의 잘못을 예로 들며 잘못된 왕도를 지적하고 있다.

제5장

孟子謂蚳鼃曰 子之辭靈丘而請士師 似也 為其可以言也
맹자위지와왈 자지사령구이청사사 사야 위기가이언야

今既數月矣 未可以言與 蚳鼃諫於王而不用 致為臣而去
금기수월의 미가이언여 지와간어왕이불용 치위신이거

齊人曰 所以為蚳鼃 則善矣 所以自為 則吾不知也 公都子
제인왈 소이위지와 즉선의 소이자위 즉오불지야 공도자

以告 曰 吾聞之也 有官守者 不得其職則去 有言責者 不
이고 왈 오문지야 유관수자 부득기직즉거 유언책자 부

得其言則去 我無官守 我無言責也 則吾進退 豈不綽綽然
득기언즉거 아무관수 아무언책야 즉오진퇴 기불작작연

有餘裕哉
유여유재

맹자가 지와에게 말했다. "자네가 영구라는 곳의 장관을 마다하고 사사가 되고자 청한 것이 그럴 만하다고 보인 것은 사사(士師)라는 직책이 왕에게 간언을 할 수 있기 때문이다. 이제 사사가 된 지 벌써 수개월이 지났는데 아직도 간언할 만한 것이 없는가?" 지와가 그 말을 듣고 왕께 간언을 했으나 받아들여지지 않았기 때문에 직책을 사양하고 떠나 버렸다. 그러자 제나라 사람들이 "맹자가 지와를 위해서 한 일은 잘한 것이지만, 자신을 위해서는

어떻게 하는지 우리는 알 수 없다."고 했다. 공도자가 이 말을 맹자에게 전하니, 맹자가 말했다. "내가 들은 바로는 관직에 있는 사람이 자신의 직책을 수행하지 못하면 떠나고, 간언할 책임을 가진 사람은 자신의 말이 받아들여지지 않으면 떠난다고 했다. 그러나 나는 관직도 없고 간언할 책임도 없으니, 내가 나아가고 떠남에 있어서 어찌 넉넉한 여유가 없겠는가?"

[語釋]
*지와(蚳鼃) : 제나라의 대부(大夫). *영구(靈丘) : 제나라 남쪽에 위치한 고을. *사사(士師) : 옥관(獄官)의 우두머리. *사야(似也) : '일리가 있다'는 말. *언(言) : 간언, 진언. *치위신(致爲臣) : 벼슬을 그만두다. *기(譏) : 나무라다. 비방하다. *공도자(公都子) : 맹자의 제자. *관수(官守) : 벼슬자리를 시키는 것. *작작연(綽綽然) : 여유 있는 모양.

[大意]
맡고 있는 직책의 책임에 대해서 얘기했다. 관직에 있으면서 맡은 일의 책임을 다할 수 없다면 책임을 다할 수 있는 사람에게 물려주고 떠나야 한다는 말이다.

맹자가 제나라의 대부 지와에게 스스로 원해서 사사의 자리를 맡았으면 왕께 간언을 해야 한다고 하자, 지와가 왕께 간언을 했으나 받아들여지지 않아 사사의 자리를 그만두었다. 이것을 두고 제나라 사람들이 맹자가 지와의 입장이었다면 과연 자신의 말대로 행동할 수 있었겠느냐고 비판하자, 맹자는 자신은 왕의 손님으로 있을 뿐 제나라의 관직에 있지도 않은 사람이라 벼슬직에 나아가고 떠나는 것은 그만큼 여유가 있다고 해명한다.

제6장

> 孟子爲卿於齊 出弔於滕 王使蓋大夫王驩爲輔行 王驩朝
> 맹자위경어제 출조어등 왕사합대부왕환위보행 왕환조
> 暮見 反齊滕之路 未嘗與之言行事也 公孫丑曰 齊卿之位
> 모현 반제등지로 미상여지언행사야 공손추왈 제경지위
> 不爲小矣 齊滕之路 不爲近矣 反之而未嘗與言行事 何也
> 불위소의 제등지로 불위근의 반지이미상여언행사 하야
> 曰 夫旣或治之 予何言哉
> 왈 부기혹치지 여하언재

맹자가 제나라의 객경으로 있을 때 등나라에 문상을 갔는데, 왕이 합(蓋)이라는 고을의 대부 왕환으로 하여금 맹자를 수행하도록 했다. 왕환이 아침저녁으로 문안을 했으나, 맹자는 제나라에서 등나라를 갔다가 돌아올 때까지 행사에 대해서는 왕환과 한 마디의 말도 나누지 않았다. 공손추가 물었다. "제나라 객경의 지위가 낮은 것도 아니고 제나라와 등나라의 거리가 가까운 것도 아닌데, 갔다가 돌아오도록까지 그 사람과 행사에 대해서는 한 마디의 말씀도 나누시지 않은 것은 무슨 까닭입니까?" 맹자가 대답했다. "이미 그 사람이 다 처리해 버렸는데 내가 무슨 말을 더 하겠느냐?"

[語釋]

*경(卿) : 다른 나라에서 와서 자문(諮問) 등으로 군주를 돕는 객경(客卿)을 말함. *합(蓋) : '어찌 아니 하리오'의 뜻. 여기에서는 고을의 이름. *왕환(王驩) : 아첨을 잘하여 제선왕이 총애하는 신하. *보행(輔行) : 문상을 가는 부사(副使). *행사(行事) : 문상을 가는 일. *제경(齊卿) : 왕환(王驩)이 당시 지방의 대부였으나, 경(卿)의 임무를 겸하고 갔기 때문에 齊卿이라고 했음. 그러나 여기에서 제경은 맹자를 두고 한 말임. *부개혹치지(夫旣或治之) : 여기에서 夫는 왕환을 가리키는 지시대명사(指示代名詞). 또는 '있다'는 뜻의 동사로 사용되었음. 왕환이 이미 처리하고 있다는 말.

[大意]

　문상을 가는 맹자의 수행을 맡은 제나라의 신하 왕환이 왕의 총애를 믿고 안하무인의 행동을 하자, 맹자는 그의 태도가 싫어서 문상에 대해서 한 마디 말도 나누지 않았다.

　아첨하면서 왕의 총애를 받는 왕환을 무시하고 그런 사람을 자신의 부사로 수행하게 한 제선왕을 은근히 힐난하는 맹자의 강직한 성격이 보인다.

제7장

孟子自齊葬於魯 反於齊 止於嬴 充虞請曰 前日不知虞之
맹자자제장어노 반어제 지어영 충우청왈 전일부지우지

不肖 使虞敦匠事 嚴 虞不敢請 今願竊有請也 木若以美然
불초 사우돈장사 엄 우불감청 금원절유청야 목약이미연

曰 古者棺槨無度 中古棺七寸 槨稱之 自天子達於庶人 非
왈 고자관곽무도 중고관칠촌 곽칭지 자천자달어서인 비

直為觀美也 然後盡於人心 不得 不可以為悅 無財 不可以
직위관미야 연후진어인심 부득 불가이위열 무재 불가이

為悅 得之為有財 古之人皆用之 吾何為獨不然 且比化者
위열 득지위유재 고지인개용지 오하위독불연 차비화자

無使土親膚 於人心獨無恔乎 吾聞之也 君子 不以天下儉
무사토친부 어인심독무교호 오문지야 군자 불이천하검

其親
기친

맹자가 제나라에서 노나라로 가서 장례를 치르고 제나라로 돌아오다가 영(嬴)이라는 곳에서 유숙하게 되었는데, 제자 충우가 물었다. "지난날 저의 변변치 못함을 알지 못하시고 저에게 관을 마련하는 일을 맡기셨는데, 일이 급했던지라 제가 감히 말씀을 드리지 못했습니다. 이제 선생님께 묻습니다만, 관으로 사용한 재목이 너무 좋았던 것은 아닙니까?" 맹자가 말했다. "옛적에는 내관과 외관을 짜는데 일정한 기준이 없다가, 세월이 지나서 내관은 두께를 칠 촌으로 하고 외관도 이에 맞게 하여, 천자로부터 일반 평민에 이르기까지 동일했는데, 이것은 외관을 보기 좋게 하기 위해서가 아니라 그렇게 해야 장례를 치르는 사람들의 마음을 극진하게 할 수 있었기 때문이다. 만약에 그렇게 하지 못하면 만족할 수 없었고, 경제력이 없어서 그렇게 하지 못해도 만족할 수 없는 것이다. 그렇게 할 수 있고 경제력도 있을 때 옛날 사람들도 모두 그렇게 사용했는데, 무엇 때문에 나만 그렇게 하지 못하겠는가? 또 돌아가신 분을 위해서 흙이 살에 닿지 않게 한다면 사람의 자식 된 마음이 어찌 만족하지 않겠는가? 내가 듣기로는 군자는 어떠한 경우에도 어버이에게는 인색하지 않아야 된다고 들었다."

[語釋]

*영(嬴) : 제나라의 고을 이름. *돈장(敦匠) : 敦은 '맡다', 匠은 관을 마련하는 것을 말함. *충우(充虞) : 맹자의 제자. *사엄(事嚴) : 일이 급함. *절(竊) : 가만히, 조용히. 또는 사사로이. *관곽(棺槨) : 棺은 시체를 담는 속의 관, 槨은 관을 담는 겉의 관. *칭지(稱之) : 그것에 어울리도록 하는 것. *직(直) : 단지. 다만. *진어인심(盡於人心) : 사람의 마음에 만족하다는 뜻. *교(恔) : 만족하게 느끼다.

[大意]

　부모의 장례에 대한 견해를 말했다.

부모님의 상을 당했을 때 호화롭고 호화롭지 않고는 문제가 되는 것이 아니고, 그 때의 사정에 따라서 정성을 다해서 극진히 하는 것이 중요하며, 어떤 경우에도 인색하게 모셔서는 안 된다고 했다.

제8장

沈同以其私問曰 燕可伐與 孟子曰 可 子噲不得與人燕 子
심동이기사문왈 연가벌여 맹자왈 가 자쾌부득여인연 자

之不得受燕於子噲 有仕於此 而子悅之 不告於王而私與
지부득수연어자쾌 유사어차 이자열지 불고어왕이사여

之吾子之祿爵 夫士也 亦無王命而私受之於子 則可乎 何
지오자지록작 부사야 역무왕명이사수지어자 즉가호 하

以異於是 齊人伐燕 或問曰 勸齊伐燕 有諸 曰 未也 沈同
이이어시 제인벌연 혹문왈 권제벌연 유제 왈 미야 심동

問 燕可伐與 吾應之曰 可 彼然而伐之也 彼如曰 孰可以
문 연가벌여 오응지왈 가 피연이벌지야 피여왈 숙가이

伐之 則將應之曰 為天吏 則可以伐之 今有殺人者 或問之
벌지 즉장응지왈 위천리 즉가이벌지 금유살인자 혹문지

曰 人可殺與 則將應之曰 可 彼如曰 孰可以殺之 則將應
왈 인가살여 즉장응지왈 가 피여왈 숙가이살지 즉장응

之曰 為士師 則可以殺之 今以燕伐燕 何為勸之哉
지왈 위사사 즉가이살지 금이연벌연 하위권지재

심동이 개인적으로 맹자에게 물었다. "연나라를 쳐도 됩니까?" 맹자가 말했다. "쳐도 됩니다. 자쾌도 다른 사람에게 연나라를 주어서는 안 되고, 자지도 자쾌로부터 연나라를 받아서는 안 됩니다. 여기에 한 관리가 있는데, 당신이 그 사람을 좋아한다고 왕에게 고하지도 않고 사적으로 당신의 녹봉과 관직을 물려주고, 또 그 사람도 왕의 명령 없이 사적으로 당신으로부터 녹봉과 관직을 물려받는다면 그것이 옳은 일입니까? 자쾌가 자지에게 사적으로 연나라를 넘겨준 것이 어찌 이것과 다르겠습니까?" 제나라 사람이 연나라를 치자, 어떤 사람이 맹자에게 물었다. "선생께서 제나라에 연나라를 칠 것을 권하였다고 하는데, 그것이 사실입니까?" 맹자가 대답했다. "아니오. 심동이 연나라를 칠 만한가 물었기 때문에 내가 칠 만하다고 대답했습니다. 그래서 연나라를 친 것이오. 만약에 누가 연나라를 칠 만하냐고 물었다면, 나는 하늘의 뜻을 대신할 수 있다면 쳐도 된다고 말했을 것입니다. 여기에 살인을 한 사람이 있는데 어떤 사람이 살인한 사람을 죽여도 되냐고 물으면, 나는 죽여도 된다고 대답할 것이오. 그 사람이 만일 누가 그를 죽여야 하냐고 물으면, 나는 사사의 직책에 있는 사람이 죽여야 한다고 대답할 것입니다. 그러나 지금의 경우는 연나라가 연나라를 치는 것과 같은데 내가 무엇 때문에 권하겠습니까?"

[語釋]

*심동(沈同) : 제나라 대신(大臣). *이기사(以其私) : 개인적으로. *자쾌(子噲) : 연나라 왕. *자지(子之) : 연나라 재상. *사(仕) : 벼슬살이를 하는 사람. *어차(於此) : 여기에. *이자열지(而子悅之) : 여기에서 子는 '너, 그대'이고, 之는 '그'이다. *오자(吾子) : 그대, 당신. *유제(有諸) : 有之乎의 준말. ~이 있습니까? *사사(士師) : 옥사(獄事)를 관장하는 관리. *여(如) : 若과 같아서 '만일, 만약'의 뜻. *인가살

여(人可殺與) : 여기에서 人은 살인자.

[大意]
    맹자는 군주들의 욕심을 채우기에 급급했던 당시의 전쟁을 반대했다. 다만 학정에 시달리는 백성들을 구하는 전쟁은 할 수 있다고 인정했다. 제나라 대신 심동이 맹자에게 당시에 제나라가 연나라를 친 것은 이웃나라의 백성들을 구하기 위한 전쟁이 아니고 하나의 침략전쟁이었다고 하자, 맹자는 학정에 시달리는 백성들을 위해서 연나라를 쳐야 한다고 했지 제나라가 연나라를 쳐야 한다고는 하지 않았다고 한다. 제나라가 연나라를 친 것은 무도한 제나라가 무도한 연나라를 친 것일 뿐 자신은 그런 전쟁은 권하지 않았다고 말한 것이다.

제9장

燕人畔 王曰 吾甚慚於孟子 陳賈曰 王無患焉 王自以為與
연인반 왕왈 오심참어맹자 진가왈 왕무환언 왕자이위여

周公 孰仁且智 王曰 惡 是何言也 曰 周公使管叔監殷 管
주공 숙인차지 왕왈 악 시하언야 왈 주공사관숙감은 관

叔以殷畔 知而使之 是不仁也 不知而使之 是不智也 仁智
숙이은반 지이사지 시불인야 부지이사지 시부지야 인지

周公未之盡也 而況於王乎 賈請見而解之 見孟子 問曰 周
주공미지진야 이황어왕호 가청견이해지 견맹자 문왈 주

公何人也 曰 古聖人也 曰 使管叔監殷 管叔以殷畔也 有
공하인야 왈 고성인야 왈 사관숙감은 관숙이은반야 유

諸 曰 然 曰 周公知其將畔而使之與 曰 不知也 然則聖人
제 왈 연 왈 주공지기장반이사지여 왈 부지야 연즉성인

且有過與 曰 周公 弟也 管叔 兄也 周公之過 不亦宜乎
차유과여 왈 주공 제야 관숙 형야 주공지과 불역의호

且古之君子 過則改之 今之君子 過則順之 古之君子 其過
차고지군자 과즉개지 금지군자 과즉순지 고지군자 기과

也 如日月之食 民皆見之 及其更也 民皆仰之 今之君子
야 여일월지식 민개견지 급기경야 민개앙지 금지군자

豈徒順之 又從而為之辭
개도순지 우종이위지사

연나라 사람들이 반란을 일으키자, 제나라 왕이 말했다. "내가 맹자를 볼 면목이 없다." 대부 진가가 말했다. "왕께서는 걱정하지 마십시오. 왕께서는 왕과 주공 중에 누가 더 인자하고 지혜롭다고 생각하십니까?" 왕이 말했다. "도대체 그것이 무슨 말인가?" 진가가 말했다. "주공이 관숙을 시켜서 은나라를 감독하게 하였는데, 관숙이 은나라 백성들과 함께 반란을 일으켰다고 하니, 주공이 그럴 줄 알고도 감독하게 했다면 그것은 인자하지 못한 것이고, 그럴 줄 모르고 감독하게 했다면 그것은 지혜롭지 못한 것입니다. 인자하고 지혜로운 것은 주공도 다하지 못했는데 하물며 왕께서는 어떻겠습니까? 제가 맹자를 만나서 해명하겠습니다." 진가가 맹자를 만나서 물었다. "주공은 어떤 사람입니까?" 맹자가 대답했다. "옛날의 성인입니다." 진가가 또 물었다. "주공이 관숙을 시켜서 은나라를 감독하게 했는데 관숙은 도리어 은나라 백성들과 같이 반란을 일으켰다고 하는데, 그것이 사실입니까?" 맹자가 대답했다. "그렇습니다." 진가가 물었다. "주공이 관숙이 배반할 줄을 미리 알면서도 시킨 것입니까?" 맹자가 대답했다. "알지 못했습니다." 진가가 또 물었다. "그러면 성인도 잘못을 범합니까?" 맹자가 대답했다. "주공은 동생이고 관숙은 형이니, 주공이 그런 잘못을 할 만하지 않습니까? 그리고 옛날의 군자들은 잘못이 있으면 고쳤는데, 요즘의 군자들은 잘못이 있으면 그것을 그대로 밀고 나갑니다. 옛날의 군자들은 잘못을 하면 그것이 일식이나 월식과 같아서 사람들이 모두 알아차렸고, 또 그 잘못을 고치면 백성들이 모두 우러러보았는데, 요즘의 군자들은 잘못을 그대로 밀고 나갈 뿐만 아니라 변명하기까지 합니다."

[語釋]

*반(畔) : 본뜻은 땅의 경계 또는 물가, 여기에서는 반기(叛旗), 반기(叛起)의 뜻.
*진가(陳賈) : 제나라 대부. *오(惡) : 감탄사 '하'나 '허'. *관숙(管叔) : 주(周)나라의 건국설화에 나오는 인물. 무왕(武王)의 동생. *이은반(以殷畔) : 여기에서 以는 거느린다는 뜻. *순지(順之) : 그대로 밀고 나가다. *식(食) : 일식이나 월식. *도(徒) : 다만, 부질없이.

[大意]

앞 장에서 맹자가 말한 바와 같이 단순히 무력으로 정벌한 연나라의 백성들이 반기를 들고 일어나자, 제선왕은 하늘의 뜻을 따르지 않은 자신을 후회하고 맹자에게 면목이 없게 되었다. 이에 제선왕의 신하 진가가 주공의 예를 들어 맹자에게 왕의 입장을 변명한다. 옛날에 성인이라고 했던 주공도 반란을 예측하지 못했는데, 주공에 한참을 미치지 못하는 제선왕이 저지른 잘못이야 당연한 것이 아니냐고 말한 것이다.

맹자는 이 말을 듣고, 주공의 경우는 형제의 정으로 인해 일어난 일이니 해명이 가능하지만, 제선왕의 경우는 하늘의 뜻을 거스른 것이고, 잘못을 뉘우치지 않고 변명을 하는 것은 도리를 벗어난 것이라고 한다.

제10장

孟子致為臣而歸 王就見孟子 曰 前日願見而不可得 得侍
맹자치위신이귀 왕취견맹자 왈 전일원견이불가득 득시

同朝甚喜 今又棄寡人而歸 不識可以繼此而得見乎 對曰
동조심희 금우기과인이귀 불식가이계차이득견호 대왈

不敢請耳 固所願也 他日 王謂時子曰 我欲中國而授孟子
불감청이 고소원야 타일 왕위시자왈 아욕중국이수맹자

室 養弟子以萬鍾 使諸大夫國人皆有所矜式 子盍為我言之
실 양제자이만종 사제대부국인개유소긍식 자합위아언지

時子因陳子而以告孟子 陳子以時子之言告孟子 孟子曰 然
시자인진자이이고맹자 진자이시자지언고맹자 맹자왈 연

夫時子惡知其不可也 如使予欲富 辭十萬而受萬 是為欲富
부시자악지기불가야 여사여욕부 사십만이수만 시위욕부

乎 季孫曰 異哉子叔疑 使己為政 不用 則亦已矣 又使其子
호 계손왈 이재자숙의 사기위정 불용 즉역이의 우사기자

弟為卿 人亦孰不欲富貴 而獨於富貴之中 有私龍斷焉 古
제위경 인역숙불욕부귀 이독어부귀지중 유사롱단언 고

之為市也 以其所有易其所無者 有司者治之耳 有賤丈夫焉
지위시자 이기소유역기소무자 유사자치지이 유천장부언

必求龍斷而登之 以左右望而罔市利 人皆以為賤 故從而征
필구롱단이등지 이좌우망이망시리 인개이위천 고종이정

之 征商 自此賤丈夫始矣
지 정상 자차천장부시의

    맹자가 신하의 자리를 그만두고 돌아가려고 하자, 왕이 맹자를 만나서 말했다. "예전부터 선생을 뵙기를 바라면서 그렇지 못하던 차에 선생을 모시고 조정에서 함께 있게 되어서 매우 기뻐했는데, 이제 과인을 버리고 떠나신다니 앞으로 계속 뵐 수 있을는지요?" 맹자가 대답했다. "제가 감히 청하지는 못하지만 진실로 바라는 바입니다." 훗날에 왕이 신하인 시자에게 말했다. "내가 나라의 한가운데에 맹자의 집을 마련하고 만종의 녹봉을 주어 여러 제자들을 양성하게 하여 여러 대부와 나라 사람들로 하여금 모두가 맹자를 존경하고 본받도록 하려고 하는데, 그대가 나를 위해서 말해 주지 않겠는가?" 시자는 진자를 통해 맹자에게 알리도록 했고, 진자는 시자의 말대로 맹자에게 알렸다. 이에 맹자가 대답해 말했다 "그러가? 시자가 어떻게 그것이 불가한 일인 줄 알겠는가? 만일 내가 부유해지려고 했다면 십만 종의 녹을 마다하고 만 종을 받아서 부유해지려고 했겠는가? 계손이 말하기를 '자숙의는 정말로 이상하다. 자신이 정사를 맡았다가 자신의 의견이 채택되지 않으면 그만두면 그만인데 또 자기 제자들을 경이 되게 한다. 사람이 누군들 부귀하게 되고 싶지 않겠는가만 특히 부귀한 것 중에 가장 높은 곳을 차지하려는 사람이 있다.'고 했다. 옛날에 시장에서 장사하는 것은 자신이 가지고 있는 물건을 가지고 와서 자신이 가지고 있지 않은 물건과 서로 바꾸는 것이었다. 관리가 이것을 감독하고 있었는데, 욕심이 많은 한 사나이가 사방이 내려다보이는 높은 곳을 찾아 올라가서 좌우를 둘러보다가, 시장에서 이익이 날 만한 것을 전부 독차지했기 때문에 사람들이 모두 욕심쟁이라고 천하게 여겼다. 그래서 관리가 그런 행위에 따라서 세금을 거뒀다. 장사꾼에 대한 세금을 거둔 것이 이 욕심쟁이 사나이로부터 시작된 것이다."

[語釋]
*치위신(致爲臣) : 신하의 자리를 왕에게 돌려보내는 것. *득시동조(得侍同朝) : 侍는 겸손의 의미로, 어진 이를 모신다는 뜻. 同朝는 군신(君臣)이 조정(朝廷)에서 서로 마주 대함. *시자(時子) : 제나라 신하. *중국(中國) : 나라의 中央을 말함. *종(鍾) : 수량의 단위로 육곡사두(六斛四斗)를 말한다. 斛은 열 말이므로, 만종(萬鍾)은 많은 봉록(俸祿)을 말함. *긍식(矜式) : 矜은 존경, 式은 법도이니, 矜式은 존경하고 본받을 만한 것을 말함. *합(盍) : 어찌 ~하지 아니하는가? *농단(龍斷) : 龍은 롱(壟)으로 높은 언덕, 斷은 단애(斷崖)이다. 즉 우뚝하니 높은 곳을 말하는데, 여기서는 자신을 유리하게 할 수 있는 자리를 뜻함. *정(征) : 세금을 징수하는 것. *천장부(賤丈夫) : 賤은 탐욕스럽다는 의미, 욕심 많은 사람을 뜻함. *망(罔) : 이익을 독차지하는 것.

[大意]
맹자의 정치적 신념에 대해서 말했다.

제선왕은 맹자가 비록 정치를 그만두고 자신을 떠나더라도 항상 곁에 있는 것처럼 좋은 의견을 말해주라고 하며, 신하를 시켜서 나라 한가운데에 집을 마련해 주고 많은 녹봉을 주겠다고 한다. 그것은 조정의 대신들은 물론이고 백성들도 맹자를 본받게 하려는 데에 있었다.

맹자는 처음의 부탁은 승낙했지만, 다음의 제안은 거절했다. 그것은 백성을 위한 인의(仁義)의 정치에서 벗어나기 때문이다. 시장에서의 과세를 이야기한 것도 같은 맥락이라 할 수 있다.

제11장

> 孟子去齊 宿於晝 有欲為王留行者 坐而言 不應 隱几而臥
> 맹자거제 숙어주 유욕위왕류행자 좌이언 불응 은궤이와
>
> 客不悅曰 弟子齊宿而後敢言 夫子臥而不聽 請勿復敢見
> 객불열왈 제자제숙이후감언 부자와이불청 청물부감견
>
> 矣 曰 坐 我明語子 昔者魯繆公無人乎子思之側 則不能安
> 의 왈 좌 아명어자 석자로무공무인호자사지측 즉불능안
>
> 子思 泄柳 申詳 無人乎繆公之側 則不能安其身 子為長者
> 자사 설류 신상 무인호무공지측 즉불능안기신 자위장자
>
> 慮 而不及子思 子絕長者乎 長者絕子乎
> 려 이불급자사 자절장자호 장자절자호

　맹자가 제나라를 떠날 때에 주라는 고을에서 유숙했다. 왕을 위해서 맹자가 떠나는 것을 만류하려고 온 사람이 자리에 앉아서 말했다. 그러나 맹자는 대답하지 않고 안석에 기대어 누워 버렸다. 그러자 그 사람이 불쾌해하면서 말했다. "저로서는 재계를 하고 감히 말씀을 드리는데, 선생님께서는 들은 척도 않고 누워버리시니 다시는 뵐 수 없겠습니다." 맹자가 말했다. "앉으시오. 당신에게 분명하게 말하겠소. 옛날에 노나라의 목공은 자사의 곁에 자신의 생각을 전하는 사람을 두지 않을 것 같으면 자사를 편안하게 해주지 못한다고 생각했고, 설류와 신상 같은 어진 사람

들은 목공의 곁에 자신들의 생각을 전하는 사람을 두지 못하면 스스로가 평안하지 못했다고 생각했소. 그대가 나를 위해 염려는 했지만 목공이 자사를 대하는 것에는 미치지 못하니, 과연 그대가 나를 무시하는 것이겠소, 내가 그대를 무시하는 것이겠소?"

[語釋]
*주(晝) : 고을 이름. *은궤(隱几) : 기대다. *제자(弟子) : 여기에서는 맹자의 제자가 아니고 겸손의 뜻으로 한 말. *제숙(齊宿) : 여기에서 齊는 목욕제계(沐浴齋戒), 宿은 유숙, 몸을 단정하게 하고 하룻밤을 머물렀다는 말. *설유·신상(泄柳·申詳) : 두 사람 다 노(魯)나라의 현인(賢人). *자사(子思) : 공자의 손자. 《中庸》의 저자.

[大意]
맹자가 제선왕을 떠나 한 고을에 머물 때 떠나지 못하게 한다는 뜻으로 한 사람이 찾아왔다. 맹자가 그 사람을 전혀 상대하려고 하지 않자, 그 사람이 불쾌하게 생각하여 다시는 보지 않겠다고 하니, 맹자가 그를 붙잡고 무엇이 예의에 어긋난 것인가를 물었다. 그리고 자사와 목공의 예를 들어 말했는데, 자사는 목공이 자신의 뜻을 정치에 받아들이지 않으면 언제든지 떠나려고 했으며, 그러는 자사를 목공은 항상 존경하여 사람을 그의 측근으로 보내서 그 뜻을 정치에 받아들였다고 했다. 그것에 비추어 볼 때 과연 제선왕이 맹자를 대한 것이 옳았는가 하고 말한 것이다.

예의에 어긋난 사람과는 뜻을 같이 할 수 없다는 맹자의 생각을 밝힌 것이라고 하겠다.

제12장

孟子去齊 尹士語人曰 不識王之不可以為湯武 則是不明
맹자거제 윤사어인왈 불식왕지불가이위탕무 즉시불명

也 識其不可 然且至 則是干澤也 千里而見王 不遇故去
야 식기불가 연차지 즉시간택야 천리이견왕 불우고거

三宿而後出晝 是何濡滯也 士則茲不悅 高子以告 曰 夫尹
삼숙이후출주 시하유체야 사즉자불열 고자이고 왈 부윤

士惡知予哉 千里而見王 是予所欲也 不遇故去 豈予所欲
사악지여재 천리이견왕 시여소욕야 불우고거 개여소욕

哉 予不得已也 予三宿而出晝 於予心猶以為速 王庶幾改
재 여부득이야 여삼숙이출주 어여심유이위속 왕서기개

之 王如改諸 則必反予 夫出晝而王不予追也 予然後浩然
지 왕여개제 즉필반여 부출주이왕불여추야 여연후호연

有歸志 予雖然 豈舍王哉 王由足用為善 王如用予 則豈徒
유귀지 여수연 개사왕재 왕유족용위선 왕여용여 즉개도

齊民安 天下之民擧安 王庶幾改之 予日望之 予豈若是小
제민안 천하지민거안 왕서기개지 여일망지 여개약시소

丈夫然哉 諫於其君而不受 則怒 悻悻然見於其面 去則窮
장부연재 간어기군이불수 즉노 행행연견어기면 거즉궁

日之力而後宿哉 尹士聞之曰 士誠小人也
일지력이후숙재 윤사문지왈 사성소인야

맹자가 제나라를 떠났는데, 윤사가 사람들에게 말했다. "맹자가 왕께서 탕왕이나 무왕처럼 될 수 없다는 것을 알지 못했다면 그것은 현명하지 못한 것이고, 그것이 불가능한 줄을 알면서도 왕을 찾아왔었다면 그것은 녹봉을 바랐던 것이다. 천리 먼 길을 와서 왕을 만나보고 뜻이 맞지 않아서 제나라를 떠나는데 사흘 밤을 지낸 후에 주읍에서 떠났으니, 왜 그렇게 지체했단 말인가? 나는 그 점에 대해서 못마땅하다." 고자가 맹자에게 그 말을 고하니, 맹자가 말했다. "윤사라는 사람이 어떻게 내 심정을 알겠느냐? 천리 길을 와서 왕을 만난 것은 내가 원해서 그런 것이지만, 뜻이 맞지 않아서 떠나는 것이 어찌 내가 원한 것이겠느냐? 나도 마지못해서 그렇게 하는 것이다. 내가 사흘을 묵고 난 뒤에 주읍을 떠나면서도 내 마음은 그래도 빠르다고 생각했다. 그것은 혹시 왕께서 마음을 바꾸시지 않을까, 마음을 바꾸신다면 반드시 나를 다시 부르실 것이라고 생각했기 때문이다. 그런데 주읍을 떠나는데도 왕께서 좇아오지 않아 내가 그때서야 정말로 떠날 마음을 가지게 된 것이니, 내가 비록 그렇더라도 어떻게 왕을 저버릴 수 있겠느냐? 왕은 그래도 선을 베풀 만한 분이니, 왕께서 만일 나를 등용하신다면 어찌 제나라 백성들만 편안하겠느냐? 천하의 백성들이 모두 편안하게 될 것이다. 왕께서 행여나 생각을 바꾸실 것을 나는 매일같이 기대하고 있었다. 그런데 내가 어떻게 속 좁은 사람처럼 행동하겠는가? 왕께 간언해서 받아들여지지 않았다고 해서 버럭 성을 내며 얼굴에 노기를 띤다든가, 떠나면서 하루 종일 있는 힘을 다해서 갈 데까지 멀리 간 후에 유숙하는 따위의 짓을 할 수 있겠는가?" 윤사가 이 말을 듣고 말했다. "나야 말로 진정 소인이다."

[語釋]

*윤사(尹士) : 제나라 사람. *택(澤) : 은택(恩澤), 봉록(俸祿)을 말함. *불우(不遇) : 여기에서 不遇는 서로 뜻이 맞지 않았다는 말. *유체(濡滯) : 막히고 걸리는 것, 즉 늑장 부리는 것. *서기(庶幾) : 바라건대, 거의. 여기에서는 '바라건대'이다. *여~제(如~諸) : 만약 ~한다면. *사(舍) : 버리다. *도(徒) : 단지, 다만. *행(悻) : 성내다. 悻悻은 성낸 모습. *현(見) : 現 나타나다. *궁일지력(窮日之力) : 해가 떠서 질 때까지 갈 수 있는 최대한의 길을 가는 것.

[大意]

맹자가 제선왕을 떠나자, 맹자의 태도에 못마땅한 제나라 사람들이 적지 않았는데, 윤사도 그 중의 한 사람이었다. 그는 맹자가 제선왕이 현명한 왕이 될 줄을 알았다면 어리석은 것이고, 떠나가면서도 주읍에서 사흘씩이나 머문 것은 녹봉 때문이었다고 비난했다.

그러나 맹자는 그러는 윤사를 소인배로 치부해버리고, 제선왕이 비록 도리를 벗어난 정치를 하지만 그 것을 고치고 마음을 바꾸면 여러 제후들 중에서는 그래도 진정한 왕도의 정치를 할 만한 사람이기에 사흘을 기다렸다고 말한다.

이 말은 곧 제선왕이 자신의 잘못을 깨닫는다면, 다시 최선을 다해서 왕을 돕겠다는 맹자의 아량을 밝힌 것이라고 하겠다.

제13장

孟子去齊 充虞路問曰 夫子若有不豫色然 前日虞聞諸夫
맹자거제 충우로문왈 부자약유불예색연 전일우문제부

子曰 君子不怨天 不尤人 曰 彼一時 此一時也 五百年必
자왈 군자불원천 불우인 왈 피일시 차일시야 오백년필

有王者興 其間必有名世者 由周而來 七百有餘歲矣 以其
유왕자흥 기간필유명세자 유주이래 칠백유여세의 이기

數則過矣 以其時考之則可矣 夫天 未欲平治天下也 如欲
수즉과의 이기시고지즉가의 부천 미욕평치천하야 여욕

平治天下 當今之世 舍我其誰也 吾何為不豫哉
평치천하 당금지세 사아기수야 오하위불예재

맹자가 제나라를 떠날 때 제자 충우가 길을 가는 중에 물었다. "선생님의 안색이 유쾌해 보이지 않습니다. 전에 선생님께서 '군자는 하늘을 원망하지 않고, 사람을 탓하지 않는다.'고 하신 말씀을 들었습니다." 맹자가 말했다. "지나간 시대도 한 시기이고, 지금의 시대도 한 시기이다. 오백 년마다 반드시 훌륭한 왕이 나오고 그 사이에 반드시 세상에 이름을 떨친 인물이 있었다. 주나라 이후로 칠백여 년이 지났으니 그 햇수로 본다면 훨씬 더 많은 시간이 지났고, 그 시기로 보더라도 적당한 때이다. 하늘이 천하를 평화롭게 다스리려고 하지 않아서 그러는 것이지, 천하를 평화롭게 다스리고자 한다면 이 세상에서 나 말고 그 누가 그렇게 하겠느냐? 그런데 왜 내가 유쾌하지 않겠느냐?"

[語釋]

*충우(充虞) : 맹자의 제자. *불예색(不豫色) : 불유쾌한 안색. *피일시차일시(彼一時此一時) : 한 시대의 동일성(同一性)을 강조한 말로서 그 시대상(時代相)은 서로 다르나 그 사이에 일관된 도리가 있다는 말. *명세자(名世者) : 한 세상에 이름을 떨칠 만큼 훌륭한 인물들.

[大意]

맹자가 자신이 바라는 이상적인 정치를 제나라에서 펼쳐보려고 했지만 그것이 수포로 돌아가자 제나라를 떠나는 길이다. 제자인 충우가 맹자의 얼굴에서 좌절과 실의의 기색을 보고 전에 맹자가 가르쳐 주던 말과 지금의 태도가 일치하지 않는다고 힐난하는 질문을 하자, 맹자는 하늘이 아직 천하를 태평하게 하지 않으려고 하는 것이지 태평하게 하고자 한다면 자기밖에 그렇게 할 수 있는 사람이 없다고 말한다.

이상과 현실의 괴리로 번민하면서도 펼치고자 하는 신념과 자신이 해야 할 시대적인 책임을 다잡으려고 하는 맹자의 각오가 보이는 장이다.

제14장

> 孟子去齊 居休 公孫丑問曰 仕而不受祿 古之道乎 曰 非
> 맹자거제 거휴 공손추문왈 사이불수록 고지도호 왈 비
>
> 也 於崇 吾得見王 退而有去志 不欲變 故不受也 繼而有
> 야 어숭 오득견왕 퇴이유거지 불욕변 고불수야 계이유
>
> 師命 不可以請 久於齊 非我志也
> 사명 불가이청 구어제 비아지야

맹자가 제나라를 떠나서 휴라는 곳에 머무는데, 공손추가 물었다. "벼슬하면서도 녹을 받지 않는 것이 옛날의 도리였습니까?" 맹자가 말했다. "그렇지 않다. 숭(崇)에서 내가 왕을 뵙고 물러나오면서 제나라를 떠날 생각을 했었는데 생각을 바꾸고 싶지 않았다. 그래서 녹을 받지 않은 것이다. 그런데 전쟁이 나서 떠나겠다는 말을 못했을 뿐이지, 제나라에 오래 머물게 된 것은 나의 본뜻이 아니었다."

[語釋]

*휴(休) : 중국 산동성(山東省)에 있는 지명. *고지도(古之道) : 고대의 이상적인 인물들의 선례(先例)를 말함. *숭(崇) : 중국 제(齊)나라에 있던 지명. *사령(師令) : 전쟁[師旅]에 군대를 동원하는 명령.

[大意]

   벼슬을 하면 녹을 받는 것이 당연한 도리인데도 녹을 받지 않은 것이 군자의 도리인가를 제자인 공손추가 묻자, 맹자는 제나라에서 자신의 뜻을 펴고자 했는데 그렇게 되지 못해서 떠나려고 했으나 전쟁이 났기 때문에 떠나지 못한 것인데, 어떻게 정의가 바로 서지 못한 곳에서 녹을 받을 수 있느냐고 대답했다.

제5편

등문공(滕文公) 上

제1장

滕文公爲世子 將之楚 過宋而見孟子 孟子道性善 言必稱
등문공위세자 장지초 과송이견맹자 맹자도성선 언필칭

堯舜 世子自楚反 復見孟子 孟子曰 世子疑吾言乎 夫道一
요순 세자자초반 복견맹자 맹자왈 세자의오언호 부도일

而已矣 成覵謂齊景公曰 彼丈夫也 我丈夫也 吾何畏彼哉
이이의 성한위제경공왈 피장부야 아장부야 오하외피재

顏淵曰 舜何人也 予何人也 有爲者亦若是 公明儀曰 文王
안연왈 순하인야 여하인야 유위자역약시 공명의왈 문왕

我師也 周公豈欺我哉 今滕 絶長補短 將五十里也 猶可以
아사야 주공기기아재 금등 절장보단 장오십리야 유가이

爲善國 書曰 若藥不瞑眩 厥疾不瘳
위선국 서왈 약약불명현 궐질불추

등문공이 세자로 있을 당시에 초나라로 가는 도중에 송나라를 지나다가 맹자를 만났다. 그때 맹자가 성선설에 대하여 얘기를 했는데 말할 때마다 요임금과 순임금을 얘기했다. 세자가 초나라에서 돌아오다가 다시 맹자를 만났는데, 맹자가 말했다. "세자께서는 내 말을 의심하십니까? 무릇 도리는 하나입니다. 성한이라는 사람이 제나라 경공에게 말하기를 '성인도 사내고 나도 사내인데, 내가 왜 성인을 두려워하겠습니까?'라고 했습니다. 안연이 말하기를 '순임금은 어떤 사람이고 나는 어떤 사람인가? 노력하면 다 이와 같이 될 것이다.'고 했습니다. 노나라의 현인 공명의가 말하기를 '주공께서 문왕이 주공의 스승이라고 말씀하셨는데, 주공이 어떻게 나를 속였겠는가.'라고 했습니다. 이제 등나라는 긴 곳을 잘라서 짧은 곳에 보태면 사방 오십 리는 될 것이니, 그만하면 그래도 좋은 나라가 될 만합니다. 《서경》에 '약을 먹고 고통스럽지 않으면 그 병은 낫지 않는다.'고 했습니다."

[語釋]
*등(滕) : 나라 이름. *부도일이이의(夫道一而已矣) : '도를 무엇이라 한정해서 말할 수 있을까?', 즉 도는 하나라는 말. *성간(成覵) : 제나라 경공의 신하. *안연(顏淵) : 공자의 수제자. *공명의(公明儀) : 노나라의 현인(賢人). *명현(瞑眩) : 약이 독해서 눈이 캄캄하고 머리가 어지러운 것을 말하는데, 여기에서는 고통을 참고 노력한다는 말. *추(瘳) : 병이 낫다.

[大意]
성인이 되는 길은 어렵지만 사람의 타고난 본성은 착하므로 고통을 참고 노력하면 반드시 요임금이나 순임금 같은 성인의 경지에 이를 수 있다는 맹자의 말이다.
등나라의 세자는 성인은 자신과 같은 사람은 감히 넘볼 수 없는 존재라고 생각하고 있었는데, 맹자는 성인이 되려고 했던 여러 사람의 예를 들며 세자로 하여금 커다란 목표를 세워 좋은 정치를 하도록 노력하면 그러한 경지에 이를 수 있다고 말했다.

제2장

滕定公薨 世子謂然友曰 昔者孟子嘗與我言於宋 於心終
등정공훙 세자위연우왈 석자맹자상여아언어송 어심종

不忘 今也不幸至於大故 吾欲使子問於孟子 然後行事 然
불망 금야불행지어대고 오욕사자문어맹자 연후행사 연

友之鄒問於孟子 孟子曰 不亦善乎 親喪固所自盡也 曾子
우지추문어맹자 맹자왈 불역선호 친상고소자진야 증자

曰 生事之以禮 死葬之以禮 祭之以禮 可謂孝矣 諸侯之禮
왈 생사지이례 사장지이례 제지이례 가위효의 제후지례

吾未之學也 雖然 吾嘗聞之矣 三年之喪 齊疏之服 飦粥之
오미지학야 수연 오상문지의 삼년지상 제소지복 전죽지

食 自天子達於庶人 三代共之 然友反命 定為三年之喪 父
식 자천자달어서인 삼대공지 연우반명 정위삼년지상 부

兄百官皆不欲 曰 吾宗國魯先君莫之行 吾先君亦莫之行
형백관개불욕 왈 오종국노선군막지행 오선군역막지행

也 至於子之身而反之 不可 且志曰 喪祭從先祖 曰 吾有
야 지어자지신이반지 불가 차지왈 상제종선조 왈 오유

所受之也 謂然友曰 吾他日未嘗學問 好馳馬試劍 今也父
소수지야 위연우왈 오타일미상학문 호치마시검 금야부

兄百官不我足也 恐其不能盡於大事 子為我問孟子 然友
형백관불아족야 공기불능진어대사 자위아문맹자 연우

> 復之鄒問孟子 孟子曰 然 不可以他求者也 孔子曰 君薨
> 복지추문맹자 맹자왈 연 불가이타구자야 공자왈 군훙
> 聽於冢宰 歠粥 面深墨 卽位而哭 百官有司 莫敢不哀 先
> 청어총재 철죽 면심묵 즉위이곡 백관유사 막감불애 선
> 之也 上有好者 下必有甚焉者矣 君子之德 風也 小人之德
> 지야 상유호자 하필유심언자의 군자지덕 풍야 소인지덕
> 草也 草尚之風必偃 是在世子 然友反命 世子曰 然 是誠
> 초야 초상지풍필언 시재세자 연우반명 세자왈 연 시성
> 在我 五月居廬 未有命戒 百官族人可謂曰知 及至葬 四方
> 재아 오월거로 미유명계 백관족인가위왈지 급지장 사방
> 來觀之 顏色之戚 哭泣之哀 弔者大悅
> 래관지 안색지척 곡읍지애 조자대열

　등정공이 죽자, 세자가 연우에게 말했다. "예전에 맹자께서 나와 송나라에서 얘기한 적이 있는데, 내 마음속에 끝내 잊지 못했소. 이제 불행하게 아버님의 상을 당했으니 나는 그대로 하여금 맹자께 물어 본 후에 장례를 치르고자 하오." 연우가 추나라에 가서 맹자께 물었다. 맹자가 말했다. "그것 참 훌륭한 일이오, 부모님의 상은 본래 자기 스스로 극진히 해야 하오. 증자가 말하기를 '살아서 섬기는데 예를 다하고, 돌아가시면 장례지내기를 예를 다하며, 제사를 지낼 때에 예를 다하면 효도라고 할 수 있다.'고 했소. 제후가 지켜야 하는 예법에 대해서는 내가 아직 배우지

않았지만, 그렇다고 해도 일찍이 들은 적이 있소. 삼년상에는 거친 삼베옷을 입고 된 죽을 먹는 것은 천자로부터 서민에 이르기까지 삼대가 공통적으로 지켜 왔다고 했소." 연우가 돌아와서 세자에게 아뢰어 삼년상을 치르기로 결정했는데, 왕실의 친척과 백관들이 모두 그럴 수는 없다면서 말했다. "우리의 종주국인 노나라의 선군도 시행하지 않았고, 우리 선군께서도 그렇게 시행하지 않았는데, 당신 대에 와서 전례를 어기는 것은 옳지 않습니다. 또 정하는 기록에도 '상을 치르고 제사를 지내는 것은 선조들의 방식을 따른다.'고 했으니, 이것은 우리에게 물려받은 풍속이 있다는 것을 말합니다." 세자가 연우에게 말했다. "내가 평소에 학문을 하지 않고 말달리기와 검술을 좋아했소. 그래서인지 지금 친척과 백관들이 나를 부족하게 여기니, 장례를 극진하게 치르지 못할까 염려됩니다. 어떻게 해야 할지 그대가 나를 위해 맹자께 물어보시오." 연우가 다시 추나라에 가서 맹자에게 물으니, 맹자가 말했다. "그렇소. 다른 데서 해결책을 구할 수는 없소. 공자께서 '임금이 죽으면 재상에게 정사를 맡기고, 죽을 먹고 수척한 얼굴로 상주의 자리에 나아가 곡을 하면, 백관과 유사들이 슬퍼하지 않을 사람이 없을 것이다. 세자가 먼저 솔선수범하기 때문이다.'고 했소. 위에서 좋아하는 사람이 있으면 아래에는 반드시 더 좋아하는 사람이 있는 법이니, 군자의 덕은 바람과 같고 소인의 덕은 풀과 같아서 풀 위에 바람이 불면 풀은 반드시 쓰러진다고 했소. 따라서 이 문제는 세자가 하기에 달려 있소." 연우가 돌아가 아뢰니, 세자가 말했다. "참으로 그렇소. 이거야말로 진실로 나에게 달려 있소." 세자가 다섯 달 동안을 움막에 거처하며 정사에 대한 명령이나 금지령이 없자, 백관과 친척들이 모두 다 세자가 예법을 안다고 말하고, 장례를 치르게 되니 사방에서 사람들이 와서 보았는데, 세자의 얼굴이 수척하고 곡을 하는 것이 애통하자 조문하는 사람들이 크게 감격했다.

[語釋]

*정공(定公) : 등문공의 아버지. *훙(薨) : 제후나 군주가 죽는 것. *연우(然友) : 등문공의 세자 시절의 스승. *대고(大故) : 대상(大喪). 친상(親喪). *자소지복(齊疏之服) : 참최(斬衰)와 자최(齊衰)의 상복. *전죽(飦粥) : 飦은 된 죽, 粥은 묽은 죽. 함께 일컬어 '죽'의 뜻. *부형(父兄) : 동성(同姓) 중에서 자신보다 항렬(行列)이 높거나 또는 나이가 많은 사람. *지(志) : 지(誌). 옛 기록. *심묵(深墨) : 슬픔에 잠겨 심히 침울한 모습. *즉위(卽位) : 상주(喪主)의 자리에 나가는 것. *상(尙) : '더하다'의 뜻으로 사용됨. *언(偃) : 눕다. 쓰러지다.

[大意]

군주의 상례(喪禮)에 대하여 말했다.

등문공이 친상을 당하여 맹자에게 장례의 예에 대하여 묻자, 맹자는 하은주(夏殷周) 삼대가 공통적으로 치러 온 예법대로 옛날의 법도를 따르는 것이 좋다고 한다. 그러나 왕의 친척과 백관들의 반대가 심하자, 형식을 논하기에 앞서서 왕이 솔선수범하게끔 격려한다.

제3장

滕文公問爲國 孟子曰 民事不可緩也 詩云 晝爾于茅 宵爾
등문공문위국 맹자왈 민사불가완야 시운 주이우모 소이

索綯 亟其乘屋 其始播百穀 民之爲道也 有恆產者有恆心
삭도 극기승옥 기시파백곡 민지위도야 유항산자유항심

無恆產者無恆心 苟無恆心 放辟邪侈 無不爲已 及陷乎罪
무항산자무항심 구무항심 방벽사치 무불위이 급함호죄

然後從而刑之 是罔民也 焉有仁人在位 罔民而可爲也 是
연후종이형지 시망민야 언유인인재위 망민이가위야 시

故賢君必恭儉禮下 取於民有制 陽虎曰 爲富不仁矣 爲仁
고현군필공검예하 취어민유제 양호왈 위부불인의 위인

不富矣 夏后氏五十而貢 殷人七十而助 周人百畝而徹 其
불부의 하후씨오십이공 은인칠십이조 주인백무이철 기

實皆什一也 徹者 徹也 助者 藉也 龍子曰 治地莫善於助
실개십일야 철자 철야 조자 자야 룡자왈 치지막선어조

莫不善於貢 貢者校數歲之中以爲常 樂歲 粒米狼戾 多取
막불선어공 공자교수세지중이위상 락세 입미랑려 다취

之而不爲虐 則寡取之 凶年 糞其田而不足 則必取盈焉 爲
지이불위학 즉과취지 흉년 분기전이부족 즉필취영언 위

民父母 使民盻盻然 將終歲勤動 不得以養其父母 又稱貸
민부모 사민혜혜연 장종세근동 부득이양기부모 우칭대

而益之 使老稚轉乎溝壑 惡在其為民父母也 夫世祿 滕固
이익지 사로치전호구학 악재기위민부모야 부세록 등고

行之矣 詩云 雨我公田 遂及我私 惟助為有公田 由此觀之
행지의 시운 우아공전 수급아사 유조위유공전 유차관지

雖周亦助也 設為庠序學校以教之 庠者 養也 校者 教也
수주역조야 설위상서학교이교지 상자 양야 교자 교야

序者 射也 夏曰校 殷曰序 周曰庠 學則三代共之 皆所以
서자 사야 하왈교 은왈서 주왈상 학즉삼대공지 개소이

明人倫也 人倫明於上 小民親於下 有王者起 必來取法 是
명인륜야 인륜명어상 소민친어하 유왕자기 필래취법 시

為王者師也 詩云 周雖舊邦 其命惟新 文王之謂也 子力行
위왕자사야 시운 주수구방 기명유신 문왕지위야 자력행

之 亦以新子之國 使畢戰問井地 孟子曰 子之君將行仁政
지 역이신자지국 사필전문정지 맹자왈 자지군장행인정

選擇而使子 子必勉之 夫仁政 必自經界始 經界不正 井
선택이사자 자필면지 부인정 필자경계시 경계부정 정

地不鈞 穀祿不平 是故暴君汙吏必慢其經界 經界既正 分
지불균 곡록불평 시고폭군오리필만기경계 경계기정 분

田制祿可坐而定也 夫滕壤地褊小 將為君子焉 將為野人
전제록가좌이정야 부등양지편소 장위군자언 장위야인

焉 無君子莫治野人 無野人莫養君子 請野九一而助 國中
언 무군자막치야인 무야인막양군자 청야구일이조 국중

什一使自賦 卿以下必有圭田 圭田五十畝 餘夫二十五畝
십일사자부 향이하필유규전 규전오십무 여부이십오무

死徙無出鄉 鄉田同井 出入相友 守望相助 疾病相扶持 則
사사무출향 향전동정 출입상우 수망상조 질병상부지 즉

百姓親睦 方里而井 井九百畝 其中為公田 八家皆私百畝
백성친목 방리이정 정구백무 기중위공전 팔가개사백무

同養公田 公事畢 然後敢治私事 所以別野人也 此其大略
동양공전 공사필 연후감치사사 소이별야인야 차기대략

也 若夫潤澤之 則在君與子矣
야 약부윤택지 즉재군여자의

   등문공이 나라를 다스리는 것에 대하여 물으니, 맹자가 대답했다. "백성들의 일은 소홀히 할 수 없는 것입니다. 《시경》에 '낮에는 띠풀을 베고 밤에는 새끼를 꼬아 서둘러서 지붕을 덮고 나면 비로소 백곡의 씨를 뿌린다.'고 했습니다. 백성들은 안정적인 생산이 있는 사람은 안정된 마음이 있고 안정적인 생산이 없는 사람은 안정된 마음이 없게 되는 것이니, 진실로 안정된 마음이 없다면 방탕하고 편벽되고 사특하고 사치한 짓을 하지 않을 수 없습니다. 죄를 저지른 후에 쫓아가서 처벌한다면 그것은 백성을 그물질해서 잡는 것이니, 어떻게 인자한 사람이 군주로 있으면서 백성들을 그물질해서 잡는 일을 할 수 있겠습니까? 이런 까닭에 현명한 군주는 반드시 공손하고 검소하며 아랫사람을 예로써 대하고, 백성들에게서 세금을 걷는 것에 일정한 규정을 두어야 합니다. 양호가 말하기를 '부유해지려고 하면 인자하지 못하고, 인자하려고 하면 부유해질 수 없다.'고 했습니다. 하후씨는 한 가구에 오십 무의 땅을 경작하게 해서 공법(貢法)을 시행했고, 은나라는 칠십 무의 땅을 경작하게 해서 조법(助法)을 시행했으며, 주나라는 백 무의 땅을 경작하게 해서 철법(徹法)을 시행했으니, 그 실상은 모두 수확한 것의 십 분의 일을 세금으로 거두는 것입니다. 철이라는 것은 보편적으로 적용한다는 것이고, 조라는 것은 도와준다는 것입니다. 용자(龍子)가 말하기를 '땅을 정리하는 데는 조법보다 더 좋은 것이 없고, 공법보다 더 나쁜 것이 없다.'고 했으니, 공이라는 것은 여러 해 동안의 수확을 비교하고 참작하여 평균치의 세금을 걷는 것입니다. 풍년이 든 해에는 쌀이 남아돌아서 세금을 많이 거두어도 상관없는데 오히려 적게 거두고, 흉년에는 밭에 거름을 내기도 부족한데 반드시 정해진 세금을 다 받아가니, 백성의 부모가 된 군주로서 백성들이 허덕이면서 한 해 동안을 고생하고도 그 부모를 봉양할 수 없을 뿐만 아니라, 빚을 내서라도 정한 세금을 내게 하여 노약자들을 굶어죽게 해서 언덕과 골짜기에 뒹굴게 한다면, 어떻게 군주가 백성들의 부모라고 할 수 있겠습니까? 대를 이어 녹봉을 주는 것은 등나라가 본래 시행하고 있는 것입니다. 《시경》에 '우리 공전(公田)에 비를 내리게 하고, 우리 사전(私田)에도 내리게 하소서.' 했으니, 우리 조법은 공전에만 있는 것으로, 이것으로 보면 주나라도 또한 조법을 시행한 것입니다. 백성들의 수입이 안정되면 상서(庠序)와 학교(學校)를 설립해서 백성을 가르쳐야 하니, 상은 봉양한다는 뜻이고 교는 가르친다는 뜻이며 서는 활쏘기를 익힌다는 것입니다. 하나라에서는 교라 하고, 은나라에서는 서라 부르며, 주나라에서는 상이라 했습니다. 학은 하은주 삼대의 공통된 제도였는데, 모두 인륜을 밝히기 위한 것으로, 인륜이 위에서 밝아지면 아래 백성들은 서로 친하게 됩니다. 그러면 천하의 왕이 나오게 되어 반드시 등나라에 와서 본받을 것이니, 그것이 천하의 왕의 스승이 되는 것입니다. 《시경》에 '주나라가 비록 오래된 나라이나 천명(天命)은 새롭다.'고 했으니 이것은 문왕을 말한 것입니다. 당신이 힘써서 어진 정치를 하면 당신의 등나라를 새롭게 할 수 있을 것입니다." 등문공이 신하인 필전(畢戰)을 시켜서 정전법에 대해 물으니, 맹자가 말했다. "그대의 군주가 앞으로 어진 정치를 하려고 그대로 하여금 내게 묻도록 했으니, 그대는 많은 노력을 기울여야 할 것이오. 대체로 어진 정치는 반드시 토지의 경계를 정하는 것부터 시작하니, 경계를 정함이 바르지 않으면 정전이 고르지 못하여 땅에서 얻는 곡록 또한 공평하지 못하게 되오. 그런 까닭에 폭군과 탐관오리들은 토지의 경계를 정하는 것을 게을리 하오. 경계를 정하는 것이 바르면 땅을 나누고 녹봉을 정하는 것은 가만히 앉아서도 정할 수 있게 되오. 등나라는 땅이 작지만 장차 군자가 될 사람도 있고, 야인이 될 사람도 있으니, 군자가 없으면 야인을 다스릴 수 없고 야인이 없으면 군자를 봉양할 수 없소. 지방에서는 구분의 일로 조법을 시행하고, 중앙에서는 십분의 일을 세금으로 정하여 스스로 납부하게 하시오. 경 아래의 관리는 반드시 규전을 주고 규전은 각 오십 무씩을 주되 장정이 더 있으면 장정 당 25무씩을 주도록 하시오. 이렇게 해서 죽거나 이사를 해도 마을을 떠나지 않도록 하고, 마을의 정전을 같이 경작하고 드나들면서 서로 친하고, 도적이나 재난을 막고 감시하는 데도 서로 도와주며, 병이 들었을 때도 서로 돌봐주게 되면, 백성들이 서로 친하며 화목해질 것이오. 사방 일 리의 땅으로 정전을 시행하면 각 정의 넓이가 구백 무이고 그 중앙이 공전이 되며, 여덟 가구가 모두 다 백 무의 땅을 사유하면서 공전을 함께 경작하고, 공전의 농사를 모두 끝낸 후에 사전의 일을 하는 것이니, 이것이 야인을 군자와 구별하기 위한 것이오. 이것이 그 정전제에 대한 대체적인 내용이니, 실정에 맞도록 보완하고 적용하는 것은 군주와 그대에게 달려 있소."

[語釋]

*민사(民事) : 백성의 일, 즉 농사. *기(其) : 이에, 그래서, 마땅히. *방벽사치(放辟邪侈) : 방탕(放蕩)과 편벽(偏僻)과 사악(邪惡) 사치(奢侈). *양호(陽虎) : 노나라 권신(權臣) 계씨(季氏)의 가신(家臣). *하후씨(夏后氏) : 중국 고대의 하왕조(夏王朝). *오십이공(五十而貢) : 하나라의 세제(稅制). *칠십이조(七十而助) : 은나라의 정전법(井田法). *백무이철(百畝而徹) : 주나라의 전법(田法). *자(藉) : '빌리다. 돕다'의 뜻. *용자(龍子) : 옛날의 현인(賢人). *교(校) : 較와 같은 뜻으로 사용됨. 즉 '견주다, 비교하다' *락세(樂歲) : 풍년이 든 해. *립미(粒米) : 낟알. *낭려(狼戾) : 낭자(狼藉). 마구 흩어져 있는 것. *糞(분) : 거름 주다, 즉 땅을 북돋는 것 *헤혜연(盻盻然) : 흘겨보는 것. *칭대(稱貸) : 이자와 기한을 정하여 재물을 빌려주는 것. *구학(溝壑) : 개천과 구덩이. *오재(惡在) : 오재로 읽고, '어디에 ~있는가?

또는 어찌 ~하는가?'로 의문 용법. *세록(世祿) : 공신(功臣)에게 녹(祿)을 주어 대대로 세습하게 하는 것. *상서교(庠序校) : 마을의 학교. *사(射) : 활쏘기. *삼대(三代) : 하은주(夏殷周) 세 나라. *유(有) : 관형사로 '어떤', 부사로 '혹, 또'의 뜻. *기명유신(其命維新) : 천명(天命)에 의해 천하를 지배한 것은 문왕(文王)에서 비롯되었다는 말. *자(子) : 그대. 여기서는 등문공. *필전(畢戰) : 등문공의 신하. *정지(井地) : 정전(井田). *경계(經界) : 경계(境界)의 뜻. *균(鈞) : 균(均), 고르다. *야구일이조(野九一而助) : 들의 농지(農地)에 대해서는 땅이 넓으니 정전(井田)을 적용하자는 말. *국중십일(國中什一) : 작은 땅은 토지의 구획이 어려우니 십분의 일의 세금을 거두라는 말. *규전(圭田) : 벼슬하는 사람들이 제사에 쓰는 곡식을 마련하기 위한 땅. *여부(餘夫) : 백 무(畝)를 받는 농부의 자제로 나이가 십육 세에 이르면 따로 이십오 무의 농지(農地)를 받게 함. *사도무출향(死徒無出鄕) : 죽은 사람을 장사지내고 타향으로 이사 갈 기회가 있다하더라도 향리(鄕里)밖으로 나가지 않는 것을 말한다. *동정(同井) : 한 정전(井田) 단위 안에서 경작하는 것. *상반(相友) : 상반(相伴). *수망(守望) : 도둑의 침입을 막고 재난을 감시함.

[大意]

나라를 다스리는 것에 대해서 등문공이 묻고 맹자가 대답한다.

맹자의 첫 번째 대답은 백성의 생업을 소홀하게 하지 말라는 것이고, 두 번째는 생활이 안정되고 안정되지 못한 것에서 오는 백성들의 태도 즉 항산과 항심에 대한 것이며, 세 번째로 세금에 관한 것, 네 번째는 교육에 관한 것이다.

맹자를 존경하고 그의 왕도정치론에 감복한 문공에게 낱낱이 예를 들어 나라를 어질게 다스리는 방법에 대해서 설명하고 있다.

제4장

有爲神農之言者許行 自楚之滕 踵門而告文公曰 遠方之
유위신농지언자허행 자초지등 종문이고문공왈 원방지

人聞君行仁政 願受一廛而爲氓 文公與之處 其徒數十人
인문군행인정 원수일전이위맹 문공여지처 기도수십인

皆衣褐 捆屨 織席以爲食 陳良之徒陳相與其弟辛 負耒耜
개의갈 곤구 직석이위식 진량지도진상여기제신 부뢰사

而自宋之滕 曰 聞君行聖人之政 是亦聖人也 願爲聖人氓
이자송지등 왈 문군행성인지정 시역성인야 원위성인맹

陳相見許行而大悅 盡棄其學而學焉 陳相見孟子 道許行
진상견허행이대열 진기기학이학언 진상견맹자 도허행

之言曰 滕君 則誠賢君也 雖然 未聞道也 賢者與民並耕而
지언왈 등군 즉성현군야 수연 미문도야 현자여민병경이

食 饔飧而治 今也滕有倉廩府庫 則是厲民而以自養也 惡
식 옹손이치 금야등유창름부고 즉시려민이이자양야 악

得賢 孟子曰 許子必種粟而後食乎 曰 然 許子必織布而後
득현 맹자왈 허자필종속이후식호 왈 연 허자필직포이후

衣乎 曰 否 許子衣褐 許子冠乎 曰 冠 曰 奚冠 曰 冠素
의호 왈 부 허자의갈 허자관호 왈 관 왈 해관 왈 관소

曰 自織之與 曰 否 以粟易之 曰 許子奚爲不自織 曰 害於
왈 자직지여 왈 부 이속역지 왈 허자해위불자직 왈 해어

耕 曰 許子以釜甑爨 以鐵耕乎 曰 然 自為之與 曰 否 以粟
경 왈 허자이부증찬 이철경호 왈 연 자위지여 왈 부 이속

易之 以粟易械器者 不為厲陶冶 陶冶亦以其械器易粟者
역지 이속역계기자 불위려도야 도야역이기계기역속자

豈為厲農夫哉 且許子何不為陶冶 舍皆取諸其宮中而用
기위려농부재 차허자하불위도야 사개취제기궁중이용

之 何為紛紛然與百工交易 何許子之不憚煩 曰 百工之事
지 하위분분연여백공교역 하허자지불탄번 왈 백공지사

固不可耕且為也 然則治天下獨可耕且為與 有大人之事
고불가경차위야 연즉치천하독가경차위여 유대인지사

有小人之事 且一人之身 而百工之所為備 如必自為而後
유소인지사 차일인지신 이백공지소위비 여필자위이후

用之 是率天下而路也 故曰 或勞心 或勞力 勞心者治人
용지 시솔천하이로야 고왈 혹로심 혹로력 노심자치인

勞力者治於人 治於人者食人 治人者食於人 天下之通義
노력자치어인 치어인자사인 치인자사어인 천하지통의

也 當堯之時 天下猶未平 洪水橫流 氾濫於天下 草木暢茂
야 당요지시 천하유미평 홍수횡류 범람어천하 초목창무

禽獸繁殖 五穀不登 禽獸偪人 獸蹄鳥跡之道 交於中國 堯
금수번식 오곡부등 금수핍인 수제조적지도 교어중국 요

獨憂之 舉舜而敷治焉 舜使益掌火 益烈山澤而焚之 禽獸
독우지 거순이부치언 순사익장화 익열산택이분지 금수

逃匿 禹疏九河 瀹濟漯 而注諸海 決汝漢 排淮泗 而注之
도닉 우소구하 약제탑 이주제해 결여한 배회사 이주지

江 然後中國可得而食也 當是時也 禹八年於外 三過其門
강 연후중국가득이사야 당시시야 우팔년어외 삼과기문

而不入 雖欲耕 得乎 后稷教民稼穡 樹藝五穀 五穀熟而民
이불입 수욕경 득호 후직교민가색 수예오곡 오곡숙이민

人育 人之有道也 飽食 煖衣 逸居而無教 則近於禽獸 聖
인육 인지유도야 포식 난의 일거이무교 즉근어금수 성

人有憂之 使契為司徒 教以人倫 父子有親 君臣有義 夫婦
인유우지 사계위사도 교이인륜 부자유친 군신유의 부부

有別 長幼有序 朋友有信 放勳曰 勞之來之 匡之直之 輔
유별 장유유서 붕우유신 방훈왈 노지래지 광지직지 보

之翼之 使自得之 又從而振德之 聖人之憂民如此 而暇耕
지익지 사자득지 우종이진덕지 성인지우민여차 이가경

乎 堯以不得舜為己憂 舜以不得禹 皋陶為己憂 夫以百畝
호 요이부득순위기우 순이부득우 고도위기우 부이백무

之不易為己憂者 農夫也 分人以財謂之惠 教人以善謂之
지불이위기우자 농부야 분인이재위지혜 교인이선위지

忠 為天下得人者謂之仁 是故以天下與人易 為天下得人
충 위천하득인자위지인 시고이천하여인이 위천하득인

難 孔子曰 大哉堯之為君 惟天為大 惟堯則之 蕩蕩乎民無
난 공자왈 대재요지위군 유천위대 유요칙지 탕탕평민무

能名焉 君哉舜也 巍巍乎有天下而不與焉 堯舜之治天下
능명언 군재순야 외외평유천하이불여언 요순지치천하

豈無所用其心哉 亦不用於耕耳 吾聞用夏變夷者 未聞變
개무소용기심재 역불용어경이 오문용하변이자 미문변

於夷者也 陳良 楚産也 悅周公 仲尼之道 北學於中國 北
어이자야 진량 초산야 열주공 중니지도 북학어중국 북

方之學者 未能或之先也 彼所謂豪傑之士也 子之兄弟事
방지학자 미능혹지선야 피소위호걸지사야 자지형제사

之數十年 師死而遂倍之 昔者孔子沒 三年之外 門人治任
지수십년 사사이수배지 석자공자몰 삼년지외 문인치임

將歸 入揖於子貢 相向而哭 皆失聲 然後歸 子貢反 築室
장귀 입읍어자공 상향이곡 개실성 연후귀 자공반 축실

於場 獨居三年 然後歸 他日 子夏 子張 子游以有若似聖
어장 독거삼년 연후귀 타일 자하 자장 자유이유약사성

人 欲以所事孔子事之 彊曾子 曾子曰 不可 江漢以濯之
인 욕이소사공자사지 강증자 증자왈 불가 강한이탁지

秋陽以暴之 皜皜乎不可尙已 今也南蠻鴃舌之人 非先王
추양이폭지 호호호불가상이 금야남만격설지인 비선왕

之道 子倍子之師而學之 亦異於曾子矣 吾聞出於幽谷遷
지도 자배자지사이학지 역이어증자의 오문출어유곡천

于喬木者 未聞下喬木而入於幽谷者 魯頌曰 戎狄是膺 荊
우교목자 미문하교목이입어유곡자 노송왈 융적시응 형

舒是鬻 周公方且膺之 子是之學 亦爲不善變矣 從許子之
서시징 주공방차응지 자시지학 역위불선변의 종허자지

道 則市賈不貳 國中無僞 雖使五尺之童適市 莫之或欺 布
도 즉시가불이 국중무위 수사오척지동적시 막지혹기 포

帛長短同 則賈相若 麻縷絲絮輕重同 則賈相若 五穀多寡
백장단동 즉가상약 마루사서경중동 즉가상약 오곡다과

同 則賈相若 屨大小同 則賈相若 曰 夫物之不齊 物之情
동 즉가상약 구대소동 즉가상약 왈 부물지불제 물지정

也 或相倍蓰 或相什伯 或相千萬 子比而同之 是亂天下也
야 혹상배사 혹상십백 혹상천만 자비이동지 시란천하야

巨屨小屨同賈 人豈爲之哉 從許子之道 相率而爲僞者也
거구소구동가 인기위지재 종허자지도 상솔이위위자야

惡能治國家
악능치국가

 신농씨의 가르침을 실천하는 허행이라는 사람이 초나라에서 등나라로 가서 문에 이르러 문공에게 아뢰었다. "먼 곳에서 온 사람이 군주께서 어진 정치를 베푼다는 말을 듣고 집 한 채를 받아 살면서 백성이 되고자 합니다." 문공이 그 사람에게 거처할 곳을 주니, 그가 데리고 온 수십 명의 무리가 모두 갈옷을 입고 짚신을 삼고 돗자리를 짜면서 생활했다. 진량의 제자 진상이 그의 동생 진신과 함께 농기구를 짊어지고 송나라에서 등나라로 가서 말했다. "군주께서 성인의 정치를 베푸신다고 들었는데, 역시 성인이십니다. 원컨대 성인의 백성이 되려고 합니다." 진상이 허행을 만나보고 크게 기뻐하더니 자신이 배운 것을 모두 버리고 허행에게서 배웠는데, 진상이 맹자를 만나서 허행의 말을 전했다. "등나라 군주는 진실로 어진 군주이나 아직도 도를 알지 못합니다. 어진 사람은 백성과 함께 밭을 갈며 생활하고, 아침과 저녁밥을 지어먹으며 나라를 다스립니다. 지금 등나라에는 곡식 창고와 재물 창고가 있는데, 이것은 백성을 괴롭혀서 자신이 사는 것이니 어떻게 어질다고 하겠습니까?" 맹자가 말했다. "허자는 스스로 농사를 짓고 거두어서 밥을 해 먹는가?" 진상이 대답했다. "그렇습니다." 맹자가 물었다. "허자는 스스로 베를 짜서 옷을 만들어 입는가?" 진상이 대답했다. "아닙니다. 허자는 베옷을 입습니다." 맹자가 또 물었다. "허자는 관을 쓰는가?" 진상이 말했다. "관을 씁니다." 맹자가 물었다. "무슨 관을 쓰는가?" 진상이 대답했다. "흰 관을 씁니다." 맹자가 물었다. "손수 그것을 짜는가?" 진상이 대답했다. "그렇지 않습니다. 곡식과 바꿉니다." 맹자가 물었다. "왜 손수 짜지 않는가?" 진상이 대답했다. "농사짓는데 방해가 되기 때문입니다." 맹자가 물었다. "허자는 솥과 시루로 밥을 하고 쇠로 만든 농기구로 밭을 가는가?" 진상이 대답했다. "그렇습니다." 맹자가 또 물었다. "그것을 손수 만드는가?" 진상이 대답했다. "아닙니다. 곡식과 바꿉니다." 맹자가 말했다. "곡식으로 기구와 바꾸는 것이 도공과 철공에게 손해가 되지 않는다면, 도공과 철공 또한 자신이 만든 기계와 그릇으로 곡식과 바꾸는 것이 어떻게 농부에게 손해를 입히는 것이겠는가? 또 허자는 왜 도기와 철기를 모두 자기 집에서 손수 만들어서 쓰지 않고 번거롭게 많은 장인들과 교역을 하는가? 왜 허자는 그렇게 번거로운 것을 꺼리지 않는가?" 진상이 말했다. "장인들이 하는 일은 원래 농사를 지으면서 할 수가 없는 것입니다." 맹자가 말했다. "그렇다면 천하를 다스리는 일은 농사를 지으면서 동시에 할 수 있는 것인가? 대인이 할 일이 있고 소인이 할 일이 있다. 또 한 사람의 몸에는 장인들이 만드는 것은 다 필요한데, 만약에 모든 것을 반드시 스스로 만들어 쓴다면, 그것은 천하의 사람들을 모두 데리고 길을 가는 것과 같다. 그래서 어떤 사람은 마음을 수고롭게 하고, 어떤 사람은 힘을 수고롭게 한다. 마음을 수고롭게 하는 사람은 남을 다스리고, 힘을 수고롭게 하는 사람은 남에게 다스림을 받는다. 남에게 다스림을 받는 사람은 남을 먹여 살리고, 남을 다스리는 사람은 남에 의해서 먹고 사는 것이 천하의 공통된 원리이다. 요임금의 시대에는 천하가 아직 다스려지지 않아서, 홍수가 흘러 넘쳐 천하에 범람하고 초목이 무성하여 금수가 너무 많이 번식했다. 오곡이 여물지 못하고 금수가 사람을 핍박하여 짐승의 발자국과 새의 발자국이 나라 한가운데 어지럽게 나 있었는데, 요임금이 홀로 이것을 근심하여 순을 등용하여 다스리게 했다. 순이 익(益)으로 하여금 불을 관장하게 해서 산과 늪을 불 질러 태워버리니 금수가 도망쳐서 숨었다. 우임금이 아홉 개의 강을 내어 제수와 탑수를 파서 바다로 흘러들어가게 하고, 여수와 한수의 물길을 트고 회수와 사수를 돌려서 강에 들어가게 하니, 그렇게 한 후에 나라 안에서 농사를 지어 살 만하게 되었다. 이때 우임금은 팔 년 동안이나 밖에 있었으며, 세 번이나 자기 집 문 앞을 지나가면서 들어가지 못했는데, 비록 스스로 농사를 지으려고 했어도 할 수 있었겠는가? 후직이 백성들에게 농사짓는 법을 가르치고 오곡을 심게 하여 오곡이 익어서 백성들이 살게 되었으나, 사람의 도리는 배불리 먹고 따뜻하게 입으며 편안하게 살면서 가르침이 없다면 금수에 가까워진다. 성인이 이것을 근심하여 설(契)로 하여금 사도를 삼아 인륜을 가르치게 했으니, 부자 사이에는 친애함이 있고 임금과 신하 사이에는 의리가 있으며 부부 사이에는 분별이 있고 어른과 아이 사이에는 차례가 있으며 친구 사이에는 믿음이 있어야 한다는 것이다. 방훈이 말하기를 '백성들을 격려하고 따르게 하며, 바르게 하고 곧게 하며, 도와주고 보살펴주어서 스스로 깨닫게 하며, 그들에게 덕을 베풀어라.'라고 했으니, 성인이 백성을 걱정하는 것이 이와 같은데 그런데도 밭을 갈 겨를이 있겠는가? 요임금은 순을 얻지 못하는 것을 자신의 걱정거리로 삼았고, 순임금은 우와 고요 같은 어진 사람을 얻지 못하는 것을 자신의 걱정거리로 삼았다. 대개 백 무의 땅을 다스리지 못하는 것을 자신의 걱정거리로 삼는 사람은 농부이다. 사람들에게 재물을 나누어 주는 것을 은혜롭다고 하고, 사람들에게 선을 가르치는 것을 충직하다고 하며, 천하를 위하여 사람들을 구하는 것을 어질다고 한다. 그래서 천하를 남에게 주기는 쉽고, 천하를 위해서 사람을 얻기는 어렵다. 공자 말씀에 '위대하다, 요의 임금다움이여. 오직 하늘만이 위대하거늘 요임금이 그것을 본받았으니, 그 덕이 넓고 넓어서 백성들이 무어라 부를 수가 없다. 임금답다, 순이여. 그 덕이 높고 높아서 천하를 가졌지만 그것에 조금도 관심을 두지 않았다.'고 했다. 요임금과 순임금이 천하를 다스리는 데에 어찌 그 마음을 쓰지 않았겠는가마는, 역시 직접 농사짓는 데에 마음을 쓸 수 없었다는 뜻이다. 나는 하나라의 문화를 가지고 오랑캐를 변하게 했다는 말은 들었지만, 오랑캐의 문화로 하나라가 변화되었다는 말은 아직 듣지 못했다. 진량은 초나라 사람으로 주공과 공자의 도를 좋아하여 북쪽 중국에 와서 공부했는데, 북방의 학자들 중에 그 사람보다 뛰어난 사람이 없었으니, 그는 걸출한 선비이다. 그대의 형제가 수십 년 동안이나 섬겼는데, 스승이 죽으니 마침내 배반하고 말았다. 옛날에 공자가 돌아가시고 삼 년이 지나서 문인들이 짐을 꾸려 고향으로 돌아가려고 할 때 자공에게 인사하고 서로 마주보며 울다가 모두 목이 쉬어서 돌아갔다. 자공은 다시 무덤가에 집을 짓고 홀로 삼 년을 지낸 후에 돌아갔다. 훗날에 자하와 자장과 자유는 유약이 공자를 닮았다고 하여 공자를 섬기던 예로 유약을 섬기자고 증자에게 청원했는데, 증자가 '불가하다. 선생님의 덕은 강수와 한수로 씻은 듯하고 가을 햇볕에 쪼인 것과 같이 희고 희어서 더할 나위 없이 깨끗하다.'고 했다. 지금 남쪽 오랑캐처럼 왜가리 같은 사람들이 하는 말은 선왕의 도가 아니거늘, 그대는 그대의 스승을 배반하고 그것을 배우고 있으니, 역시 증자와는 다르다. 나는 새가 깊은 골짜기에서 나와서 높은 나무로 옮겨간다는 말은 들었어도, 높은 나무에서 내려와 깊은 골짜기로 들어간다는 말은 듣지 못했다. 〈노송(魯頌)〉에 '북쪽의 융적을 응징하고, 남쪽의 형서를 징벌했다.'고 했다. 주공도 늘 그들을 응징한다고 했는데, 그대는 지금 그것을 배우고 있으니 옳게 변화한 것이라고 할 수 없는 것이다." 진상이 말했다. "허자의 도리를 따른다면 시장의 물건 값이 서로 다르지 않고, 나라 안에 거짓이 없게 됩니다. 그러면 비록 어린아이를 시장에 보내더라도 그 아이를 속일 수가 없게 됩니다. 베와 비단의 길이가 같으면 값이 서로 같으며, 명주실과 솜 같은 것은 무게가 같으면 값이 서로 같으며, 오곡은 분량이 서로 같으면 값이 서로 같고, 신발은 크기가 같으면 값이 서로 같을 것입니다." 맹자가 말했다. "대체로 물건이 서로 같지 않은 것은 물건의 실정이니, 어떤 경우에는 그 가치가 배도 되고 다섯 배도 될 수 있으며, 또 어떤 경우에는 열 배나 백 배도 되며, 어떤 경우에는 서로 천 배나 만 배도 되는 것인데, 그대들은 통틀어서 그것을 같게 하니 그것은 천하를 어지럽게 하는 것이다. 거칠게 삼은 신발과 가늘게 삼은 신발의 크기가 같아서 값이 같다면, 사람들이 어째서 그것을 만들고 있겠는가? 허자의 도리를 따른다는 것은 서로 끌고 거짓을 꾸미는 것이니 어떻게 나라를 다스릴 수가 있겠는가."

[語釋]

*신농(神農) : 중국 고대의 삼황오제(三皇五帝) 중의 한사람. 처음으로 농사를 사람들에게 가르쳤다고 함. *허행(許行) : 묵자(墨子)의 제자. *종(踵) : 이르다. 도달하다. *전(廛) : 택지(宅地). 가게. *맹(氓) : 다른 나라나 지방에서 이주해온 백성. *곤구(捆屨) : 짚신을 삼는 것. *이위식(以爲食) : 밥벌이로 삼다. *진량(陳良)

: 초나라의 유학자. *옹손(饔飱) : 아침밥과 저녁밥. 여기에서는 밥을 손수 지어서 해 먹는 것. *려(厲) : 괴롭히다. *찬(爨) : 불 때는 것. 여기에서는 밥을 지어 먹는 것. *철(鐵) : 여기에서는 쇠로 만든 農具. *도야(陶冶) : 옹기장이와 대장장이. *사(舍) : ① 捨나 止와 같아서 '하지 않다'는 부정의 뜻. ② 거처(居處). *궁중(宮中) : 집안. 옛날에는 집을 宮이라 불렀음. *분분연(紛紛然) : 번거로운 모양. *로(路) : 고달프다. 피로하다. 지치게 함. *혹(或) : 어떤 사람. *사(食) : 기르다. 양육하다. *통의(通義) : 일반적인 원리. *횡류(橫流) : 아무데나 넘쳐흐르는 것. *등(登) : 숙성하다. 익다. *핍(偪) : 핍박(逼迫)하다. *부(敷) : 펴다. 다스리다. 공포하다. *익(益) : 순(舜)임금의 신하. *우(禹) : 하우씨(夏禹氏). 하(夏) 왕조의 시조. *구하(九河) : 아홉 강물. *약(瀹) : 소통, (물길을)트는 것. *결(決) : 막혀있는 수로를 터서 물을 소통시키는 것. *후직(后稷) : 주(周)나라의 선조인 기(棄)를 말함. *契(설) : 순임금의 신하. *사도(司徒) : 교육을 관장하는 관리. *방훈(放勳) : 요임금의 이름. *이(易) : 다스린다는 의미, 여기에서는 밭을 잘 가꾸는 것을 말함. *칙(則) : 본받다. *탕탕(蕩蕩) : 넓고 큰 모양. *외외(巍巍) : 높고 큰 모양. *불여(不與) : 상관하지 않다. *임(任) : 짐을 지다. 따라서 치임(治任)은 짐을 꾸리는 것. *향(嚮) : 향히다. *실성(失聲) : 울어서 목이 쉰 것. *폭(暴) : 햇볕을 쬠. *호호(皜皜) : 깨끗하고 흰 모양, 빛나고 밝은 모양. *상(尙) : 더하다, 보태다. *격(鴃) : ① 때까치. 왜가리. ② 뱁새. *방차(方且) : 장차. 바야흐로. *응(膺) : 여기에서는 치다, 정벌(征伐)의 의미로 사용되었음. *배사(倍蓰) : 두 배와 다섯 배. *거구소구(巨屨小屨) : 巨는 거칠다는 뜻이고, 小는 가늘다는 뜻, 즉 질이 나쁜 신과 좋은 신을 의미한다.

[大意]

다스리는 위치에 있는 사람들은 다스림을 받는 사람들을 보호하고 이끌며, 다스림을 받는 사람들은 다스리는 사람들을 따르고 의지함으로써 도덕적인 사회를 이룰 수 있다고 말했다.

위대한 지도자가 되려면 백성들과 함께 백성들이 하는 일을 직접 함께 해야 한다는 허행(許行)의 논리에 대해 맹자가 반론을 제기했다. 즉 맹자는 사람의 능력에 따라서 서로가 할 일이 따로 있다는 것을 주장하며 자신의 능력에 맞는 일을 하면서 다른 일까지 겸할 수는 없다고 말한 것이다.

제5장

墨者夷之 因徐辟而求見孟子 孟子曰 吾固願見 今吾尚病
묵자이지 인서벽이구견맹자 맹자왈 오고원견 금오상병

病愈 我且往見 夷子不來 他日又求見孟子 孟子曰 吾今則
병유 아차왕견 이자불래 타일우구견맹자 맹자왈 오금즉

可以見矣 不直 則道不見 我且直之 吾聞夷子墨者 墨之治
가이견의 불직 즉도불견 아차직지 오문이자묵자 묵지치

喪也 以薄爲其道也 夷子思以易天下 豈以爲非是而不貴
상야 이박위기도야 이자사이역천하 기이위비시이불귀

也 然而夷子葬其親厚 則是以所賤事親也 徐子以告夷子
야 연이이자장기친후 즉시이소천사친야 서자이고이자

夷子曰 儒者之道 古之人 若保赤子 此言何謂也 之則以爲
이자왈 유자지도 고지인 약보적자 차언하위야 지즉이위

愛無差等 施由親始 徐子以告孟子 孟子曰 夫夷子 信以爲
애무차등 시유친시 서자이고맹자 맹자왈 부이자 신이위

人之親其兄之子爲若親其鄰之赤子乎 彼有取爾也 赤子
인지친기형지자위약친기린지적자호 피유취이야 적자

匍匐將入井 非赤子之罪也 且天之生物也 使之一本 而夷
포복장입정 비적자지죄야 차천지생물야 사지일본 이이

子二本故也 蓋上世嘗有不葬其親者 其親死 則舉而委之
자이본고야 개상세상유불장기친자 기친사 즉거이위지

> 於壑 他日過之 狐狸食之 蠅蚋姑嘬之 其顙有泚 睨而不視
> 어학 타일과지 호리식지 승예고최지 기상유차 예이불시
> 夫泚也 非為人泚 中心達於面目 蓋歸反虆梩而掩之 掩之
> 부차야 비위인차 중심달어면목 개귀반류리이엄지 엄지
> 誠是也 則孝子仁人之掩其親 亦必有道矣 徐子以告夷子
> 성시야 즉효자인인지엄기친 역필유도의 서자이고이자
> 夷子憮然為閒曰 命之矣
> 이자무연위간왈 명지의

묵가(墨家)의 사람 이지(夷之)가 서벽(徐辟)을 통해 맹자에게 면회를 청했다. 맹자가 말했다. "나도 정말 만나보고 싶지만 지금 내가 병중이라 병이 낫거든 내가 가서 만날 것이니 이지가 오지 않아도 된다." 훗날에 또 맹자를 만나기를 청하니, 맹자가 말했다. "나도 이제 만날 수 있지만, 내가 바른 말로 바로잡지 않으면 도를 밝힐 수 없을 것이니, 이제 내가 먼저 바른 말을 할 것이다. 내가 듣건대 이지는 묵가의 사람이라는데, 묵가는 장례를 치르는 데에 있어서 검소한 것을 도리를 삼고 있다. 이지는 묵가의 도리로 세상을 풍속을 바꾸려 할 것이니, 어떻게 그것을 옳지 않다고 여기고 존중하지 않겠는가? 그러나 이지는 그 어버이의 장례를 성대하게 치렀으니, 그것은 그가 천하게 여기는 도리로 어버이를 섬긴 것이다." 서벽이 그 말을 이지에게 알리자, 이지가 말했다. "유가의 도리에는 옛날 사람들이 '사랑하기를 아이를 돌보듯이 한다.'고

했는데, 이 말은 무엇을 말한 것입니까? 나는 그것을 사랑에는 차별이 없고 사랑을 베푸는 데는 어버이로부터 시작하는 것으로 생각합니다." 서벽이 이 말을 맹자에게 하자, 맹자가 말했다. "이지는 정말로 사람들이 그들의 조카를 사랑하는 것을 그 이웃의 아이를 사랑하는 것같이 한다고 생각하는가? 그 말은 이지가 생각하는 것과 다르다. 그것은 어린아이가 기어서 우물에 빠지려고 하는 것이 어린아이의 잘못이 아닌 것과 같다. 또 하늘이 만물을 낼 적에는 근본이 하나였는데, 이지는 그 근본을 둘로 생각한 까닭이다. 오랜 옛날에 부모를 장례 지내지 않는 때가 있어서, 어떤 사람이 그 어버이가 죽자 들어다가 골짜기에 버렸다. 나중에 그곳을 지나가다가 여우와 삵이 뜯어먹고 파리와 벌레들이 빨아 먹는 것을 보고, 이마에 진땀이 나서 눈으로 흘겨보며 똑바로 보지 못했다. 이마에 땀이 나는 것은 남이 보기 때문에 땀이 나는 것이 아니라, 아픈 마음이 얼굴에 드러난 때문이다. 그래서 그는 집으로 가서 삼태기와 가래를 가지고 와서 흙으로 덮었는데, 이렇게 흙으로 가리는 것이 실로 옳은 것이라면, 효자나 어진 사람이 그 어버이를 흙으로 덮는 데에도 또한 적절한 방도가 있어야 할 것이다." 서벽이 이 말을 이지에게 전하자, 이지가 멍하니 한참을 있다가 말했다. "선생께서 나를 깨우쳐 주시는구나."

[語釋]

*이지(夷之) : 사람 이름. *서벽(徐辟) : 맹자의 제자. *상(尙) : 여기에서는 '아직'이라는 부사로 사용됨. *고(固) : 본래부터. *약보적자(若保赤子) : 《서경》에 나오는

말로 '마치 어린아이를 돌보듯이 백성을 생각하는 정치를 하라.'는 것. *이(爾) : ~을 뿐. 용언 뒤에 붙는 의존명사. *사지일본(使之一本) : 근본이 하나라는 뜻. *개(蓋) : 아마도, 그래서. 추정의 뜻. *상세(上世) : 태고(太古). 먼 옛날. *위(委) : 버리다. *고(姑) : 빨아먹다. *성시(誠是) : 정말로 옳다. *명(命) : 가르침.

[大意]

묵가(墨家)의 이지와 유가(儒家)의 맹자 사이에 주고받는 도덕적인 논쟁을 언급했다. 이상과 현실은 다른 것 같지만 그 근본은 같다는 말이다.

당시에 날로 더해가는 유가의 사치스러운 생활과 호화로운 장례의식 등에 비하여, 검약과 겸애와 평화를 주장하며 유가를 비판하려고 하는 묵가의 이론에 장례의식의 예를 들어 반박하는 맹자의 말이 담겨 있다.

제6편

등문공(滕文公) 下

제1장

陳代曰 不見諸侯 宜若小然 今一見之 大則以王 小則以霸
진 대 왈 불 견 제 후 의 약 소 연 금 일 견 지 대 즉 이 왕 소 즉 이 패

且志曰 枉尺而直尋 宜若可為也 孟子曰 昔齊景公田 招虞
차 지 왈 왕 척 이 직 심 의 약 가 위 야 맹 자 왈 석 제 경 공 전 초 우

人以旌 不至 將殺之 志士不忘在溝壑 勇士不忘喪其元 孔
인 이 정 부 지 장 살 지 지 사 불 망 재 구 학 용 사 불 망 상 기 원 공

子奚取焉 取非其招不往也 如不待其招而往 何哉 且夫枉
자 해 취 언 취 비 기 초 불 왕 야 여 불 대 기 초 이 왕 하 재 차 부 왕

尺而直尋者 以利言也 如以利 則枉尋直尺而利 亦可為與
척 이 직 심 자 이 리 언 야 여 이 리 즉 왕 심 직 척 이 리 역 가 위 여

昔者趙簡子使王良與嬖奚乘 終日而不獲一禽 嬖奚反命
석 자 조 간 자 사 왕 량 여 폐 해 승 종 일 이 불 획 일 금 폐 해 반 명

曰 天下之賤工也 或以告王良 良曰 請復之 彊而後可 一
왈 천 하 지 천 공 야 혹 이 고 왕 량 양 왈 청 부 지 강 이 후 가 일

朝而獲十禽 嬖奚反命曰 天下之良工也 簡子曰 我使掌與
조 이 획 십 금 폐 해 반 명 왈 천 하 지 량 공 야 간 자 왈 아 사 장 여

女乘 謂王良 良不可 曰 吾為之範我馳驅 終日不獲一 為
여 승 위 왕 량 양 불 가 왈 오 위 지 범 아 치 구 종 일 불 획 일 위

之詭遇 一朝而獲十 詩云 不失其馳 舍矢如破 我不貫與小
지 궤 우 일 조 이 획 십 시 운 불 실 기 치 사 시 여 파 아 불 관 여 소

> 人乘 請辭 御者且羞與射者比 比而得禽獸 雖若丘陵 弗為
> 인승 청사 어자차수여사자비 비이득금수 수약구릉 불위
> 也 如枉道而從彼 何也 且子過矣 枉己者 未有能直人者也
> 야 여왕도이종피 하야 차자과의 왕기자 미유능직인자야

 진대가 말했다. "제후를 만나시지 않는 것은 마음이 넓지 못한 행동인 것 같습니다. 지금 한번 만나 보시면 크게는 그를 왕으로 만들 것이고, 작게는 패자가 되게 할 것입니다. 전해 내려오는 말에 '한 자를 굽혀서 여덟 자를 곧게 편다.'고 했으니, 해볼 만한 것 같습니다." 맹자가 말했다. "옛날에 제경공이 사냥을 할 때 사냥터를 지키는 사람을 깃발로 불렀으나 그가 오지 않자 죽이려고 하였다. 이것을 두고 공자가 말하기를 '뜻 있는 선비는 구덩이에 버려질 수 있다는 것을 잊지 않고, 용기 있는 선비는 그 목숨을 잃을 수 있다는 것을 잊지 않는다.'고 했다. 공자는 사냥터를 지키는 사람의 무엇에 감동하여 이렇게 말했겠는가? 자신을 부르는 방법이 옳지 않으면 불러도 가지 않는다는 것에 감동한 것이다. 그런데 그들의 초청을 기다리지도 않고 어떻게 갈 수 있겠는가? '한 자를 굽혀 여덟 자를 곧게 편다.'는 것은 순전히 이익을 앞세워서 하는 말이니, 만약에 이익만을 따진다면 여덟 자를 굽혀서 한 자를 곧게 펴듯이 이익이 된다면 해도 좋다는 것인가? 옛날에 진나라의 대부 조간자가 마차를 잘 모는 왕량을 시켜서 폐해의 수레를 몰고 함께 사냥을 하게 했는데, 폐해가 온종일 새 한 마리

잡지 못하고 돌아와서 조간자에게 '왕량은 천하에 형편없는 수레꾼입니다.'라고 보고했다. 어떤 사람이 이 말을 왕량에게 알리니, 왕량이 '그렇다면 다시 한 번 해 보겠다.'고 하고, 억지로 승낙을 받아내고는 함께 사냥을 해서 하루아침 동안에 열 마리의 새를 잡았다. 폐해가 돌아와서 '왕량은 천하의 훌륭한 수레꾼입니다.'고 보고했다. 그러자 조간자가 '내가 그 사람에게 너와 함께 수레를 타도록 하겠다.'고 하고, 왕량에게 그 말을 하니, 왕량이 대답하지 않고 말하기를 '제가 그를 위해 방법대로 말을 몰았더니 온 종일 새 한 마리 잡지 못했는데, 이번에는 방법에 맞지 않게 했더니 하루아침에 새를 열 마리나 잡았습니다. 《시경》에 말 달리는 방법이 어긋나지 않아도 활을 쏘아서 깨트리듯 명중한다고 했습니다. 저는 그런 소인과 함께 수레를 타는 것에 맞지 않으니 사양하겠습니다.'고 했다. 수레꾼도 활 쏘는 사람의 비위를 맞추는 것을 부끄럽게 생각하여, 그의 비위를 맞추면서 짐승을 잡으면 산더미처럼 많이 잡을 수 있다고 해도 응하지 않는데, 어떻게 내가 도를 굽혀서 그런 제후를 따르겠느냐? 네가 잘못 생각한 것이다. 자신의 지조를 굽히면서 남을 바르게 할 수 없는 법이다."

[語釋]

*진대(陳代) : 맹자의 제자. *의약(宜若) : 아마 ~한 것 같다. *왕(枉) : 굽히다. *심(尋) : 여덟 자. *왕척직심(枉尺直尋) : 한 자를 굽혀 여덟 자를 펴다. 여기에서는 한 번 굽혀서 제후(諸侯)를 만나는 것 *전(田) : 사냥. *우인(虞人) : 원유(苑囿)를 지키고 관리하는 사람. 사냥터지기. *旌(정) : 깃대 끝에 새의 꽁지 깃털을 묶어

장목을 늘어뜨린 깃발. 古代에 임금이 대부를 부를 때에는 정기(旌旗)를, 우인(虞人)을 부를 때에는 가죽으로 만든 관(冠)을 신표(信標)로 삼았다. *원(元) : 머리, 즉 목숨을 말함. *조간자(趙簡子) : 진나라의 대부. *왕량(王良) : 수레를 잘 몰던 수레꾼. 마부(馬夫). *폐해(嬖奚) : 조간자의 측근. *반명(反命) : 복명(復命). *천공(賤工) : 수레를 모는데 서툰 어자(御者), 즉 마부(馬夫). *일조(一朝) : 새벽부터 아침식사 때까지. *장(掌) : 전담(專擔)하는 것. *여(女) : 여(汝). 너. *범(範) : 여기에서는 수레를 모는 바른 방법. *궤우(詭遇) : 잘못된 방법으로 날짐승을 사냥하는 것. *비(比) : 아부(阿附)하는 것을 말함.

[大意]

　맹자는 자신의 뜻을 받아들이지 않는 사람과는 선뜻 만나지 않았으니, 어느 제후라도 자신을 굽히면서 찾아가지 않았다.
　맹자의 이런 점을 제자인 진대가 탓하고, 사소한 절개 같은 것은 꺾어서라도 자주 제후를 만나보는 것이 좋지 않겠느냐고 말했다. 이에 맹자는 제경공과 사냥터지기, 조간자의 가신 폐해와 수레꾼 왕량의 예를 들어서 시비를 논했다.
　자신을 바르게 세웠을 때 세상이 바르게 서는 법이므로, 자신을 굽혀서 남을 바르게 할 수 있는 사람은 없다는 말이다.

제2장

> 景春曰 公孫衍 張儀豈不誠大丈夫哉 一怒而諸侯懼 安居
> 경춘왈 공손연 장의기불성대장부재 일노이제후구 안거
> 而天下熄 孟子曰 是焉得為大丈夫乎 子未學禮乎 丈夫之
> 이천하식 맹자왈 시언득위대장부호 자미학예호 장부지
> 冠也 父命之 女子之嫁也 母命之 往送之門 戒之曰 往之
> 관야 부명지 여자지가야 모명지 왕송지문 계지왈 왕지
> 女家 必敬必戒 無違夫子 以順為正者 妾婦之道也 居天下
> 여가 필경필계 무위부자 이순위정자 첩부지도야 거천하
> 之廣居 立天下之正位 行天下之大道 得志與民由之 不得
> 지광거 입천하지정위 행천하지대도 득지여민유지 부득
> 志獨行其道 富貴不能淫 貧賤不能移 威武不能屈 此之謂
> 지독행기도 부귀불능음 빈천불능이 위무불능굴 차지위
> 大丈夫
> 대장부

경춘이 말했다. "공손연과 장의가 어찌 진정한 대장부가 아니 겠습니까? 한번 성을 내면 제후들이 두려워하고, 가만히 있으면 천하가 조용합니다." 맹자가 말했다. "그런 사람들을 어떻게 대장 부라 하겠소? 그대는 예의를 배우지 않았소? 사나이가 관례를 치를 때는 아버지가 훈계하고, 여자가 시집을 갈 때는 어머니가

훈계하는 법이니, 딸이 시집갈 때 어머니가 문간까지 가서 전송하며 당부하기를 '너의 시집에 가거든 반드시 공경하고 조심하여 남편의 뜻을 어김이 없도록 하라.'고 합니다. 순종하는 것을 올바르게 여기는 것은 부녀자의 도리입니다. 천하의 넓은 집에 살고 천하의 올바른 자리에 서며 천하의 큰 도리를 실천하여 뜻을 이루었을 때에는 백성들과 함께 그 도리를 함께 하고 뜻을 이루지 못했을 때는 홀로 그 도리를 행합니다. 부귀도 그 마음을 어지럽게 하지 못하고, 빈천도 그 의지를 꺾지 못하며, 위세와 무력으로도 그 지조를 굽힐 수 없으니, 이를 대장부라 할 수 있습니다."

[語釋]

*경춘(景春) : 맹자가 살던 시대의 종횡가(縱橫家). 종횡가란 열국(列國) 사이의 이해를 이용하여 제후들을 설복시켜서 영달(榮達)을 찾는 사람들을 말함. *공손연·장의(公孫衍·張儀) : 둘 다 위(魏)나라 사람으로 종횡가로 유명함. *식(熄) : 꺼지다. 잠잠하다. *冠(관) : 관례(冠禮). 남자의 나이가 스물이 되면 행하는 성인식(成人式). *대도(大道) : 인의(仁義)의 유가(儒家)적인 도덕.

[大意]

종횡가의 인물 경춘이 열국(列國) 사이의 이해관계를 이용해서 제후들을 설복시켜 영달을 찾는 종횡가(縱橫家) 공손연과 장의를 대장부라고 칭찬하자, 맹자가 종횡가를 비판했다.

맹자는 모름지기 대장부라면 어떤 것에도 흔들림이 없는 부동심(不動心)을 가지고 있어야 하며, 부국강병을 좇는 제후들의 뜻에 따라 움직이고 영달을 꾀하는 종횡가들은 비천한 길을 걷고 있다고 비하해서 말했다.

제3장

周霄問曰 古之君子仕乎 孟子曰 仕 傳曰 孔子三月無君
주소문왈 고지군자사호 맹자왈 사 전왈 공자삼월무군

則皇皇如也 出疆必載質 公明儀曰 古之人三月無君則弔
즉황황여야 출강필재질 공명의왈 고지인삼월무군즉조

三月無君則弔 不以急乎 曰 士之失位也 猶諸侯之失國家
삼월무군즉조 부이급호 왈 사지실위야 유제후지실국가

也 禮曰 諸侯耕助 以供粢盛 夫人蠶繅 以為衣服 犠牲不
야 예왈 제후경조 이공자성 부인잠소 이위의복 희생부

成 粢盛不潔 衣服不備 不敢以祭 惟士無田 則亦不祭 牲
성 자성부결 의복부비 부감이제 유사무전 즉역부제 생

殺器皿衣服不備 不敢以祭 則不敢以宴 亦不足弔乎 出疆
살기명의복부비 불감이제 즉불감이연 역부족조호 출강

必載質 何也 曰 士之仕也 猶農夫之耕也 農夫豈為出疆舍
필재질 하야 왈 사지사야 유농부지경야 농부기위출강사

其耒耜哉 曰 晉國亦仕國也 未嘗聞仕如此其急 仕如此其
기뢰사재 왈 진국역사국야 미상문사여차기급 사여차기

急也 君子之難仕 何也 曰 丈夫生而願為之有室 女子生而
급야 군자지난사 하야 왈 장부생이원위지유실 여자생이

願為之有家 父母之心 人皆有之 不待父母之命 媒妁之言
원위지유가 부모지심 인개유지 부대부모지명 매작지언

> 鑽穴隙相窺 踰牆相從 則父母國人皆賤之 古之人未嘗不
> 찬혈극상규 유장상종 즉부모국인개천지 고지인미상불
> 欲仕也 又惡不由其道 不由其道而往者 與鑽穴隙之類也
> 욕사야 우악불유기도 불유기도이왕자 여찬혈극지류야

주소가 물었다. "옛날의 군자는 벼슬을 했습니까?" 맹자가 말했다. "벼슬을 했습니다. 전해오는 기록에는 '공자는 석 달이 넘도록 섬기는 임금이 없으면 어찌할 줄을 몰랐고, 국경을 떠나 다른 나라로 갈 때는 반드시 예물을 싣고 갔다.'고 했고, 또 공명의가 말하기를 '옛날 사람들은 석 달이 넘도록 섬길 임금이 없는 사람을 위문했다.'고 했습니다." 주소가 물었다. "그런데 석 달이 넘도록 섬길 임금이 없으면 위문했다는 것은 너무 성급하지 않습니까?" 맹자가 말했다. "선비가 직위를 잃어버리는 것은 제후가 나라를 잃어버리는 것과 마찬가지이니,《예기》에 이르기를 '제후가 몸소 밭을 갈고 거두어서 제사 음식을 마련하고, 부인은 누에를 치고 실을 뽑아서 제복을 만든다. 희생될 동물이 제대로 자라지 못하고, 제사 음식이 깨끗하지 못하며, 제복이 마련되지 않으면 제사를 지내지 못한다.'고 했습니다. 선비도 제사 지낼 곡식을 마련할 밭이 없으면 역시 제사를 지내지 못하고, 산 제물과 그릇과 의복이 마련되지 못해서 제사를 지내지 못한다면 연회도 열 수 없게 되는 것이니 위문할 만한 일이 아니겠습니까?" 주소가 물었다. "국경을 떠나 다른 나라에 갈 때 반드시 예물을 싣고 간다는 것은 무슨 말입니까?" 맹자가 대답했다. "선비가 벼슬을 하는 것은 농부가 밭을 가는 것과 마찬가지이니, 농부가 어떻게 국경을 떠나갈 적에 농기구를 버리고 갈 수 있겠습니까?" 주소가 또 물었다. "진나라 또한 벼슬살이를 할 만한 나라지만 지금껏 벼슬을 하는 것이 그렇게 급한 것인 줄은 듣지 못했습니다. 벼슬하는 것이 그렇게 급한 것이면, 군자가 벼슬을 하지 않는 것은 무슨 까닭입니까?" 맹자가 말했다. "사내가 이 세상에 태어나서 자라면 가정을 이루기를 원하며, 여자가 세상에 태어나서 자라면 시집을 가기를 원하는 것이 부모의 마음입니다. 사람은 모두가 이러한 바람을 가지고 있지만, 그렇다고 해서 부모의 당부와 중매의 말을 기다리지 않고 담 구멍을 뚫고 서로 들여다보고 담장을 넘어서 서로 어울리면, 부모나 나라사람들이 모두 이들을 천하게 여깁니다. 옛날 사람들이 벼슬하기를 원하지 않은 것은 아니지만, 한편으로는 올바른 길을 따르지 않고 벼슬하는 것은 싫어했던 것이니, 올바른 길을 따르지 않고 벼슬을 하는 것은 담 구멍을 뚫고 서로 들여나보는 것과 같은 짓입니다."

[語釋]

*주소(周霄) : 위(魏)나라 사람. *무군(無君) : 벼슬을 하고 싶어도 섬길만한 임금을 얻지 못한 것. *황황여(皇皇如) : 황황여(遑遑如)와 같다. 황황히. 안타깝고 초조한 모양. *출강(出疆) : 疆은 여기에서 국경(國境)을 뜻함. 따라서 출강(出疆)은 벼슬자리를 잃고 그 나라를 떠나가는 것. *질(質) : 여기에서는 예물(禮物)을 말함. *공명의(公明儀) : 노(魯)나라 사람. 증자(曾子)의 제자. *조(弔) : 위문(慰問). 위로

하다. *경조(耕助) : 적전(籍田)을 말함. 籍田(적전 = 耤田)은 임금이 몸소 농민을 두고 농사를 지어 거두어들인 곡식으로 신에게 제사를 지내던 제전(祭田)의 하나. *자성(粢盛) : 粢는 기장[黍稷]을 말하고, 이것을 제기(祭器)에 가득 담는 것을 粢盛이라고 함. *연(宴) : 제사를 지내고 난 뒤 베푸는 주연(酒宴). *사국(仕國) : 벼슬살이를 할 만한 나라. *여차(如此) : 이와 같이, 이렇게. *매작(媒妁) : 중매인(中媒人). 중매장이. *혈극(穴隙) : 둥근 구멍과 틈새.

[大意]

벼슬에 대한 맹자의 생각을 잘 나타내고 있다.

자신을 조금만 굽히면 쉽게 벼슬을 할 수 있지 않느냐는 주소의 물음에, 맹자는 '공자도 섬기는 임금이 석 달만 없어도 안타까워했다.'고 말한다. 군자에게도 벼슬을 하는 것이 그만큼 절실하다는 얘기다. 그러면 군자는 그렇게 절실한 벼슬을 왜 하지 않느냐고 주소가 다시 묻자, 맹자는 아무리 성급하고 중대한 일이라 하더라도 바른 도리를 따르지 않는 것이라면 군자의 길이 아니라고 대답했다.

제4장

彭更問曰 後車數十乘 從者數百人 以傳食於諸侯 不以泰
팽갱문왈 후차수십승 종자수백인 이전식어제후 부이태

乎 孟子曰 非其道 則一簞食不可受於人 如其道 則舜受堯
호 맹자왈 비기도 즉일단식부가수어인 여기도 즉순수요

之天下 不以為泰 子以為泰乎 曰 否 士無事而食 不可也
지천하 불이위태 자이위태호 왈 부 사무사이식 불가야

曰 子不通功易事 以羨補不足 則農有餘粟 女有餘布 子如
왈 자불통공역사 이이보부족 즉농유여속 여유여포 자여

通之 則梓匠輪輿皆得食於子 於此有人焉 入則孝 出則悌
통지 즉재장윤여개득식어자 어차유인언 입즉효 출즉제

守先王之道 以待後之學者 而不得食於子 子何尊梓匠輪
수선왕지도 이대후지학자 이부득식어자 자하존재장윤

輿而輕為仁義者哉 曰 梓匠輪輿 其志將以求食也 君子之
여이경위인선자재 왈 재장윤여 기지장이구식야 군자지

為道也 其志亦將以求食與 曰 子何以其志為哉 其有功於
위도야 기지역장이구식여 왈 자하이기지위재 기유공어

子 可食而食之矣 且子食志乎 食功乎 曰 食志 曰 有人於
자 가식이식지의 차자식지호 식공호 왈 식지 왈 유인어

此 毀瓦畫墁 其志將以求食也 則子食之乎 曰 否 曰 然則
차 훼와화만 기지장이구식야 즉자식지호 왈 부 왈 연즉

子非食志也 食功也
자 비 식 지 야 식 공 야

팽갱(彭更)이 물었다. "뒤따르는 수레 수십 대와 수백 명의 일행을 거느리면서 제후들에게 찾아가 대접을 받는 것은 너무한 일이 아닙니까?" 맹자가 말했다. "올바른 도리가 아니라면 한 그릇의 밥도 남에게서 받아서는 안 되지만, 만일 도리에 맞는 것이라면 순임금이 요임금으로부터 천하를 물려받은 것도 지나친 것이 아닌데, 자네는 어째서 지나치다고 하는가?" 팽갱이 말했다. "그런 뜻이 아닙니다. 선비가 하는 일 없이 얻어먹는 것이 옳지 않다는 것입니다." 맹자가 말했다. "사람들이 만든 것을 서로 유통시키고, 서로의 일거리를 분담해서 남는 것으로 부족한 것을 보충하지 않는다면, 농부들은 곡식이 남아돌고 여자들은 베가 남아도는 일이 생기겠지만, 그러나 그것들을 유통시키면 목공일을 하는 사람과 수레를 만드는 사람들도 모두 먹을 것을 얻게 된다. 어떤 사람이 집에서는 효도하고 밖에서는 어른을 공경하며, 선왕의 도를 지키고 후학들을 가르치면서도 먹고살기 힘든 입장에서 생각한다면, 어째서 목공일을 하는 사람과 수레를 만드는 사람은 대접을 받고, 인의를 실천하는 사람은 천대받는가?" 팽갱이 말했다. "목공일을 하는 사람과 수레를 만드는 사람은 그 뜻이 먹을 것을 얻기 위한 것입니다. 군자가 도를 닦는 것도 그 뜻이 먹을 것을 얻는 데에 있습니까?" 맹자가 물었다. "자네는 어째서 그

뜻만을 따져서 말하는가? 자네에게 성과가 있으면 먹여 줄만해서 먹여 주는 것인데, 도대체 자네 같으면 사람이 가지고 있는 뜻을 보고 먹여 주겠는가, 아니면 사람이 이룬 성과를 보고 먹여 주겠는가?" 팽갱이 말했다. "저는 그 뜻을 봅니다." 맹자가 말했다. "그렇다면 어떤 사람에게 집을 고치는 일을 맡겼는데, 일이 서툴러서 집의 기와를 부수고 담벼락의 장식을 잘못한다고 해도, 그 사람의 뜻이 자네에게서 먹을 것을 얻는 것이라면 먹여 주겠는가?" 팽갱이 대답했다. "아닙니다." 맹자가 말했다. "그렇다면 자네도 그 사람의 뜻을 보고 먹여 주는 것이 아니라, 일을 한 성과에 대해서 먹여 주는 것이다."

[語釋]

*팽갱(彭更) : 맹자의 제자. *후거(後車) : 수행하는 수레. *전식(傳食) : 이리저리 제후들에게 옮겨 다니면서 녹(祿)을 얻어먹는 것. *태(泰) : 분에 넘치는 사치(奢侈)를 의미함. *일단사(一簞食) : 한 광주리의 밥, 적은 분량의 밥을 말함. *공(功) : 여기에서는 통(通)하지 않는 것을 유통하게 한다는 뜻. *불통공역사(不通功易事) : 뜻이 애매하지만 맹자집주(孟子集註)에서는 通功易事를 '사람들의 공(功)을 통하게 해주고 그 일을 교역(交易) 또는 분담(分擔)하게 해주다.'라고 설명했다. *선(羨) : 남다. 여유가 있다. *재장(梓匠) : 재인(梓人)과 장인(匠人). 梓人은 주로 기물(器物)을 만드는 목공(木工), 匠人은 집을 짓는다던지 하는 목공(木工)을 말함. *윤여(輪輿) : 윤인(輪人)과 여인(輿人). 윤인은 주로 수레바퀴를 만드는 사람을 말하고, 여인은 수레의 틀을 만드는 사람을 뜻한다. *화만(畵墁) : 畵는 흠이 많은 그림 칠, 墁은 벽을 꾸미는 것, 畵墁은 담벼락의 장식을 제대로 하지 못한 것.

따라서 훼와화만(毀瓦畫墁)은 오히려 해치기만 한 일을 비유한 것이다.

[大意]

당시에 직접 일을 해서 먹고 사는 평민들에 비해서 오히려 더 융숭한 대접을 받는 선비들의 불합리한 생활 태도에 불만이 있던 팽갱과 그의 그러한 불만에 대답하는 맹자의 대화이다.

당시의 선비들은 특수 계층으로 사회에서 최고의 교양인으로 자부하는 사람들로서, 벼슬길에 나아가거나 후세를 위한 학생들을 가르치는 것으로 생활수단을 삼고 있었다.

이런 신분을 옹호하고 정당화 시킨 사람 중의 하나가 맹자이므로, 제자인 팽갱이 그 폐해를 예로 들며 논박하고 나선 것이다. 이에 맹자는 선비들이 제후들로부터 대접을 받는 정당성을 역설하고 있다. 직접적인 생산자인 백성들이 노력한 만큼의 대가가 선비들에 비해서 비록 적다고 하지만, 관료의 입장에 있는 선비들이 적절히 유통해 주지 않으면 그 교역이 원만하게 이루어지지 않는다는 것이다.

백성들의 이익을 위해서 노력한다고 스스로 자부하는 선비들을 변호하는 맹자의 말이라고 할 수 있다.

제5장

萬章問曰 宋 小國也 今將行王政 齊楚惡而伐之 則如之何
만장문왈 송 소국야 금장행왕정 제초오이벌지 즉여지하

孟子曰 湯居亳 與葛爲鄰 葛伯放而不祀 湯使人問之曰 何
맹자왈 탕거박 여갈위린 갈백방이불사 탕사인문지왈 하

爲不祀 曰 無以供犧牲也 湯使遺之牛羊 葛伯食之 又不以
위불사 왈 무이공희생야 탕사유지우양 갈백식지 우불이

祀 湯又使人問之曰 何爲不祀 曰 無以供粢盛也 湯使亳衆
사 탕우사인문지왈 하위불사 왈 무이공자성야 탕사박중

往爲之耕 老弱饋食 葛伯率其民 要其有酒食黍稻者奪之
왕위지경 노약궤사 갈백솔기민 요기유주사서도자탈지

不授者殺之 有童子以黍肉餉 殺而奪之 書曰 葛伯仇餉 此
불수자살지 유동자이서육향 살이탈지 서왈 갈백구향 차

之謂也 爲其殺是童子而征之 四海之內皆曰 非富天下也
지위야 위기살시동자이정지 사해지내개왈 비부천하야

爲匹夫匹婦復讎也 湯始征 自葛載 十一征而無敵於天下
위필부필부복수야 탕시정 자갈재 십일정이무적어천하

東面而征 西夷怨 南面而征 北狄怨 曰 奚爲後我 民之望
동면이정 서이원 남면이정 북적원 왈 해위후아 민지망

之 若大旱之望雨也 歸市者弗止 芸者不變 誅其君 弔其民
지 약대한지망우야 귀시자불지 운자불변 주기군 조기민

如時雨降 民大悅 書曰 徯我后 后來其無罰 有攸不惟臣
여시우강 민대열 서왈 혜아후 후래기무벌 유유불위신

東征 綏厥士女 匪厥玄黃 紹我周王見休 惟臣附于大邑周
동정수궐사녀 비궐현황 소아주왕견휴 유신부우대읍주

其君子實玄黃于匪 以迎其君子 其小人簞食壺漿 以迎其
기군자실현황우비 이영기군자 기소인단식호장 이영기

小人 救民於水火之中 取其殘而已矣 太誓曰 我武惟揚 侵
소인 구민어수화지중 취기잔이이의 태서왈 아무유양 침

于之疆 則取于殘 殺伐用張 于湯有光 不行王政云爾 苟行
우지강 즉취우잔 살벌용장 우탕유광 불행왕정운이 구행

王政 四海之內皆擧首而望之 欲以為君 齊楚雖大 何畏焉
왕정 사해지내개거수이망지 욕이위군 제초수대 하외언

만장이 물었다. "송나라는 작은 나라지만, 지금 왕도정치를 펼치려고 합니다. 그러나 제나라와 초나라가 그것을 싫어하여 쳐들어오면 어떻게 해야 합니까?" 맹자가 대답했다. "탕왕이 박 땅에 살 때 갈나라와 이웃하고 있었는데, 갈나라의 군주는 방종해서 제사를 지내지 않았다. 그래서 탕왕이 사람을 시켜서 물어 보았다. '어째서 제사를 지내지 않는가?' 그러자, 대답이 '제사에 쓸 동물이 없기 때문입니다.'고 했다. 그래서 탕왕이 사람을 시켜 소와 양을 보내 주었는데, 갈나라의 군주는 그것을 잡아먹고 제사를 지내지 않았다. 탕왕이 또 사람을 시켜서 물어 보았다. '어째서 또 제사를 지내지 않습니까?' 그러자 '제사에 쓸 곡식이 없기 때문입니다.'라고 말했다. 탕왕은 박 땅에 사는 백성들로 하여금 갈나라를 위해 농사를 짓게 하고, 노약자들에게는 농사짓는 사람들을 시켜서 먹을 것을 가져다주게 했다. 그러나 갈나라의 군주는 그의 백성들을 거느리고 나와서 술과 밥과 수수와 쌀 등을 나르는 사람들을 위협해서 빼앗고 순순히 내주지 않으면 죽였으니, 한 아이가 수수밥과 고기를 가져가는데, 그 아이를 죽이고 그것을 빼앗았다. 《서경》에 이르기를 '갈나라 군주는 자신이 먹을 음식을 가져간 사람을 원수로 대했다.'고 했으니, 그것은 이것을 두고 한 말이다. 갈나라 군주가 어린이까지 죽였기 때문에, 탕왕이 갈나라를 정벌하자, 세상 사람들은 모두 '탕왕은 천하를 차지하려는 것이 아니고, 백성의 원수를 갚은 것이다.'고 말했다. 탕왕이 갈나라부터 시작해서 열한 번의 정벌을 했는데, 천하에 그의 적이 없었다. 그가 동쪽을 치면 서쪽 오랑캐가 원망했고, 남쪽을 치면 북쪽 오랑캐가 원망하면서 '어째서 우리는 뒤로 미루는가?'라고 말했고, 백성들이 그를 보기를 마치 가뭄에 비를 바라는 것같이 했다. 전쟁 중에도 장사하러 가는 사람들은 걸음을 멈추지 않았고, 밭을 가는 사람들도 그대로 밭갈이를 했다. 그 나라의 군주를 처형해서 백성을 위로해 주는 것이 때맞추어 단비를 내리는 것 같아서 백성들이 크게 기뻐하였다. 《서경》에 말하기를 '우리의 임금을 기다리니, 임금이 오시면 형벌이 없어질 것이다.'고 했다. 또 '아직 복종하지 않는 곳이 있었는데, 동쪽을 정벌해서 그 곳의 백성들을 편안하게 해 주자, 그 곳 사람들은 광주리에 검정색과 노란색의 예물을 담아 와서 주나라의 왕의 훌륭한 덕을 알고 섬겨서 신하가 되어 주나라에 복종했다.'고 했다. 그 곳의 관리들은 검정색과 노란색의 예물을 광주리에 담아서 주나라의 관리를 맞이하였고, 그 곳의 백성들은 대그릇에 밥을 담고 병에 마실 것을 담아서 주나라의 백성들을 환영하였다. 그것은 물과 불의 재난 속에서 백성들을 구하고, 포악한 사람들을 없애주었을 따름이기 때문이다. 〈태서〉에 '우리의 무왕께서 위세를 떨쳐 이 땅을 쳐서 잔악한 군주를 없앴다. 그 무공은 드높아서 탕왕보다 위대하다.'고 했다. 왕도정치를 베풀지 않아서 제나라와 초나라를 두려워하는 것이고, 진실로 왕도정치를 베푼다면 천하의 모든 사람들이 고개를 들어 우러러 보면서 그를 군주로 삼고자 할 것이니, 제나라와 초나라가 비록 크다고는 하지만 무엇이 두렵겠는가?"

[語釋]
*만장(萬章) : 맹자의 제자. *송(宋) : 옛 중국의 나라 이름. 제(齊)나라 평공(平公)에게 멸망함. *박(亳) : 지명(地名). *갈(葛) : 옛 중국의 나라 이름. *갈백(葛伯) : 葛나라의 군주. 遺(유) : 음식을 보낸다는 뜻. *박중(亳衆) : 亳 땅의 민중(民衆), 곧 탕왕의 백성. *궤식(饋食) : 음식을 날라다 주는 것. *요(要) : 여기에서는 위협하는 것을 말함. *향(餉) : 먹을 것(또는 군량미)을 나르는 것, 또는 그 사람. *사해지내(四海之內) : 천하를 말함. *재(載) : 비롯하다. 開始하다. *혜(徯) : 기다리다. *사녀(士女) : 남자와 여자. *현황(玄黃) : 흑백(黑帛)과 황백(黃帛). 예물(禮物). *휴(休) : 여기에서는 '아름다운 德'을 말함. *신부(臣附) : 신하로서 의지하는 것, 즉 신하가 되는 것. *우(于) : 於와 같아서, '~보다도'의 뜻.

[大意]

 진실로 백성을 위하는 왕도정치를 베풀면, 비록 작은 송나라일지라도 천하를 다스리는 나라가 될 수 있다고 말했다.

 '양혜왕 장구 상편'과 '공손추 장구 상편'에서도 말했듯이 도덕적으로 어진 정치를 베푸는 사람이 진정한 천하의 왕이며, 진정한 천하의 왕이 되는 데에는 큰 나라가 필요하지 않다는 것을 다시 한 번 강조했다.

제6장

> 孟子謂戴不勝曰 子欲子之王之善與 我明告子 有楚大夫
> 맹자위대불승왈 자욕자지왕지선여 아명고자 유초대부
> 於此 欲其子之齊語也 則使齊人傅諸 使楚人傅諸 曰 使齊
> 어차 욕기자지제어야 즉사제인부제 사초인부제 왈 사제
> 人傅之 曰 一齊人傅之 衆楚人咻之 雖日撻而求其齊也 不
> 인부지 왈 일제인부지 중초인휴지 수일달이구기제야 불
> 可得矣 引而置之莊嶽之間數年 雖日撻而求其楚 亦不可
> 가득의 인이치지장악지간수년 수일달이구기초 역불가
> 得矣 子謂薛居州 善士也 使之居於王所 在於王所者 長幼
> 득의 자위설거주 선사야 사지거어왕소 재어왕소자 장유
> 卑尊 皆薛居州也 王誰與為不善 在王所者 長幼卑尊 皆非
> 비존 개설거주야 왕수여위불선 재왕소자 장유비존 개비
> 薛居州也 王誰與為善 一薛居州 獨如宋王何
> 설거주야 왕수여위선 일설거주 독여송왕하

맹자가 대불승에게 물었다. "당신은 당신의 왕이 선하게 되기를 바라고 있습니까? 내가 당신에게 분명히 말해주겠습니다. 초나라의 대부가 자신의 아들이 제나라 말을 하기를 바란다면, 그 아들을 제나라 사람에게 가르치겠습니까, 초나라 사람에게 가르치겠습니까?" 대불승이 대답했다. "제나라 사람에게 가르치게 할

것입니다." 맹자가 말했다. "한 명의 제나라 사람이 가르치고 옆에서 여러 명의 초나라 사람이 떠들어댄다면, 비록 매로 때려가면서 제나라 말을 가르친다 해도 안 될 것이고, 그를 제나라의 장악과 같은 번화한 곳에 몇 해 동안 놓아두고 매로 때려가면서 초나라 말을 하라고 해도 안 될 것입니다. 당신은 설거주가 선한 사람이라고 해서 왕궁에서 지내게 했습니다. 왕의 곁에 있는 사람들이 어른이나 아이나 높은 사람이나 낮은 사람이나 모두가 설거주와 같지 않다면 왕이 누구와 함께 선한 일을 하겠소? 설거주 한 사람이 혼자서 송나라의 왕을 어떻게 할 수 있겠소?"

[語釋]

*대불승(戴不勝) : 송(宋)나라의 정사(政事)를 담당했던 사람. *저(諸) : 여기에서 諸는 저로 읽고 '之乎(~하겠습니까?)'의 줄임말. 諸는 '제'로 읽어서 '이, 저'라는 뜻의 지시대명사로 쓰이기도 하고, '저'로 읽어서 어조사로 사용될 때도 있다. *휴(咻) : 소란하게 지껄이는 것. *달(撻) : 편달(鞭撻). 잘못을 바로잡기 위해 때리는 것. *장악(莊嶽) : 제나라의 거리 이름. *설거주(薛居州) : 송나라의 신하.

[大意]

왕이 어진 정치를 베풀려면 주위에 많은 선량(善良)이 있어야 한다고 말했다. 왕의 곁에 있는 한 사람이 아무리 선량하다고 해도 측근에 있는 여러 사람이 선량하지 못하다면, 왕에게는 아무런 영향도 주지 못한다는 것이다.

제7장

> 公孫丑問曰 不見諸侯何義 孟子曰 古者不為臣不見 段干
> 공손추문왈 불견제후하의 맹자왈 고자불위신불견 단간
> 木踰垣而辟之 泄柳閉門而不內 是皆已甚 迫 斯可以見矣
> 목유원이벽지 설류폐문이불납 시개이심 박 사가이견의
> 陽貨欲見孔子而惡無禮 大夫有賜於士 不得受於其家 則
> 양화욕견공자이오무례 대부유사어사 부득수어기가 즉
> 往拜其門 陽貨矙孔子之亡也 而饋孔子蒸豚 孔子亦矙其
> 왕배기문 양화감공자지무야 이궤공자증돈 공자역감기
> 亡也 而往拜之 當是時 陽貨先 豈得不見 曾子曰 脅肩諂
> 무야 이왕배지 당시시 양화선 기득불견 증자왈 협견첨
> 笑 病于夏畦 子路曰 未同而言 觀其色赧赧然 非由之所知
> 소 병우하휴 자로왈 미동이언 관기색난난연 비유지소지
> 也 由是觀之 則君子之所養可知已矣
> 야 유시관지 즉군자지소양가지이의

공손추가 물었다. "선생님이 제후를 만나시지 않는 것은 무슨 까닭입니까?" 맹자가 대답했다. "옛날에는 신하가 아니면 군주를 만나지 않았다. 그래서 단간목은 위나라의 문후가 만나러 왔으나 담장을 넘어 피했고, 설류는 노나라의 목공이 만나러 왔으나 문을 닫고 들어오지 못하게 했다. 그러나 이런 것들은 너무 심한 경우

이고, 나는 제후들이 만나고자 한다면 만나겠다. 양화는 공자를 만나보고 싶어 했으나, 무례하다는 말을 듣기 싫었다. 당시에는 대부가 선물을 보낼 때 선비가 집에 없어서 답례를 못했을 경우에는 대부의 집에 가서 답례를 해야 하는 것이 예의였다. 그래서 양화는 공자가 집에 없는 틈을 보고 찾아가서 삶은 돼지 한 마리를 선물했다. 공자 또한 그가 없는 틈을 보아서 답례하러 갔다. 그때에 양화가 먼저 예의 있게 했으면 공자가 어찌 그를 만나보지 않았겠는가? 증자는 '어깨를 치켜 올리면서 간사한 웃음으로 아첨을 하는 것은 한여름 밭에서 일하는 것보다 더 힘들다.'고 했고, 자로는 '생각이 같지 않은데도 어울려 말을 하는 사람의 얼굴을 보면 아무래도 부끄러운지 붉어져 있는데, 나로서는 전혀 알 수가 없는 일이다.'고 했다. 이러한 말들을 비추어 보면 군자가 수양하는 것이 무엇인지 알 수 있을 것이다."

[語釋]

*불위신(不爲臣) : 아직까지 그 나라에서 벼슬하지 않았다 는 말. *단간목(段干木) : 위(魏)나라 문제 때의 현인. *설유(泄柳) : 노(魯) 나라 목공(繆公) 때의 현인. *양화(陽貨) : 노(魯)나라 계씨(季氏)의 가신으로 뒤에 대부가 됨. *감(瞰) : 엿보는 것. *무(亡) : 없음을 뜻함. *협견첨소(脅肩諂笑) : 상대방을 공경하는 태도를 보이느라고 고개를 숙이고 어깨를 들썩이며 웃는 것이니, 아첨(阿諂)하는 태도를 말함. *하휴(夏畦) : 여름날 땡볕아래 밭일을 하는 것 *난난연(赧赧然) : 부끄러워 얼굴을 붉히는 모양.

[大意]

　진정한 군자의 태도는 무엇인가에 대해서 말했다.

　이익을 좇아 예의에 벗어나는 행동을 해서는 안 된다는 군자의 도리에 대해서 말했다고 할 수 있다.

제8장

戴盈之曰 什一 去關市之征 今玆未能 請輕之 以待來年
대영지왈 십일 거관시지정 금자미능 청경지 이대래년
然後已 何如 孟子曰 今有人日攘其鄰之雞者 或告之曰 是
연후이 하여 맹자왈 금유인일양기인지계자 혹고지왈 시
非君子之道 曰 請損之 月攘一雞 以待來年 然後已 如知
비군자지도 왈 청손지 월양일계 이대내년 연후이 여지
其非義 斯速已矣 何待來年
기비의 사속이의 하대래년

대영지가 말했다. "수확량의 십분의 일을 징수하는 세법을 실시하고, 관문과 시장에서 세금 거두지 않는 것은 올해는 불가능하니, 징수액을 줄여서 세금을 거두다가 내년에 실시하려고 하는데 어떻습니까?" 맹자가 대답했다. "한 사람이 매일같이 이웃집의 닭을 훔쳤는데, 누가 그에게 '그런 짓은 군자의 도리가 아니다.'고 말하자, 그가 '그러면 훔치는 수를 줄여서 한 달에 한 마리씩 훔치다가 내년에는 그만두겠다.'고 했답니다. 그것이 옳지 않으면 바로 그만두어야지, 어째서 내년까지 기다린다는 것이오?"

[語釋]

*대영지(戴盈之) : 송(宋)나라의 대부. *거(去) : 여기에서는 '폐지(廢止)'의 뜻. *관

시지정(關市之征) : 관문(關門)과 시장(市場)에서 거두는 세금. *금자(今茲) : 금년. 올해. *양(攘) : 여기에서는 훔치는 것. *읍(揖) : 여기에서는 줄인다는 뜻.

[大意]
   도리에 맞는 일은 즉시 시행하고, 도리에 맞지 않다고 깨달으면 즉시 고치고 그만두어야 한다고 말했다.

제9장

公都子曰 外人皆稱夫子好辯 敢問何也 孟子曰 予豈好辯
공도자왈 외인개칭부자호변 감문하야 맹자왈 여기호변

哉 予不得已也 天下之生久矣 一治一亂 當堯之時 水逆行
재 여부득이야 천하지생구의 일치일란 당요지시 수역행

氾濫於中國 蛇龍居之 民無所定 下者為巢 上者為營窟 書
범람어중국 사룡거지 민무소정 하자위소 상자위영굴 서

曰 洚水警余 洚水者 洪水也 使禹治之 禹掘地而注之海
왈 홍수경여 홍수자 홍수야 사우치지 우굴지이주지해

驅蛇龍而放之菹 水由地中行 江淮河漢是也 險阻既遠 鳥
구사룡이방지저 수유지중행 강회하한시야 험조기원 조

獸之害人者消 然後人得平土而居之 堯舜既沒 聖人之道
수지해인자소 연후인득평토이거지 요순기몰 성인지도

衰 暴君代作 壞宮室以為汙池 民無所安息 棄田以為園囿
쇠 폭군대작 괴궁실이위오지 민무소안식 기전이위원유

使民不得衣食 邪說暴行又作 園囿汙池 沛澤多而禽獸至
사민부득의식 사설폭행우작 원유오지 패택다이금수지

及紂之身 天下又大亂 周公相武王 誅紂伐奄 三年討其君
급주지신 천하우대란 주공상무왕 주주벌엄 삼년토기군

驅飛廉於海隅而戮之 滅國者五十 驅虎豹犀象而遠之 天
구비렴어해우이육지 멸국자오십 구호표서상이원지 천

下大悅 書曰 丕顯哉 文王謨 丕承哉 武王烈 佑啟我後人
하대열 서왈 비현재 문왕모 비승재 무왕열 우계아후인

咸以正無缺 世衰道微 邪說暴行有作 臣弑其君者有之 子
함이정무결 세쇠도미 사설폭행유작 신시기군자유지 자

弑其父者有之 孔子懼 作春秋 春秋 天子之事也 是故孔子
시기부자유지 공자구 작춘추 춘추 천자지사야 시고공자

曰 知我者其惟春秋乎 罪我者其惟春秋乎 聖王不作 諸侯
왈 지아자기유춘추호 죄아자기유춘추호 성왕부작 제후

放恣 處士橫議 楊朱墨翟之言盈天下 天下之言 不歸楊 則
방자 처사횡의 양주묵적지언영천하 천하지언 불귀양 즉

歸墨 楊氏為我 是無君也 墨氏兼愛 是無父也 無父無君
귀묵 양씨위아 시무군야 묵씨겸애 시무부야 무부무군

是禽獸也 公明儀曰 庖有肥肉 廄有肥馬 民有飢色 野有餓
시금수야 공명의왈 포유비육 구유비마 민유기색 야유아

莩 此率獸而食人也 楊墨之道不息 孔子之道不著 是邪說
부 차솔수이식인야 양묵지도불식 공자지도부저 시사설

誣民 充塞仁義也 仁義充塞 則率獸食人 人將相食 吾為此
무민 충색인의야 인의충색 즉솔수식인 인장상식 오위차

懼 閑先聖之道 距楊墨 放淫辭 邪說者不得作 作於其心
구 한선성지도 거양묵 방음사 사설자부득작 작어기심

害於其事 作於其事 害於其政 聖人復起 不易吾言矣 昔者
해어기사 작어기사 해어기정 성인부기 불역오언의 석자

禹抑洪水而天下平 周公兼夷狄驅猛獸而百姓寧 孔子成
우 억 홍 수 이 천 하 평　주 공 겸 이 적 구 맹 수 이 백 성 영　공 자 성

春秋而亂臣賊子懼 詩云 戎狄是膺 荊舒是懲 則莫我敢承
춘 추 이 난 신 적 자 구　시 운　융 적 시 응　형 서 시 징　즉 막 아 감 승

無父無君 是周公所膺也 我亦欲正人心 息邪說 距詖行 放
무 부 무 군　시 주 공 소 응 야　아 역 욕 정 인 심　식 사 설　거 피 행　방

淫辭 以承三聖者 豈好辯哉 予不得已也 能言距楊墨者 聖
음 사　이 승 삼 성 자　기 호 변 재　여 부 득 이 야　능 언 거 양 묵 자　성

人之徒也
인 지 도 야

　　공도자가 물었다. "외부 사람들은 선생님이 논변하기를 좋아한다고 하는데, 그것이 무엇을 뜻하는 것입니까?" 맹자가 대답했다. "내가 어찌 논변을 좋아하겠는가? 어쩔 수 없어서 그러는 것이다. 천하에 사람이 살아 온 지가 오래되었고, 그 사이에 한 번 다스려지면 한 번 혼란해지곤 했다. 요임금 때에는 물이 역류해서 온 나라 안에 넘쳐흘러 뱀과 용이 그곳에 서식해서 백성들은 정착해 살지 못했다. 낮은 곳에 사는 사람들은 나무 위에 새집처럼 집을 지어 살고, 높은 곳에 사는 사람들은 땅굴을 파고 살았다. 《서경》에서 '하늘이 큰물로 나를 일깨웠다.'고 했는데, 여기서 큰물은 홍수를 말한다. 그래서 우에게 이 홍수를 다스리게 했다. 우는 땅을 파서 물을 바다로 흐르게 하고, 뱀과 용을 늪지대로 몰아냈

다. 물은 물길을 따라서 흘렀으니, 양자강과 회수와 황하와 한수가 그것이다. 위험한 것에서 벗어나고, 새나 짐승이 사람을 해치는 일도 사라져 버리게 된 후에 사람들은 평지에서 안심하고 살 수 있었다. 요임금과 순임금이 죽자, 성인의 도가 쇠퇴해지고 폭군들이 이어서 나타나 집을 헐어서 못을 만드니 백성들이 편안히 살 수가 없게 되었고, 밭을 빼앗아 동산을 만드니 백성들은 의식(衣食)을 해결할 수가 없게 되었으며, 사악한 학설과 포악한 행동들이 성행하게 되었으며, 동산과 못과 늪이 많아지자 새와 짐승들이 모여들었다. 주왕의 시대에 와서 천하는 또다시 크게 어지러워졌는데, 주공이 무왕을 도와서 주를 죽이고, 또 엄(奄)나라를 정벌한 지 삼년 만에 그 군주를 죽이고, 비렴을 바닷가에 몰아내서 죽였는데, 그렇게 오십 개의 나라를 멸망시켰고, 호랑이와 표범과 물소와 코끼리 같은 짐승을 몰아내니, 천하 사람들이 크게 기뻐했다. 《서경》에서는 '크고 밝은 문왕의 이상, 크게 계승된 무왕의 공적, 우리 후세의 자손을 도와서 모두가 바르게 되도록 하는데 아무 결함이 없게 했다.'고 하였다. 그러나 세상은 다시 쇠퇴하고 선왕의 도는 점점 희미해져서 사악한 학설과 포악한 행동들이 일어났으며, 신하가 그 군주를 죽이고 자식이 그 아비를 죽이는 일이 생겨났다. 공자가 이를 근심하여 《춘추》를 짓게 되었다. 《춘추》는 천자가 할 일을 다룬 것이다. 그래서 공자는 '나를 이해하는 것도 오직 이 《춘추》를 통해서이고, 나를 비난하는 것도 이 《춘추》를 통해서일 것이다.'고 말했다. 성인이 나타나지 않자, 제후들은 방자해지고 선비들은 제멋대로 학설을 주장하였는데, 그 중에서도 양주와 묵적의 학설이 천하를 휩쓸었다. 천하의 언론은 양주의 학설이 아니면 묵적의 학설로 귀착되었다. 양주의 주장은 자신만을 위하는 것이라 그것은 군주를 무시하는 것이고, 묵적의 주장은 차별이 없는 사랑을 내세웠으니 그것은 어버이를 업신여기는 것이다. 임금과 어버이를 업신여기는 것은 금수와 같은 짓이다. 공명의는 '임금의 푸줏간에는 살찐 고기가 있고 마구간에는 살찐 말이 있는데, 백성들은 굶주린 기색이 있고 들판에는 굶어 죽은 시체가 있으니, 그것은 짐승을 몰아서 사람을 잡아먹게 하는 것이다.'고 말했다. 양주와 묵적의 학설이 없어지지 않으면 공자의 도는 드러나지 않을 것이니, 이것은 사악한 학설이 백성들을 속여서 인의의 길을 막았기 때문이다. 인의를 막는 것은 짐승을 몰아서 사람을 잡아먹게 하고, 마침내 사람들끼리도 서로 잡아먹게 한다. 그래서 나는 성인의 도를 지키고, 양주와 묵적의 학설을 멀리하며, 도리에 맞지 않는 말을 몰아내서 잘못된 학설이 나타나지 못하게 하려는 것이다. 잘못된 말들이 그 마음에 나타나서 일을 해치게 되고, 잘못된 말들이 그 정사에 나타나면 정치를 해치게 된다. 성인이 다시 나타난다고 해도 내 말은 바뀌지 않을 것이다. 옛날에 우임금은 홍수를 다스려 천하를 평온하게 했고, 주공은 오랑캐와 사나운 짐승을 몰아내어 백성들을 편안하게 했으며, 공자가 《춘추》를 지으니 세상을 어지럽게 하는 간신들과 아들들이 두려워하게 됐다. 《시경》에서는 '서쪽과 북쪽의 오랑캐를 치고 남쪽 오랑캐를 응징하니 아무도 감히 우리에게 대항하지 못한다.'고 했다. 어버이와 임금을 업신여기면 주공도 이를 응징했을 것이다. 나 역시 사람들의 마음을 바로잡고 잘못된 학설을 배격하고, 잘못된 행동을 물리치고 음란한 말을 내쳐서 성인의 뒤를 계승하고자 하는 것이지, 어째서 논변을 즐겨서 그러겠는가? 할 수 없이 그러는 것이니, 말로써 양주와 묵적을 물리칠 수 있는 사람은 모두 성인의 도를 따르는 사람이다."

[語釋]
*공도자(公都子) : 맹자의 제자. *외인(外人) : 맹자의 제자가 아닌 사람. *부자(夫子) : 덕행(德行)이 높아 모든 사람들에게 스승이 될 만한 사람에 대한 존칭으로 맹자를 말함. *영굴(營窟) : 움집. 땅굴. *홍(洚) : 홍(洪)과 같다. *굴지(掘地) : 물길이 가는 곳에 막힌 땅을 파서 물길을 틔운다는 말. *저(菹) : 菹는 '저'로 읽을 때에는 '김치'나 '마른 풀'의 의미, '자'로 읽으면 '늪'의 의미. *지중(地中) : 여기서는 땅을 파놓은 두 언덕 사이, 즉 '도랑'을 말한다. *오(汙) : 오지(汙池). 연못. *패택(沛澤) : 沛는 초목이 우거진 늪, 澤은 물이 모여드는 곳, 沛澤은 늪지대. *엄(奄) : 나라 이름. 은나라 때 중국 동북쪽에 있던 나라. *비렴(飛廉) : 주(紂)에게 아첨하던 신하를 말함. *비현(丕顯) : 丕는 크다, 顯은 나타나다, 따라서 丕顯은 '크게 드러남'을 말함. *춘추(春秋) : 노(魯)나라의 역사를 서술한 것, 노은공(魯隱公) 원년(元年)부터 애공(哀公) 십사 년(기원전 722년에서 481년까지)에 이르는 십이 대 약 이백사십이 년 동안의 일을 공자가 약기(略記)한 것. 유교에서 오경(五經)의 하나로 여기며, 동주시대(東周時代)의 전반기를 춘추시대(春秋時代)라고 부르는 것도 이 책의 이름에서 비롯되었음. *처사(處士) : 벼슬 살지 않는 선비. *횡의(橫議) : 사상에 대한 통제(統制)를 받지 않으면서 자기 나름대로의 이론을 주장하고 토론하는 것. *양주(楊朱) : 전국시대 위나라 사람. *莩 : 갈대청 '부',

굶어죽을 '표'. *충새(充塞) : 꽉 막는 것을 말한다. *한(閑) : 지키다, 막다. *승(承) : 여기에서는 '대항하다, 항거하다.'의 뜻. *식(息) : 여기에서는 '망하다. 멸하다. 없어지다.'의 뜻. *피(詖) : 편파(偏頗). 치우침, 극단적인 행위. *삼성자(三聖者) : 우왕(禹王)과 주공(周公)과 공자(孔子)를 말함.

[大意]

맹자가 우왕과 주공, 그리고 공자 이렇게 세 성인의 뒤를 이어 세상의 혼란을 평정할 사람은 자신이 아니면 아무도 없다고 자부하며 당당하게 말했다. 다른 사람들이 맹자의 논변을 좋아한다고 하는데 그것이 무엇을 뜻하는 것이냐고 묻는 제자의 물음에 맹자가 대답하는 것이다.

한 번 다스려지고 한 번 어지러워지는 세상의 혼란 속에서 사악한 학설이 횡행하고 성인의 도리가 사라져 가는 때에 인의가 세상에 실현되도록 하기 위해서 부득이 그러는 것이지, 어찌 논변을 좋아해서 그러겠느냐며 맹자는 제자인 공도자를 매섭게 몰아 부친다.

여기에서 맹자는 스스럼없이 공자의 후계자임을 자처했다. 당시는 전국시대로, 수많은 유세가들이 이 나라 저 나라를 다니면서 각종 감언이설로 제후들을 충동질하고, 도덕과 예의와 정도는 땅에 떨어져 있는 시대였다. 맹자는 그것을 막기 위해 고군분투했는데, 주위에 횡행하는 수많은 사상가들로부터 공자의 도리와 인의를 지키기 위해 노력했던 것이다.

제10장

匡章曰 陳仲子豈不誠廉士哉 居於陵 三日不食 耳無聞 目
광장왈 진중자기불성렴사재 거어릉 삼일불식 이무문 목

無見也 井上有李 螬食實者過半矣 匍匐往將食之 三咽 然
무견야 정상유리 조식실자과반의 포복왕장식지 삼연 연

後耳有聞 目有見 孟子曰 於齊國之士 吾必以仲子爲巨擘
후이유문 목유견 맹자왈 어제국지사 오필이중자위거벽

焉 雖然 仲子惡能廉 充仲子之操 則蚓而後可者也 夫蚓
언 수연 중자오능염 충중자지조 즉인이후가자야 부인

上食槁壤 下飮黃泉 仲子所居之室 伯夷之所築與 抑亦盜
상식고양 하음황천 중자소거지실 백이지소축여 억역도

跖之所築與 所食之粟 伯夷之所樹與 抑亦盜跖之所樹與
척지소축여 소식지속 백이지소수여 억역도척지소수여

是未可知也 曰 是何傷哉 彼身織屨 妻辟纑 以易之也 曰
시미가지야 왈 시하상재 피신직구 처벽로 이역지야 왈

仲子 齊之世家也 兄戴 蓋祿萬鍾 以兄之祿爲不義之祿而
중자 제지세가야 형대 개록만종 이형지록위불의지록이

不食也 以兄之室爲不義之室而不居也 辟兄離母 處於於
불식야 이형지실위불의지실이불거야 벽형이모 처어어

陵 他日歸 則有饋其兄生鵝者 己頻顣曰 惡用是鶂鶂者爲
릉 타일귀 즉유궤기형생아자 기빈축왈 오용시역역자위

> 哉 他日 其母殺是鵝也 與之食之 其兄自外至 曰 是鶂鶂
> 재 타일 기모살시아야 여지식지 기형자외지 왈 시역역
> 之肉也 出而哇之 以母則不食 以妻則食之 以兄之室則弗
> 지육야 출이왜지 이모즉불식 이처즉식지 이형지실즉불
> 居 以於陵則居之 是尚為能充其類也乎 若仲子者 蚓而後
> 거 이어릉즉거지 시상위능충기류야호 약중자자 인이후
> 充其操者也
> 충기조자야

광장이 말했다. "진중자가 어찌 진실로 청렴한 선비가 아니겠습니까? 어릉에 살 때에 사흘 동안을 굶어서 귀가 들리지 않고 눈도 보이지 않았습니다. 우물가에 자두나무가 있었는데 떨어진 자두는 굼벵이가 반쯤이나 파먹은 것이었습니다. 그는 기어가서 그것을 주워 먹었는데, 세 번을 삼킨 뒤에야 귀가 들리고 눈이 보이게 되었다고 합니다." 맹자가 말했다. "나는 제나라의 선비 중에서 반드시 진중자를 엄지손가락으로 칩니다. 그렇다고 해도 중자가 어떻게 청렴하다고 하겠습니까? 진중자가 절조를 철저하게 지키려면 지렁이가 된 뒤에나 가능할 것입니다. 대체로 지렁이는 위에서는 마른 흙을 먹고 아래에서는 흐린 물을 마십니다. 중자가 사는 집은 백이가 지어 준 것인지 아니면 도척이 지어 준 것인지, 그가 먹는 곡식은 백이가 심은 것인지 아니면 도척이 심은 것인지 그것을 알 수 없습니다." 광장이 말했다. "그런 게

무슨 상관입니까? 중자는 스스로 신을 짜고, 아내가 길쌈을 한 것을 곡식과 바꿔서 먹고삽니다." 맹자가 말했다. "중자는 제나라에서 대대로 벼슬을 한 집안의 사람입니다. 그의 형인 진대가 개(蓋) 땅에서 받는 녹봉이 만종이나 되오. 그러나 그는 형의 녹봉이 옳지 않은 것이라 해서 먹지 않고, 형의 집도 의롭지 않다고 해서 살지 않고, 형을 피하여 어머니와 떨어져서 오릉에서 살았습니다. 어느 날 형의 집으로 돌아갔는데, 형에게 살아 있는 거위를 보내 온 사람이 있었습니다. 중자는 이것을 보고 이맛살을 찌푸리면서 '이 꽥꽥거리는 것은 무엇에 쓰려는 것인가?'라고 했습니다. 훗날 어머니가 그 거위를 잡아서 그에게 먹게 했는데, 그때 그의 형이 밖에서 돌아와서 '이것이 꽥꽥거리는 것의 고기다.'라고 하자, 밖으로 나가서 그것을 토해 버렸습니다. 어머니가 주면 거의 먹지 않고 아내가 주는 것을 먹으며, 형의 집에서 살지 않고 오릉에서 살았습니다. 이러고도 자신의 절조를 지켰다고 할 수 있겠습니까? 중자 같은 사람은 지렁이가 되어야만 그 절조를 철저하게 할 수 있을 것입니다."

[語釋]

*광장(匡章) : 제나라 사람으로, 진나라를 치고 연나라를 토벌하여 대승을 거둔 인물. *진중자(陳仲子) : 제나라 사람으로 의롭지 못한 것과 타협하기 싫어서 집을 버리고 숨어서 살았음. *어릉(於陵) : 제나라의 고을 이름. *정상유이(井上有李) : 井上은 우물가, 李는 자두나무 열매. *조(螬) : 굼벵이. *장(將) : 집에서 갖는 것. *삼연(三咽) : 굶주림이 심해서 잘 씹지도 못하고 삼킴으로써 한 번에 삼키기

힘든 것을 말함. *고양(槁壤) : 마른 땅. *황천(黃泉) : 땅속의 물. *억(抑) : 발어사나 부사로 쓰여 '또한, 문득' 같은 뜻이 있으나, 여기에서는 접속사로 '아니면, 그렇지 않으면'의 뜻. *개(蓋) : 고을 이름. *피(辟) : 피하다. *귀(歸) : 어릉(於陵)에서 본가로 돌아가는 것을 말함. *역역(鶂鶂) : 꽥꽥거리는 거위 우는 소리. *와(哇) : 토하다. *기류(其類) : 節操를 가리킨다.

[大意]

 청렴결백한 것의 한계를 밝혔다. 인륜의 도리에서 벗어난 지나친 청렴결백은 병적인 것이니, 어머니와 형을 버리고 속세를 떠난 진중자의 절조는 인륜을 중시하는 맹자에게는 용납할 수 없는 것이다.

 여기에서 맹자가 말하는 청렴은 세속을 거부하고 떠나서 은거하며 추구하는 것이 아니다. 사람들을 떠나서 혼자서는 어떤 이상도 없다는 말이다. 이런 면에서 진중자를 어느 정도는 인정을 하면서도 부모와 자식 간의 관계, 또 형제간의 관계를 거부하면서 지키는 청렴함은 그 절조가 옳지 않다는 것을 말하고 있다.

제7편

이루(離婁) 上

제1장

孟子曰 離婁之明 公輸子之巧 不以規矩 不能成方員 師曠
맹자왈 이루지명 공수자지교 불이규구 불능성방원 사광

之聰 不以六律 不能正五音 堯舜之道 不以仁政 不能平治
지총 불이육율 불능정오음 요순지도 불이인정 불능평치

天下 今有仁心仁聞而民不被其澤 不可法於後世者 不行
천하 금유인심인문이민불피기택 불가법어후세자 불행

先王之道也 故曰 徒善不足以為政 徒法不能以自行 詩云
선왕지도야 고왈 도선부족이위정 도법불능이자행 시운

不愆不忘 率由舊章 遵先王之法而過者 未之有也 聖人既
불건불망 솔유구장 준선왕지법이과자 미지유야 성인기

竭目力焉 繼之以規矩準繩 以為方員平直 不可勝用也 既
갈목력언 계지이규구준승 이위방원평직 불가승용야 기

竭耳力焉 繼之以六律 正五音 不可勝用也 既竭心思焉 繼
갈이력언 계지이육율 정오음 불가승용야 기갈심사언 계

之以不忍人之政 而仁覆天下矣 故曰 為高必因丘陵 為下
지이불인인지정 이인복천하의 고왈 위고필인구릉 위하

必因川澤 為政不因先王之道 可謂智乎 是以惟仁者宜在
필인천택 위정불인선왕지도 가위지호 시이유인자의재

高位 不仁而在高位 是播其惡於眾也 上無道揆也 下無法
고위 불인이재고위 시파기오어중야 상무도규야 하무법

守也 朝不信道 工不信度 君子犯義 小人犯刑 國之所存者
幸也 故曰 城郭不完 兵甲不多 非國之災也 田野不辟 貨
財不聚 非國之害也 上無禮 下無學 賊民興 喪無日矣 詩
曰 天之方蹶 無然泄泄 泄泄 猶沓沓也 事君無義 進退無
禮 言則非先王之道者 猶沓沓也 故曰 責難於君謂之恭 陳
善閉邪謂之敬 吾君不能謂之賊

　　맹자가 말했다. "이루의 밝은 눈이나 공수자의 뛰어난 기술도 규구(規矩)가 없으면 사각형과 원형을 만들 수 없다. 또 사광의 밝은 귀도 육률(六律)을 사용하지 않으면 오음을 바로 낼 수가 없다. 요임금과 순임금의 도가 있어도 어진 정치를 베풀지 않으면 천하를 태평하게 다스리지 못한다. 지금 어진 마음과 어질다는 소문은 있어도 백성들이 그 혜택을 입지 못해서 후세의 모범이 되지 못하는 것은 선왕의 도를 실천하지 않기 때문이다. 그러므로 '한갓 선하기만 한 것으로는 좋은 정치를 하기에 부족하고, 한갓 법만으로는 저절로 실행되지 않는다.'고 한다. 《시경》에서 '잘못을 저지르지도 않고 잊지도 않으며 오직 옛 법도를 따른다.'고 했으니, 선왕의 옛 법도를 따르면서 잘못을 저지른 사람은 아직 없다. 성인이 이미 시력이 다하도록 규구준승(規矩準繩)을 사용해서 사각형과 원과 수평과 직선을 만들었기에 그것을 다 쓸 수도 없을 정도로 넉넉했고, 청력이 다하도록 육률을 사용해서 오음을 바로잡았으니 그것을 다 쓸 수도 없을 정도로 넉넉하게 되었다. 또 마음을 다해서 남의 불행을 차마 보지 못하는 정치를 행함으로서 덕이 천하에 베풀어졌다. 그러므로 옛말에 '높아지려면 반드시 언덕을 올라가야 하고, 낮아지려면 반드시 개울과 못으로 내려가야 한다.'고 했다. 정치를 하면서 선왕의 도를 따르지 않는다면 어찌 지혜롭다 할 수 있겠는가? 따라서 오직 어진 사람이 높은 지위에 있어야 한다. 어질지 못하면서 높은 자리에 있으면 그것은 그 악을 여러 사람들에게 뿌리는 것이다. 위에 있는 사람이 도리로써 모든 일을 헤아리지 않고 아래 있는 사람이 법도를 지키지 않으며, 조정의 관리들이 도리를 신뢰하지 않고 기술자들은 규격을 믿지 않으며, 군자가 의를 어기고 서민들이 법을 어기고도 나라가 보존된다면 요행이라고 할 수밖에 없다. 그래서 '성곽이 견고하지 않고 군비가 충분하지 못한 것은 나라의 재앙이 아니고, 논밭을 개간하지 않고 재물이 모아지지 않는 것은 나라의 재해가 아니다. 위에 있는 사람이 무례하고 아래 있는 사람이 배운 것이 없으면 도적의 무리가 일어나서 나라는 졸지에 망하게 된다.'고 했다. 《시경》에서 '하늘이 천하를 뒤엎으려는데, 그렇게 예예하지 말라.'고 했다. 예예라는 것은 말이 많게 떠드는 것을 뜻한다.

군주를 섬기는데 의리가 없고, 진퇴의 예가 없으며, 말마다 선왕의 도를 비난하는 것이 말 많게 떠드는 것이다. 그러므로 군주에게 어려운 것을 간하는 것을 공손하다고 하고, 선한 말을 해 주고 사악한 것을 막는 것을 공경하다고 하며, 우리 군주가 무능하다고 하는 것을 적이라고 하는 것이다."

[語釋]
*이루(離婁) : 삼황오제(三皇五帝) 중 황제(黃帝) 때의 전설의 인물로 시력이 밝아서 아주 먼 곳까지 볼 수 있었다고 한다. 즉 옛날에 눈이 밝았던 사람을 말한다.
*공수자(公輸子) : 노나라 때 세공(細工)의 명인. *규구(規矩) : 規는 원형을 만드는 기구로 일종의 컴퍼스와 같다. 矩는 방형을 만드는 기구로 곡척(曲尺)을 말한다.
*사광(師曠) : 진(晉)나라의 음악가. *육률(六律) : 궁상각치우(宮商角徵羽)의 다섯 가지 음을 바로잡고 조절하는 것으로, 음양(陰陽) 각 여섯 가지씩 열두 율이 있는데, 그 가운데 양에 속하는 것을 육률이라고 하여 '黃鐘(황종)·大蔟(대후)·姑洗(고세)·蕤賓(유빈)·夷則(이칙)·無射(무역)'의 여섯을 말한다. 음에 속하는 것은 육려(六呂)라 하고 여기에는 '大呂(대려)·夾鐘(협종)·仲呂(중려)·林鐘(임종)·南呂(남려)·應鐘(응종)'의 여섯 가지를 말한다. *도(徒) : 부사적 용법으로, '헛되이, 보람 없이, 한갓'의 뜻. *구장(舊章) : 선왕의 법도를 말한다. *준승(準繩) : 準은 수평기(水平器)이고, 繩은 수직기(垂直器)를 말함. *복(覆) : 미치다. 달하다. *도규(道揆) : 도규(度揆)이다. 즉 도(道)로서 만사를 헤아리는 것. *궐(蹶) : 넘어지다. 엎어지다.
*예(泄) : 흩어지다. 많다. 사물(事物)의 모양으로, 여기서 泄泄는 말이 많은 것을 말한다. *답(沓) : 수다스럽다. 유창(流暢)하다. 沓沓은 시끄럽게 말이 많은 것을 말한다.

[大意]

 아무리 인자한 임금이라고 해도 선왕의 도를 따르지 않으면 이상적인 정치를 베풀 수 없다.

 눈이 밝은 이루나 손재주가 좋은 공수자도 규구가 없이는 완전한 원형이나 방형을 그릴 수 없듯이, 선왕의 도를 따르지 않고는 어진정치를 하지 못한다는 말이다.

 백성을 불행과 재난에 빠뜨리지 말고, 백성을 애처롭게 생각하는 인자한 마음으로 정치를 해야 한다고 말했다.

제2장

> 孟子曰 規矩 方員之至也 聖人 人倫之至也 欲為君盡君道
> 맹자왈 규구 방원지지야 성인 인륜지지야 욕위군진군도
> 欲為臣盡臣道 二者皆法堯舜而已矣 不以舜之所以事堯
> 욕위신진신도 이자개법요순이이의 불이순지소이사요
> 事君 不敬其君者也 不以堯之所以治民治民 賊其民者也
> 사군 불경기군자야 불이요지소이치민치민 적기민자야
> 孔子曰 道二 仁與不仁而已矣 暴其民甚 則身弒國亡 不甚
> 공자왈 도이 인여불인이이의 폭기민심 즉신시국망 불심
> 則身危國削 名之曰 幽厲 雖孝子慈孫 百世不能改也 詩云
> 즉신위국삭 명지왈 유려 수효자자손 백세불능개야 시운
> 殷鑒不遠 在夏后之世 此之謂也
> 은감불원 재하후지세 차지위야

맹자가 말했다. "규구는 네모와 원을 그리는 표준이고, 성인은 인륜의 표준이다. 군주가 되려면 군주의 도리를 다해야 하고, 신하가 되려면 신하의 도리를 다해야 하니, 이 두 가지는 모두 요순의 도를 따르면 될 것이다. 순임금이 요임금을 섬기듯이 군주를 섬기지 않으면 군주를 공경하는 것이 아니고, 요임금이 백성을 다스리는 방법으로 백성을 다스리지 않는다면 그것은 백성을 해치는 것이다. 공자께서 말씀하시기를 '길은 둘이니, 어진 것과

어질지 않은 것이 있을 뿐이다.'고 하셨다. 백성에게 포악하게 하는 것이 심할 경우에는 그 군주는 시해당하고 나라는 망하게 되며, 심하지 않을 경우에는 그 군주는 위태로워지고 나라는 침략을 당하게 되니, 그렇게 해서 어둡다거나 잔인하다는 이름을 얻게 되면 비록 효자나 효손의 자손이라 할지라도 영원히 그 이름을 고칠 수가 없게 된다. 《시경》에서는 '은나라의 깨우침이 먼 곳에 있지 않으니, 바로 하후의 시대에 있다.'고 했는데, 바로 이것을 두고 한 말이다."

[語釋]

*불이~사(不以~事) : ~를 가지고서 ~하지 않는다면. *유려(幽厲) : 幽는 어둠, 厲는 잔인함. 따라서 幽厲는 음울하고 포악한 임금이 죽은 뒤에 붙이는 나쁜 시호(諡號)를 말함. *감(鑒) : 감(鑑)과 마찬가지로 보다, 살피다 등의 의미. *하후(夏后) : 하(夏)나라 임금.

[大意]

1장에서와 마찬가지로 군주들이 어진 정치를 베풀어야 한다고 말하고 있다.

어진 것과 지혜로운 것은 차이가 있다. 지혜로운 것은 이성에 바탕을 둔 합리적인 것이다. 따라서 지혜로운 것을 어질다고 말할 수는 없다. 어진 것은 합리적이라기보다 온정에 바탕을 두는 것이므로 합리적인 것을 초월한다.

맹자는 규구와 성인의 인륜과 도덕을 예로 들어 어진 것과 어질지 않은 것에 대해서 말하고, 포악한 군주는 후대에 아무리 어진 자손이 나와서 그 오명을 벗기려고 해도 대대로 그것이 이어질 뿐이라고 결론지었다.

제3장

> 孟子曰 三代之得天下也以仁 其失天下也以不仁 國之所
> 맹자왈 삼대지득천하야이인 기실천하야이불인 국지소
>
> 以廢興存亡者亦然 天子不仁 不保四海 諸侯不仁 不保社
> 이폐흥존망자역연 천자불인 불보사해 제후불인 불보사
>
> 稷 卿大夫不仁 不保宗廟 士庶人不仁 不保四體 今惡死亡
> 직 경대부불인 불보종묘 사서인불인 불보사체 금오사망
>
> 而樂不仁 是猶惡醉而強酒
> 이악불인 시유오취이강주

맹자가 말했다. "3대의 왕조가 천하를 얻은 것은 어질었기 때문이고, 천하를 잃은 것은 어질지 못한 탓이다. 나라의 흥망과 존폐도 또한 이와 같다. 천자가 어질지 못하면 천하를 보존할 수 없고, 제후가 어질지 못하면 사직을 보전할 수 없으며, 대신들이 어질지 못하면 종묘를 보전할 수가 없고, 선비나 서민이 어질지 못하면 그 몸을 보존하지 못한다. 죽기를 싫어하면서도 어질지 못한 것을 즐기는 것은 취하기 싫어하면서 억지로 술을 마시는 것과 같다."

[語釋]

*삼대(三代) : 고대 중국의 하·은·주(夏·殷·周)를 말한다. *국(國) : 여기에서는 제후들의 나라. *사직(社稷) : 옛날에 천자나 제후가 나라를 세울 때 제사지내는

토신(土神)과 곡신(穀神), 나중에 국가(國家)나 조정(朝廷)을 뜻하는 말이 되었다.

[大意]

어질면 흥하고 그렇지 않으면 망한다는 것으로, 오직 어진 것이 인륜의 으뜸이라는 공자의 사상을 말하고 있다.

제4장

> 孟子曰 愛人不親反其仁 治人不治反其智 禮人不答反其
> 맹자왈 애인부친반기인 치인불치반기지 예인부답반기
>
> 敬 行有不得者 皆反求諸己 其身正而天下歸之 詩云 永言
> 경 행유부득자 개반구제기 기신정이천하귀지 시운 영언
>
> 配命 自求多福
> 배명 자구다복

 맹자가 말했다. "다른 사람을 사랑하는데도 친해지지 않으면 자신의 인자함을 반성해 보고, 다른 사람을 다스리는데 다스려지지 않는다면 자신의 지혜로움에 대해서 반성해 볼 것이며, 다른 사람에게 예의를 갖추는데도 응답이 없으면 자신의 공경함에 대해서 반성해 볼 것이고, 어떤 일을 했는데도 기대하는 결과를 얻지 못하면 자신을 반성해서 모든 원인을 찾아야 한다. 자신의 한 몸이 올바르면 천하의 모든 것이 돌아온다.《시경》에 이르기를 '길이길이 하늘의 명을 따르니, 스스로 많은 복을 누리게 된다.'고 했다."

[語釋]

*반기인(反其仁) : 인자한 마음이 철저한가 그렇지 않은가를 돌이켜 봄. *영언(永言) : 여기에서 言은 '길이길이'의 뜻. *배명(配命) : 천명(天命)에 배합하는 것.

[大意]

 뜻하는 대로 일이 되지 않을 때 남을 탓하거나 원망하지 말고 자신을 반성하며 바로잡아야 한다는 말이다.

 인예(仁禮)로써 다른 사람을 사랑하고 공경하는 것이 군자의 도리라는 것을 다시 한 번 강조했다.

제5장

> 孟子曰 人有恒言 皆曰 天下國家 天下之本在國 國之本在
> 맹 자 왈 인 유 항 언 개 왈 천 하 국 가 천 하 지 본 재 국   국 지 본 재
>
> 家 家之本在身
> 가 가 지 본 재 신

　맹자가 말했다. "사람들은 늘 하는 말이 있으니, 모두가 천하 국가를 말한다. 그러나 천하의 근본은 나라에 있고, 나라의 근본은 집안에 있고, 집안의 근본은 자신의 몸에 있다."

[語釋]

*항언(恒言) : 늘 입버릇처럼 하는 말을 말한다. *신(身) : 개인. 자신(自身).

[大意]

　자신의 한 몸이 올바르면 천하의 모든 것이 돌아온다는 것을 다시 한 번 강조했다.
　자신의 반성이 없이 커다란 이론에만 몰두하는 사람들의 태도에 경각심을 주는 말이다.

제6장

> 孟子曰 為政不難 不得罪於巨室 巨室之所慕 一國慕之 一
> 맹자왈 위정불난 부득죄어거실 거실지소모 일국모지 일
>
> 國之所慕 天下慕之 故沛然德教溢乎四海
> 국지소모 천하모지 고패연덕교일호사해

맹자가 말했다. "정치를 하는 것은 어려운 것이 아니다. 그것은 영향력 있는 가문의 믿음을 잃지 않으면 되는 것이니, 영향력 있는 가문이 흠모하게 되면 온 나라가 흠모하게 되고, 온 나라 사람이 흠모하면 천하의 사람이 흠모하게 된다. 그렇게 되면 덕에 의해서 도도히 흐르는 가르침이 천하에 넘쳐흐르게 된다."

[語釋]

*득죄(得罪) : 뜻을 거슬러서 분노와 원한을 사게 됨. *거실(巨室) : 대대로 이어 내려오는 중신(重臣)의 집안을 말한다. *모(慕) : 마음으로부터 감복하여 따르는 것. *패연(沛然) : 비나 물이 쏟아지는 세차게 쏟아지는 모양. *일(溢) : 충만함, 넘침.

[大意]

덕으로 나라를 다스릴 수 있다면 천하도 다스릴 수 있다는 것을 역설했으니, 즉 군주의 덕망을 강조한 것이다.

일찍이 공자는 나라를 다스리는데 가장 중요한 것은 믿음이라고 했다. 이것은 외부로부터의 그 어떠한 위협에도 굴하지 않는 힘이고, 굶주린 배를 채우는 식량으로도 빼앗을 수 없는 힘이라고 했다.

제7장

孟子曰 天下有道 小德役大德 小賢役大賢 天下無道 小役
맹자왈 천하유도 소덕역대덕 소현역대현 천하무도 소역

大 弱役強 斯二者天也 順天者存 逆天者亡 齊景公曰 既
대 약역강 사이자천야 순천자존 역천자망 제경공왈 기

不能令 又不受命 是絕物也 涕出而女於吳 今也小國師大
불능령 우불수명 시절물야 체출이여어오 금야소국사대

國而恥受命焉 是猶弟子而恥受命於先師也 如恥之 莫若
국이치수명언 시유제자이치수명어선사야 여치지 막약

師文王 師文王 大國五年 小國七年 必為政於天下矣 詩云
사문왕 사문왕 대국오년 소국칠년 필위정어천하의 시운

商之孫子 其麗不億 上帝既命 侯于周服 侯服于周 天命靡
상지손자 기려불억 상제기명 후우주복 후복우주 천명미

常 殷上膚敏 祼將于京 孔子曰 仁不可為眾也 夫國君好仁
상 은사부민 관장우경 공자왈 인불가위중야 부국군호인

天下無敵 今也欲無敵於天下而不以仁 是猶執熱而不以
천하무적 금야욕무적어천하이불이인 시유집열이불이

濯也 詩云 誰能執熱 逝不以濯
탁야 시운 수능집열 서불이탁

맹자가 말했다. "천하에 도가 있으면 덕이 작은 사람은 덕이 큰 사람을 위해서 일하고, 현명함이 적은 사람은 현명함이 큰 사람을 위해서 일한다. 그러나 천하에 도가 없으면 작은 나라는 큰 나라를 위해서 일하고, 약한 나라는 강한 나라를 위해서 일한다. 이 두 가지는 하늘의 도리이다. 그러므로 하늘의 도리에 순종하면 존속할 수 있지만 하늘의 도리를 거역하면 망하게 된다. 옛날에 제나라의 경공이 말하기를 '이미 명령을 할 능력도 없고 명령을 받지도 않는다면, 이것은 다른 나라와의 관계를 끊는 것이다.'고 하고, 눈물을 흘리면서 딸을 오나라에 시집보냈다. 작은 나라가 큰 나라를 섬기면서도 큰 나라의 명령을 받는 것을 부끄러워한다면, 그것은 흡사 제자가 스승의 명령을 받는 것을 부끄러워하는 것과 같다. 그런 것이 부끄럽다면 문왕을 스승으로 삼는 것이 가장 좋다. 문왕을 본받게 되면 큰 나라는 5년, 작은 나라는 7년이면 반드시 천하의 정치를 할 수 있게 될 것이다. 《시경》에서는 '은나라의 자손들은 그 수가 10만도 넘지만, 하늘이 이미 명령하여 주나라에 복종하게 했다. 주나라에 복종하게 된 것은 하늘의 명령이 무상하기 때문이다. 명민한 은나라의 선비들이 주나라 서울에 와서 예를 갖춰 제사를 돕는구나.'고 했다. 공자는 말하기를 '어진 것에는 그에 맞서는 숫자가 많은 것이 필요 없다. 나라의 군주가 어질다면 천하에 그를 대적할 상대가 없다.'고 했다. 오늘날 천하에 대적할 상대가 없기를 바라면서도 어진 정치를 베풀지 않고 있으니, 이것은 뜨거운 것을 손에 쥐고도 찬물에 담그지 않는 것과 같다. 《시경》에서 이르기를 '그 누가 뜨거운 것을 손에 쥐고서 찬물에 담그지 않을 수 있는가?'라고 했다."

[語釋]

*역(役) : ① ~을 부리다(사역동사). ② ~을 위하여 힘쓰다(피동사). 여기에서는 ②로 使用되었다. *소역대(小役大) : 小는 소국(小國), 大는 대국(大國)을 말함. *순천자존(順天者存) : 天은 하늘의 뜻, 자연의 섭리를 말한다. *절물(絶物) : 物은 나라 사이의 일, 즉 국교(國交)를 말한다. *여(女) : 딸을 남에게 주는 것, '시집보내는 것'을 말함. *오(吳) : 나라 이름. *선사(先師) : 선생(先生). *상(商) : 나라 이름. 반경(盤庚)이라는 천자(天子)가 천도한 뒤로 은(殷)으로 부름. *려(麗) : 짝. 수효(數爻). *억(億) : 십만(十萬)을 뜻함. *후(侯) : 부사로 쓰여서 '오직'의 뜻. 다르게는 '혜'로 읽고 어조사로도 쓰임. *미상(靡常) : 무상(無常)과 같음. *부(膚) : 아름답다. 크다. *민(敏) : 통달(通達). *관(祼) : 강신제(降神祭). 제사(祭祀) 때 울창주(鬱鬯酒)를 땅 위에 부어 신을 부르는 것. *장(將) : 돕다. *서(逝) : '이에, 이리하여 곧'의 뜻. 발어사로 쓰임.

[大意]

천명(天命)은 무상해서 인덕(仁德)을 갖추고 그것을 바르게 실행하는 사람에게 돌아가는 것이니, 그렇지 못할 경우에는 그 누구든 망하게 된다고 말했다. 또 '하늘의 도리를 따르는 사람은 살고, 하늘의 도리를 거스르는 사람은 망한다.'고 말하면서 '가르침을 받는 것을 부끄러워한다면 어떻게 어진 정치를 베풀 수 있겠는가?'라고 했고, '뜨거운 것을 손에 쥔 사람이 찬물에 담그려하지 않는다.'고 했다.

결론적으로 어진 정치를 하는 것이야 말로 천하에 대적할 것이 아무것도 없다는 얘기다.

제8장

> 孟子曰 不仁者可與言哉 安其危而利其菑 樂其所以亡者
> 맹자왈 불인자가여언재 안기위이리기치 악기소이망자
>
> 不仁而可與言 則何亡國敗家之有 有孺子歌曰 滄浪之水
> 불인이가여언 즉하망국패가지유 유유자가왈 창랑지수
>
> 清兮 可以濯我纓 滄浪之水濁兮 可以濯我足 孔子曰 小子
> 청혜 가이탁아영 창랑지수탁혜 가이탁아족 공자왈 소자
>
> 聽之 清斯濯纓 濁斯濯足矣 自取之也 夫人必自侮 然後人
> 청지 청사탁영 탁사탁족의 자취지야 부인필자모 연후인
>
> 侮之 家必自毀 而後人毀之 國必自伐 而後人伐之 太甲曰
> 모지 가필자훼 이후인훼지 국필자벌 이후인벌지 태갑왈
>
> 天作孽 猶可違 自作孽 不可活 此之謂也
> 천작얼 유가위 자작얼 불가활 차지위야

맹자가 말했다. "인자하지 못한 사람들과는 이야기할 수가 없다. 그들은 위태로운 것을 편안하게 여기고, 재앙이 되는 것을 이롭게 여기고, 몸을 망치는 것을 즐거움으로 여기기 때문이다. 인자하지 못하지만 함께 말을 나눌 수 있다면 어찌 나라를 망하게 하고 집안을 망하게 하겠는가? 어린아이들이 노래하기를 '창랑의 물이 맑으면 내 갓끈을 씻고, 창랑의 물이 흐리면 내 발을 씻는다.'고 했다. 공자께서 '너희들은 저 노래를 잘 들어보아라. 맑으면

갓끈을 씻고 흐리면 발을 씻는다고 하니, 이것은 모두 물 스스로가 초래한 일이다.'고 했다. 대체로 사람은 반드시 스스로 업신여긴 뒤에 남이 업신여기고, 집안도 반드시 스스로 망친 뒤에 남이 망치며, 나라도 반드시 스스로 침범하고 나서 남이 침범하는 것이다. 《서경》의 〈태갑〉에 '하늘이 내리는 재앙은 피할 수 있지만, 스스로가 만든 재앙은 피할 수가 없다.'고 했으니, 바로 이것을 두고서 한 말이다."

[語釋]

*재(菑) : 치로 읽으면 '한 해 묵힌 밭'이라는 뜻이고, 재로 읽으면 '재앙(災殃)'의 뜻. *유자(孺子) : 어린아이. *창랑(滄浪) : 강 이름. *소자(小子) : 제자들을 부를 때 쓰는 말. *태갑(太甲) : 《서경(書經)》의 편명(篇名). *얼(孽) : 재앙(災殃). *활(活) : 모면하다. 피하다.

[大意]

인지하지 못하면 위험한 일을 편안하게 저지르게 되고, 재앙이 될 일을 이롭게 생각해서 패망을 자초한다는 말이다.

이러한 일은 비단 한 개인에게만 국한되는 일이 아니고, 한 집안이나 더 나아가면 한 나라에도 그 패망의 원인이 스스로에게 있다는 것을 알 수 있다.

제9장

孟子曰 桀紂之失天下也 失其民也 失其民者 失其心也 得
天下有道 得其民 斯得天下矣 得其民有道 得其心 斯得民
矣 得其心有道 所欲與之聚之 所惡勿施爾也 民之歸仁也
猶水之就下 獸之走壙也 故爲淵敺魚者 獺也 爲叢敺爵者
鸇也 爲湯武敺民者 桀與紂也 今天下之君有好仁者 則諸
侯皆爲之敺矣 雖欲無王 不可得已 今之欲王者 猶七年之
病求三年之艾也 苟爲不畜 終身不得 苟不志於仁 終身憂
辱 以陷於死亡 詩云 其何能淑 載胥及溺 此之謂也

맹자가 말했다. "걸왕과 주왕이 천하를 잃은 것은 백성을 잃었기 때문이고, 백성을 잃은 것은 백성들의 마음을 잃었기 때문이다. 천하를 얻는 데는 방법이 있으니, 백성을 얻으면 천하를 얻을 수 있는 것이다. 백성을 얻는 데도 방법이 있으니, 백성들의 마음을 얻으면 백성을 얻을 수 있다. 백성들의 마음을 얻는 데는 방법이 있으니, 그들이 바라는 것을 갖게 해주고 그들이 싫어하는 것은 베풀지 않는 것뿐이다. 백성들이 인자한 곳으로 가는 것은 물이 낮은 데로 흐르고 짐승들이 들판으로 달려가는 것과 같다. 그러기 때문에 물고기를 연못으로 몰아주는 것은 수달이고, 새들을 숲으로 몰아주는 것은 매이며, 탕왕과 무왕에게 백성을 몰아준 것은 걸왕과 주왕이다. 지금 천하의 군주 중에 인정(仁政)을 좋아하는 사람이 있다면, 모든 제후들이 그에게 백성들을 몰아줄 것이다. 그렇게 되면 비록 천하의 왕이 되고 싶지 않아도 어쩔 수 없이 된다. 그러나 오늘날 천하의 왕이 되려는 것은 칠 년 묵은 병을 고치기 위해서 삼 년 묵은 쑥을 구하는 것과 같다. 그러나 만약에 쑥을 구해서 묵혀 놓지 않으면 평생토록 얻을 수 없게 될 것이다. 마찬가지로 진실로 어진 정치에 뜻을 두지 않는다면 평생을 근심하고 치욕을 당하다가 죽고 멸망하게 될 것이다. 《시경》에 '어떻게 잘될 수 있겠는가? 서로 함께 물에 빠지게 되리라.'고 한 것은 이것을 두고 말한 것이다."

[語釋]

*이(爾) : 여기에서는 용언 뒤에 붙는 의존명사로, '뿐, 따름'의 뜻. *구(敺) : 구(驅)와 같아서, '달리다, 몰아치다'의 뜻. *작(爵) : 작(雀)과 통해서, 참새. *전(鸇) : 새매. *탕무(湯武) : 탕(湯)왕과 무(武)왕. *축(畜) : 쌓다, 모으다. 여기에서는 '묵히다'의 의미. *숙(淑) : 착하다. 잘되다. *재(載) : 곧. 처음. 비로소. *서급(胥及) :

胥는 서로, 及은 더불어. 胥及은 '서로, 더불어'라는 뜻.

[大意]
 올바른 군주가 되려면 백성들의 마음을 얻어야 하고, 또 그것을 소중하게 생각해야 한다. 그러나 하나라의 폭군 걸왕과 은나라의 폭군 주왕은 백성들의 마음을 잃고 소중히 여기지 않은 탓에 천하를 잃고 만 것이다.
 인자함은 정치의 근본이니, 인자해진다는 것은 조급하다고 해서 되는 것이 아니고, 병을 치료하는 쑥과 같아서 미리미리 준비를 해서 묵혀 두어야 자연적으로 시기에 맞고 성숙해졌을 때 저절로 쓰이게 된다는 말이다.

제10장

> 孟子曰 自暴者 不可與有言也 自棄者 不可與有為也 言非
> 맹자왈 자폭자 불가여유언야 자기자 불가여유위야 언비
>
> 禮義 謂之自暴也 吾身不能居仁由義 謂之自棄也 仁 人之
> 예의 위지자폭야 오신불능거인유의 위지자기야 인 인지
>
> 安宅也 義 人之正路也 曠安宅而弗居 舍正路而不由 哀哉
> 안택야 의 인지정로야 광안택이불거 사정로이불유 애재

맹자가 말했다. "자신을 스스로 해치는 사람과 함께 이야기할 수 없고, 자신을 스스로 포기하는 사람과 함께 일할 수 없다. 예의를 비난하는 말을 하는 것을 자신을 스스로 해친다고 말하고, 자신은 어질지 못하고 올바르게 행동할 수 없다고 하는 것을 자신을 포기한다고 말한다. 인(仁)이라는 것은 사람이 편안히 사는 집이고 의(義)란 사람이 걸어가는 올바른 길이다. 그 편안한 집에서 살지 않고 비워두며, 올바른 길을 가지 않고 버려두니, 슬프다."

[語釋]

*자폭자(自暴者) : 스스로 자신을 해치는 사람. 여기에서는 도덕을 가치 없게 보고 비방하는 무리를 뜻함. *자기자(自棄者) : 스스로를 버리는 사람. 여기에서는 도덕의 가치는 인정하지만 스스로 그것을 실천할 수 없다고 여기는 사람을 말함. *불(弗) : 아니다. *사(舍) : 사(捨)와 같아서, 버리다. *유(由) : 따르다. 행하다.

[大意]

자포자기(自暴自棄)에 대해서 설명했다.

인(仁)은 사람이 편안히 사는 집과 같고 의(義)는 사람이 걸어가야 할 올바른 길인데, 사람들이 그 편안한 집에 살려고 하지 않고 올바른 길로 가려 하지 않으니 슬픈 일이라고 말했다.

제11장

> 孟子曰 道在爾而求諸遠 事在易而求諸難 人人親其親 長
> 맹 자 왈 도 재 이 이 구 저 원   사 재 이 이 구 제 난   인 인 친 기 친   장
>
> 其長而天下平
> 기 장 이 천 하 평

 맹자가 말했다. "도가 가까운 곳에 있는데도 먼 데서 찾고, 일이 쉬운 곳에 있는데도 어려운 곳에서 찾는다. 모든 사람이 그 어버이를 어버이로 섬기고 어른을 어른으로서 받들면 천하는 태평하게 될 것이다."

[語釋]

*이(爾) : 이(邇)와 같아서, '가깝다'의 뜻. *저(諸) : 어조사로, '之於'의 줄임말.
*친기친(親其親) ; 앞의 親은 타동사, 뒤의 親은 어버이를 나타내는 대명사. 따라서 親其親은 자기 어버이를 어버이로서 섬기는 것을 말함. 長其長도 같은 표현이다.

[大意]

 사람이 해야 할 도리와 일은 먼 곳에 있는 것이 아니고 가까운 곳 즉 우리의 일상생활 속에 있다. 부모를 섬기고 어른을 받드는 것이 우리의 도리이고, 그것을 실제로 실천하는 것이 우리가 할 일이라고 말했다.

제12장

> 孟子曰 居下位而不獲於上 民不可得而治也 獲於上有道
> 맹자왈 거하위이불획어상 민불가득이치야 획어상유도
>
> 不信於友 弗獲於上矣 信於友有道 事親弗悅 弗信於友矣
> 불신어우 불획어상의 신어우유도 사친불열 불신어우의
>
> 悅親有道 反身不誠 不悅於親矣 誠身有道 不明乎善 不誠
> 열친유도 반신불성 불열어친의 성신유도 불명호선 불성
>
> 其身矣 是故誠者 天之道也 思誠者 人之道也 至誠而不動
> 기신의 시고성자 천지도야 사성자 인지도야 지성이부동
>
> 者 未之有也 不誠 未有能動者也
> 자 미지유야 불성 미유능동자야

맹자가 말했다. "낮은 자리에 있으면서 윗사람의 신임을 얻지 못하면 백성들을 다스릴 수 없다. 윗사람한테 신임을 얻는 데는 방법이 있으니, 친구들로부터 믿음을 얻지 못하면 윗사람에게서 신임을 얻을 수 없다. 친구들로부터 믿음을 얻는 데는 방법이 있으니, 부모를 섬겨 부모가 기뻐하지 않으면 친구들로부터 믿음을 얻을 수 없다. 부모를 기쁘게 하는 데는 방법이 있으니, 자신을 반성하여 성실하지 않으면 부모를 기쁘게 할 수 없다. 자신을 성실하게 하는 데는 방법이 있으니, 선(善)에 대해서 밝지 못하면 자신의 몸을 성실하게 할 수가 없다. 그러므로 성실한 것은 하늘

의 도리요, 성실하려고 하는 것은 사람의 도리이다. 지극히 성실하면 감동하지 않는 사람이 없고, 성실하지 않으면 사람을 감동시킬 수 없다."

[語釋]
*획(獲) : 여기에서는 신임(信任)을 얻는 것을 말한다. *도(道) : 여기에서의 도(道)는 방법을 뜻한다.

[大意]
　성실(誠實)에 대해서 말했다.
　성실하면 감동하지 않는 사람이 없고, 성실하지 않으면 사람을 감동시킬 수 없으며, 성실하려면 선에 대해서 밝게 알아야 한다고 했다. 또 매사에 성실하면 모든 사람에게서 신임을 받는 것은 물론이고, 다른 사람들이 오히려 더 돕고 나선다고 했다.

제13장

> 孟子曰 伯夷辟紂 居北海之濱 聞文王作 興曰 盍歸乎來
> 맹자왈 백이벽주 거북해지빈 문문왕작 흥왈 합귀호래
> 吾聞西伯善養老者 太公辟紂 居東海之濱 聞文王作 興曰
> 오문서백선양노자 태공벽주 거동해지빈 문문왕작 흥왈
> 盍歸乎來 吾聞西伯善養老者 二老者 天下之大老也 而歸
> 합귀호래 오문서백선양노자 이노자 천하지대노야 이귀
> 之 是天下之父歸之也 天下之父歸之 其子焉往 諸侯有行
> 지 시천하지부귀지야 천하지부귀지 기자언왕 제후유행
> 文王之政者 七年之內 必爲政於天下矣
> 문왕지정자 칠년지내 필위정어천하의

맹자가 말했다. "백이는 주왕을 피해서 북쪽 바닷가에서 살다가, 문왕이 나라를 다스리게 되었다는 소식을 듣고 '어찌 그에게로 돌아가지 않겠는가? 서백은 노인을 잘 섬긴다고 들었다.'고 말했다. 또 태공도 주왕을 피해서 동쪽 바닷가에서 살다가 문왕이 나라를 다스리게 되었다는 소식을 듣고 '어찌 그에게로 돌아가지 않겠는가? 서백은 노인을 잘 섬긴다고 들었다.'고 말했다. 이 두 노인은 천하에서 덕망이 높은 노인들이었는데 그에게로 돌아갔으니, 이것은 천하의 어버이들이 모두 그에게로 돌아간 것이다. 천하의 어버이들이 모두 그에게로 돌아갔으니, 그 자식들이 어디로 가겠는가? 제후들 중에서 문왕처럼 정치를 한다면 칠 년 안에 온 천하를 다스리게 될 것이다."

[語釋]

*빈(濱) : 물가. 여기서는 바닷가를 말한다. *합(盍) : 어찌 ~하지 않겠는가? *서백(西伯) : 주문왕(周文王)을 달리 부르는 말. *이로(二老) : 백이(伯夷)와 태공망(太公望). *대로(大老) : 나이도 많고 덕망도 뛰어난 사람.

[大意]

  부모는 늙어서 의지할 데가 없으면 자식을 찾기 마련인데, 그 중에서 비록 가난하더라도 편하게 부모를 섬기는 자식을 찾게 된다. 노인을 잘 섬기는 정치를 하면 나이 많고 덕망이 높은 부로들이 의지를 해오고, 그렇게 되면 그 부로들을 받드는 모든 백성이 기꺼이 심복하게 되며, 칠 년 안에 천하를 다스리는 왕이 될 수 있다고 했다.

제14장

> 孟子曰 求也為季氏宰 無能改於其德 而賦粟倍他日 孔子曰 求非我徒也 小子鳴鼓而攻之可也 由此觀之 君不行仁政而富之 皆棄於孔子者也 況於為之強戰 爭地以戰 殺人盈野 爭城以戰 殺人盈城 此所謂率土地而食人肉 罪不容於死 故善戰者服上刑 連諸侯者次之 辟草萊 任土地者次之

맹자가 말했다. "염구가 계씨의 가신이 되어서 그 계씨의 잘못을 고쳐 주기는커녕 세곡을 이전의 배로 늘렸다. 그래서 공자는 '염구는 내 제자가 아니다. 너희들은 북을 울리며 그를 성토해야 마땅하다.'고 말했다. 이것으로 보아 나라의 군주가 어진 정치를 베풀지 않고 있는데도 그를 부유하게 해 주었다고 해서 공자로부터 버림을 받았는데, 하물며 그런 군주를 위해서 무리한 전쟁을 하면 어떻겠는가? 땅을 빼앗으려고 싸워서 사람들이 죽어 들에

가득 차게 하고, 성을 빼앗으려고 싸워서 사람들이 죽어 성에 가득 차게 하는 것은 말하자면 땅을 얻으려고 사람의 고기를 먹는 것이니, 그 죄는 죽어도 남음이 있는 것이다. 그러므로 전쟁을 잘 하는 사람은 최고의 형벌을 받도록 하고, 제후들을 연합하게 하는 사람은 그 다음의 형벌을 받도록 하며, 땅을 개간하게 하여 세금을 더 거둬들이려고 하는 사람은 또 그 다음의 형벌을 받도록 해야 할 것이다."

[語釋]
*염구(冉求) : 공자의 제자. *계씨(季氏) : 노(魯)나라의 권신(權臣). *재(宰) : 계씨의 가신(家臣), 대부(大夫) 집안의 일을 총괄해서 관리하는 자리. *기덕(其德) : 계씨의 악덕(惡德)을 말함. *부(賦) : 거두다. 즉 세금을 부과(賦課)하는 것. *공(攻) : 여기에서는 성토(聲討), 즉 그 죄상을 외치면서 책하는 것. *황어(況於) : 하물며 ~함에 있어서야. *선전자(善戰者) : 전쟁을 잘하는 사람. *복상형(服上刑) : 상형(上刑)은 최고의 중형(重刑)이고, 服은 받게 하는 것. *연제후자(連諸侯者) : 합종책(合從策)의 종횡가(縱橫家)들을 말함. *벽(辟) : 여기에서는 개간(開墾)하는 것을 말함. *초래(草萊) : 황무지(荒蕪地). *임토지자(任土地者) : 토지의 개간이나 경작지를 정리하는 것으로 인하여 증세(增稅)를 꾀하는 사람들.

[大意]
인간의 생명을 소중하게 생각하는 맹자의 평화주의적인 사상을 들여다 볼 수 있다. 정의로운 싸움은 있어야 하는 것이지만, 물욕을 위한 싸움은 단호히 분쇄해야 한다는 말이다.

군주가 어진 정치를 하게끔 권면하지는 못할망정 오히려 세금을 늘려서 백성을 괴롭히고, 또 억지로 세금을 더 내게 하여 백성들을 도탄에 빠지게 하는 탐관오리들을 탄핵했다.

제15장

> 孟子曰 存乎人者 莫良於眸子 眸子不能掩其惡 胸中正 則
> 맹자왈 존호인자 막량어모자 모자불능엄기오 흉중정 즉
>
> 眸子瞭焉 胸中不正 則眸子眊焉 聽其言也 觀其眸子 人焉
> 모자료언 흉중부정 즉모자모언 청기언야 관기모자 인언
>
> 廋哉
> 수 재

맹자가 말했다. "사람을 알아보는 데는 눈동자보다 좋은 것은 없다. 눈동자는 마음의 죄악을 감추지 못한다. 마음이 바르면 곧 눈동자가 맑고, 마음이 바르지 못하면 곧 눈동자가 흐리다. 그 하는 말을 듣고 그 눈동자를 보는데 어떻게 감출 수 있겠는가?"

[語釋]

*존호인자(存乎人者) : 사람의 선악(善惡)을 살펴 알게 하는 부분(部分)이라는 의미. *모자(眸子) : 눈동자. *모(眊) : 눈이 흐린 것을 말함. *수(廋) : 숨기다.

[大意]

눈은 마음의 창이다. 마음이 착하면 그 눈동자가 맑고 밝으며, 마음이 바르지 않으면 그 눈동자가 흐리고 어둡다. 따라서 사람의 마음을 살피려면 하는 말과 눈을 보면 알 수 있다는 말이다.

제16장

> 孟子曰 恭者不侮人 儉者不奪人 侮奪人之君 惟恐不順焉
> 맹자왈 공자불모인 검자불탈인 모탈인지군 유공불순언
>
> 惡得爲恭儉 恭儉豈可以聲音笑貌爲哉
> 오득위공검 공검기가이성음소모위재

맹자가 말했다. "공손한 사람은 남을 업신여기지 않고, 검소한 사람은 남의 것을 빼앗지 않는다. 남을 업신여기고 남의 것을 빼앗는 군주는 오직 백성들이 순종하지 않을까 두려울 뿐이니, 어찌 공손하고 검소할 수 있겠는가? 공손하고 검소함을 어찌 말소리나 웃는 모습으로 꾸밀 수 있겠는가?"

[語釋]

*공불순(恐不順) : 자신이 남에게 순(順)하지 않을까 염려하는 것. *성음소모(聲音笑貌) : 거짓으로 부드러운 목소리를 내고, 웃는 얼굴을 보이는 것.

[大意]

윗사람이 행동함에 따라서 아랫사람의 태도도 달라진다는 말이니, 윗사람이 아랫사람을 업신여기고 무엇이든 빼앗으려고 하면, 아랫사람도 마찬가지로 거짓으로 말하고 거짓으로 웃으며 대하게 된다는 말이다.

제17장

> 淳于髡曰 男女授受不親 禮與 孟子曰 禮也 曰 嫂溺則援
> 순우곤왈 남녀수수불친 예여 맹자왈 예야 왈 수익즉원
> 之以手乎 曰 嫂溺不援 是豺狼也 男女授受不親 禮也 嫂
> 지이수호 왈 수익불원 시시랑야 남녀수수불친 예야 수
> 溺援之以手者 權也 曰 今天下溺矣 夫子之不援 何也 曰
> 익원지이수자 권야 왈 금천하익의 부자지불원 하야 왈
> 天下溺 援之以道 嫂溺 援之以手 子欲手援天下乎
> 천하익 원지이도 수익 원지이수 자욕수원천하호

 순우곤이 물었다. "남녀가 물건을 직접 주고받기를 하지 않는 것이 예의입니까?" 맹자가 대답했다. "예의입니다." 순우곤이 다시 물었다. "형수가 물에 빠지면 손으로 끌어당겨 구해야 합니까?" 맹자가 대답했다. "형수가 물에 빠졌는데도 건져 주지 않는다면 그것은 짐승이오. 남녀가 직접 주고받기를 하지 않는 것은 예의이고, 형수가 물에 빠졌을 때 손으로 잡아 건져 주는 것은 임시방편이요." 또다시 물었다. "지금 천하가 물에 빠져 있는데, 선생님이 건져 주지 않는 것은 무엇 때문입니까?" 맹자가 대답했다. "천하가 물에 빠져 있다면 도리로써 건져야 하고, 형수가 물에 빠졌다면 손으로 건져야 하는데, 당신은 손으로 천하를 건지려고 합니까?"

[語釋]

*순우곤(淳于髡) : 맹자와 같은 시대 사람. *남녀수수불친(男女授受不親) : 고례(古禮)에서는 남녀가 직접 주고받지 않는 것이 예의였다고 함. *시랑(豺狼) : 승냥이와 이리. *권(權) : 저울의 추(錘)이나, 여기서는 권도(權道) 즉 임기응변적인 행동을 말함. *자(子) : 당신. 그대.

[大意]

임기응변의 행동 즉 권도(權道)에 대해서 말했다.

천하가 물에 빠졌는데 도리로 구원하는 것과 형수가 물에 빠졌는데 손으로 구원하는 것과는 다르다. 도리에 어긋나게 천하를 구하는 것은 먼저 구원할 도리를 잃는 것이며, 손으로 천하를 구원하는 것과 마찬가지이다.

천하가 도탄에 빠지면 오직 도리로 구원해야 하는 것이니, 도리에 어긋나게 사람을 좇는다는 것은 자기를 잃게 된다는 것을 말한 것이다.

제18장

> 公孫丑曰 君子之不教子 何也 孟子曰 勢不行也 教者必以
> 공손추왈 군자지불교자 하야 맹자왈 세불행야 교자필이
> 正 以正不行 繼之以怒 繼之以怒 則反夷矣 夫子教我以正
> 정 이정불행 계지이노 계지이노 즉반이의 부자교아이정
> 夫子未出於正也 則是父子相夷也 父子相夷 則惡矣 古者
> 부자미출어정야 즉시부자상이야 부자상이 즉오의 고자
> 易子而教之 父子之間不責善 責善則離 離則不祥莫大焉
> 역자이교지 부자지간불책선 책선즉리 이즉불상막대언

공손추가 물었다. "군자가 아들을 가르치지 않는 것은 무엇 때문입니까?" 맹자가 대답했다. "형편이 그렇게 되지 않기 때문이다. 가르치는 사람은 바르게 되라고 가르치는데, 자식이 바르게 행동하지 않으면 성을 내게 되며, 성을 내게 되면 도리어 가르침을 해치게 되기 때문이다. 그렇게 되면 자식은 '아버지는 나를 바르게 가르치려 하지만, 아버지 자신의 행동은 바르지 않다.'고 생각하게 되기 때문이다. 이렇게 되면 부자가 서로 마음이 상하게 되는 것이니, 부자가 서로 마음이 상하게 되는 것은 좋지 않은 일이다. 그래서 옛날에는 서로 자식을 바꾸어서 가르쳤다. 부자간에는 바르게 되라고 질책하면 안 된다. 바르게 되라고 질책하면 사이가 벌어지게 되니, 부자간의 사이가 벌어지게 되면 그것보다

나쁜 것은 없다."

[語釋]
*불교자(不敎子) : 자기 자식을 자기가 직접 가르치지 않는 것. *세(勢) : 형세(形勢). 형편(形便). *반이(反夷) : 손상(損傷). 훼손(毁損). 따라서 反夷는 아버지가 아들을 가르치다가 도리어 의(義)가 상한다는 뜻이다. *부자(夫子) : 여기에서는 父子를 의미함.

[大意]
　아버지가 자식을 가르치는데 있어서의 문제점을 말하고 있다. 아버지가 자식을 직접 가르친다는 것은 대단히 어려운 일이다. 그래서 옛날부터 자식을 서로 바꿔서 가르쳤다.
　아버지가 자식을 직접 가르치게 되면 자식을 가르쳐서 바르게 키우겠다는 당초의 의도와는 상반되게 자식이 부모의 잘못을 지적하며 불신감이나 반감을 보이게 되는 경우가 생겨서, 본래의 목적은 물론 부모와 자식 사이에 옳고 그름을 따져 사이가 벌어지게 되니 애초에 시작하지 않는 것만 못하게 된다. 그러므로 자식을 가르치기 전에 자식의 본보기가 될 수 있는 부모가 되어야 한다는 말이다.

제19장

> 孟子曰 事孰為大 事親為大 守孰為大 守身為大 不失其身
> 맹자왈 사숙위대 사친위대 수숙위대 수신위대 불실기신
> 而能事其親者 吾聞之矣 失其身而能事其親者 吾未之聞
> 이능사기친자 오문지의 실기신이능사기친자 오미지문
> 也 孰不為事 事親 事之本也 孰不為守 守身 守之本也 曾
> 야 숙불위사 사친 사지본야 숙불위수 수신 수지본야 증
> 子養曾晳 必有酒肉 將徹 必請所與 問有餘 必曰 有 曾晳
> 자양증석 필유주육 장철 필청소여 문유여 필왈 유 증석
> 死 曾元養曾子 必有酒肉 將徹 不請所與 問有餘 曰 亡矣
> 사 증원양증자 필유주육 장철 불청소여 문유여 왈 망의
> 將以復進也 此所謂養口體者也 若曾子 則可謂養志也 事
> 장이부진야 차소위양구체자야 약증자 즉가위양지야 사
> 親若曾子者 可也
> 친약증자자 가야

맹자가 말했다. "섬기는 것 중에서 무엇이 가장 중요한 것인가? 부모를 섬기는 것이 가장 중요하다. 지키는 것 중에서 무엇이 가장 중요한 것인가? 자신을 지키는 것이 가장 중요하다. 자신을 잃지 않고서 부모를 잘 섬겼다는 말은 들어봤어도, 자신을 잃고서 부모를 잘 섬겼다는 말은 들어보지 못했다. 무엇인들 섬기는 것이

아니겠는가마는 부모를 섬기는 것이 섬기는 것의 근본이다. 무엇인들 지키는 것이 아니겠는가마는 자신을 지키는 것이 지키는 것의 근본이다. 증자는 아버지 증석을 반드시 고기와 술로 봉양하였다. 상을 물릴 때 남은 음식이 있으면 반드시 누구에게 주어야 하는지 물었고, 아버지가 남은 음식이 있느냐고 물으면 반드시 남은 음식이 있다고 대답했다. 증석이 죽고 증자의 아들인 증원도 반드시 고기와 술로 증자를 봉양하였다. 그러나 증원은 상을 물릴 때 남은 것은 누구에게 주어야 하는지 물어보지도 않았고, 또 남은 것이 있느냐고 물으면 없다고 대답했다. 그 까닭은 남은 것을 다시 상에 올리려고 하였기 때문이다. 이것은 이른바 입과 몸을 봉양하는 것이다. 증자처럼 해야 부모의 마음까지 봉양하는 것이 된다. 부모를 섬김에 있어서 증자와 같이 하는 것이 옳은 것이다."

[語釋]

*사(事) : 봉양(奉養)하는 것, 즉 '섬기다'의 뜻. *숙(孰) : 무엇. 어느. *사친(事親) : 어버이를 섬기는 것. *수신(守身) : 자신을 불의(不義)에 빠지지 않도록 잘 지키는 것. *증석(曾晳) : 증자(曾子)의 아버지. 아들 증자와 함께 역시 공자(孔子)의 제자. *철(徹) : 철상(撤床). 식사 후에 상을 물리는 것, 또는 치우는 것을 말함. *증원(曾元) : 증자(曾子)의 아들. *무(亡) : 여기에서는 '무'로 읽고 없다는 말. *양구체(養口體) : 몸을 봉양(奉養)하는 것. *양지(養志) : 뜻을 봉양(奉養)하는 것, 즉 정신적인 효양(孝養)을 뜻하는 말.

[大意]
 부모를 섬김에 있어서 두 가지에 대하여 말하고 있다. 하나는 부모의 뜻을 받들어 섬기는 것이고, 또 하나는 부모의 몸만을 받들어 섬기는 것이다.
 여기에서 맹자는 진정한 효도는 부모의 뜻까지 받들어 섬기는 것이라고 말했다.

제20장

> 孟子曰 人不足與適也 政不足間也 惟大人爲能格君心之
> 맹자왈 인부족여적야 정부족간야 유대인위능격군심지
> 非 君仁莫不仁 君義莫不義 君正莫不正 一正君而國定矣
> 비 군인막불인 군의막불의 군정막부정 일정군이국정의

맹자가 말했다. "사람이 부족하다고 해서 나무랄 것도 없고, 정치하는 것이 부족하다고 해서 비난할 것도 없다. 오직 큰 덕을 가진 사람만이 군주의 그릇된 마음을 바로잡을 수 있다. 군주가 어질면 모두가 어질게 되고, 군주가 의로우면 모두가 의롭게 되며, 군주가 올바르면 모두가 올바르게 된다. 한 번 군주를 올바르게 하면 나라는 안정된다."

[語釋]

*여(與) : 간섭하는 것. *여적(與適) : 여기에서 適은 '나무라다, 꾸짖다'의 뜻으로, 따라서 與適은 '干涉하여 나무라는 것'을 뜻한다. *간(間) : 비난(非難). 험담(險談). 비방(誹謗)을 뜻한다. *대인(大人) : 여기에서는 윗사람이나 큰 덕을 가진 사람을 뜻함. *격(格) : 바로 잡다. *군심지비(君心之非) : 여기에서 非는 과오(過誤), 즉 잘못된 것을 말한다. 따라서 君心之非는 군주의 그릇된 마음을 바로잡는 것을 뜻한다.

[大意]

　군주의 도덕적인 마음이 나라를 다스리는 데에 있어서 가장 중대한 것이라고 강조하고, 사람을 쓰는 것이나 정책을 펴는 데에 있어서의 사소한 잘못은 비난할 필요가 없다고 했다. 오직 덕이 있으면 군주의 그릇된 마음을 바르게 할 수 있고, 그러면 나라가 잘 다스려진다. 대인이라 함은 큰 덕이 있는 사람이니, 대인만이 군주의 그릇된 마음을 바로잡을 수 있다는 말이다.

제21장

> 孟子曰 有不虞之譽 有求全之毀
> 맹자왈 유불우지예 유구전지훼

　맹자가 말했다. "예상하지도 않은 칭찬을 받을 수도 있고, 온전하기를 바라다가 비난받을 수도 있다."

[語釋]

*우(虞) : 촌탁(忖度). 헤아리다. 미루어 생각하는 것을 말함. *구전(求全) : 정당한 행위를 하려고 안전을 기하는 것.

[大意]

　남들이 하는 비난이나 칭찬은 반드시 자신이 한 일에 대해서 얻어지는 결과는 아니다. 따라서 남들의 칭찬이나 비난에 마음 두지 말고 바른 도리에 따라서 행동하라는 말이다.

제22장

> 孟子曰 人之易其言也 無責耳矣
> 맹자왈 인지이기언야 무책이의

맹자가 말했다. "사람들이 말을 쉽게 하는 것은 그 말에 대한 책임을 지지 않는다는 것이다."

[語釋]

*책(責) : 책임(責任)을 져야 할 임무.

[大意]

세상 사람들이 무책임하게 말하는 것에 대한 경고의 말이라고 할 수 있다.

진실로 책임질 말이라면 심사숙고한 후에 해야 한다.

말이 많은 사람들에게는 짧지만 정곡을 찌르는 말이다.

제23장

孟子曰 人之患在好爲人師
맹 자 왈 인 지 환 재 호 위 인 사

맹자가 말했다. "사람들에게 공통된 폐단은 남의 스승 노릇을 하기 좋아하는 데 있다."

[語釋]

*환(患) : 폐해(弊害). 폐단(弊端). 병폐(病弊).

[大意]

배운 바가 있어 다른 사람들이 자신에게 가르침을 구하면 마지못해 응하는 것이 옳은 일이다. 그러나 사람들의 스승이 되는 것을 좋아하게 되면 스스로 만족해서 더 이상의 발전이 없을 것이니, 이것이 사람들의 큰 걱정거리라는 말이다.

깊이도 모르는 자신의 학식을 가지고 남들 앞에 나서서 아는 체 하지 말라는 얘기다.

제24장

> 樂正子從於子敖之齊 樂正子見孟子 孟子曰 子亦來見我
> 악정자종어자오지제 악정자견맹자 맹자왈 자역래견아
>
> 乎曰 先生何為出此言也 曰 子來幾日矣 曰 昔者 曰 昔者
> 호왈 선생하위출차언야 왈 자래기일의 왈 석자 왈 석자
>
> 則我出此言也 不亦宜乎 曰 舍館未定 曰 子聞之也 舍館
> 즉아출차언야 불역의호 왈 사관미정 왈 자문지야 사관
>
> 定 然後求見長者乎 曰 克有罪
> 정 연후구견장자호 왈 극유죄

악정자가 자오를 따라서 제나라로 가서 맹자를 만났는데, 맹자가 물었다. "자네도 나를 만나러 왔는가?" 악정자가 말했다. "선생님께서는 왜 그런 말씀을 하십니까?" 맹자가 말했다. "자네가 온 지 며칠이 되있나?" 악정자가 말했다. "어제 왔습니다." 맹자가 말했다. "어제 왔다면 내가 이 말을 하는 것이 당연하지 않은가?" 악정자가 말했다. "숙소를 정하지 못한 때문입니다." 맹자가 말했다. "자네는 그렇게 들었는가? 숙소를 정한 뒤에 어른을 찾아보는 것이라고 하던가?" 악정자가 말했다. "제가 잘못했습니다."

[語釋]

*악정자(樂正子) : 맹자의 제자. *석자(昔者) : 전일(前日). 어제. *사관(舍館) :

여관, 숙소. *극(克) : 악정자의 이름.

[大意]

스승에 대한 예의에 대해서 말했다.

당시의 시대상으로 보아서 나라의 손님으로 오면 먼저 임금을 뵙고 숙소를 정하는 것이 예의이고, 그 스승이 있는 곳에 왔으면 먼저 찾아보고 숙소를 정하는 것이 예의였다. 그런데 제자인 악정자가 숙소를 정하고 나서 다음날 맹자를 만나러 오자, 엉뚱한 물음으로 제자를 책망한 것이다.

맹자가 악정자를 책망한 또 하나의 이유는 제자인 악정자가 예의가 없는 자오와 함께 온 것이 못마땅했기 때문이기도 하다.

제25장

> 孟子謂樂正子曰 子之從於子敖來 徒餔啜也 我不意子學
> 맹자위악정자왈 자지종어자오래 도포철야 아불의자학
> 古之道 而以餔啜也
> 고지도 이이포철야

맹자가 악정자에게 말했다. "자네가 자오를 따라서 온 것은 단지 먹고 마시기 위해서이다. 자네가 옛날의 도를 배워서 먹고 마시는 수단으로 삼을 줄은 미처 생각하지 못했다."

[語釋]

*도(徒) : '단지, 한갓'의 뜻으로 부사로 사용됨. *포(餔) : 식사. 새참. 먹다. *철(啜) : 마시다. *고지도(古之道) : 옛 성현(聖賢)의 가르침을 말한다.

[大意]

자오와 함께 온 제자 악정자가 유가의 도리를 먹고 마시고 노는 수단으로 쓰려고 했던 것에 대하여 질책하고 있다.

올바른 도리를 배워서 제선왕에게 아첨하는 자오 같은 소인배와 어울리는 제자를 위해 다시금 회초리를 든 것이다.

제26장

> 孟子曰 不孝有三 無後爲大 舜不告而娶 爲無後也 君子以
> 맹자왈 불효유삼 무후위대 순불고이취 위무후야 군자이
>
> 爲猶告也
> 위유고야

맹자가 말했다. "불효에는 세 가지가 있는데, 후손이 없는 것이 제일 큰 불효이다. 순임금이 부모에게 알리지 않고 장가든 것은 자식이 없을 것을 염려했기 때문이므로, 군자는 이것을 부모에게 알린 것과 마찬가지라고 했다."

[語釋]

*순불고이취(舜不告而娶) : 순(舜)이 요(堯)임금의 두 딸에게 장가든 것, 당시 그 아비가 패악(悖惡)해서 알릴 수가 없었고, 알리면 장가들 수 없었기 때문이다.

[大意]

불효의 세 가지는 첫째가 어버이를 불의에 빠뜨리는 것, 둘째는 집이 가난하고 어버이가 연로(年老)함에도 녹(祿)을 받는 벼슬을 살지 않는 것, 셋째는 아내를 얻지 않고 자식이 없어 제사를 끊는 것이다. 그 중에서 제일 큰 불효가 자식이 없어 제사를 끊는 것인데, 다만 예를 들어 순임금의 경우만 예외로 했다.

제27장

> 孟子曰 仁之實 事親是也 義之實 從兄是也 智之實 知斯二
> 맹자왈 인지실 사친시야 의지실 종형시야 지지실 지사이
> 者弗去是也 禮之實 節文斯二者是也 樂之實 樂斯二者 樂
> 자불거시야 예지실 절문사이자시야 악지실 악사이자 악
> 則生矣 生則惡可已也 惡可已 則不知足之蹈之 手之舞之
> 즉생의 생즉오가이야 오가이 즉부지족지도지 수지무지

맹자가 말했다. "인(仁)의 본질은 부모를 섬기는 것이고, 의(義)의 본질은 형을 공경하는 것이다. 지(智)의 본질은 이 두 가지를 알아 거기에서 벗어나지 않는 것이고, 예(禮)의 본질은 이 두 가지를 적절하게 조절하는 것이고, 악(樂)의 본질은 이 두 가지를 즐기는 것으로, 즐거워하면 인의(仁義)의 마음이 생기게 된다. 그렇게 인의의 마음이 생겨나면 어떻게 그만둘 수가 있겠는가? 그만둘 수 없는 정도가 되면 손과 발을 저절로 움직여서 덩실덩실 춤을 추게 될 것이다."

[語釋]

*실(實) : 본질(本質), 진수(眞髓). *절문(節文) : 조리(條理)에 맞도록 하는 것.

*오가이야(惡可已也) : 어찌 그만둘 수 있을까? 즉 그만둘 수가 없다는 말.

[大意]

효제(孝悌)를 중심으로 하는 오륜(五倫)이 인의예지(仁義禮智)에서 비롯된다는 말이다.

제28장

> 孟子曰 天下大悅而將歸己 視天下悅而歸己 猶草芥也 惟
> 맹자왈 천하대열이장귀기 시천하열이귀기 유초개야 유
>
> 舜為然 不得乎親 不可以為人 不順乎親 不可以為子 舜盡
> 순위연 부득호친 불가이위인 불순호친 불가이위자 순진
>
> 事親之道而瞽瞍厎豫 瞽瞍厎豫而天下化 瞽瞍厎豫而天
> 사친지도이고수저예 고수저예이천하화 고수저예이천
>
> 下之為父子者定 此之謂大孝
> 하지위부자자정 차지위대효

맹자가 말했다. "천하의 사람들이 크게 기뻐하면서 자기에게로 돌아오려고 하는데도, 천하의 사람들이 자기에게로 돌아오려는 것을 초개같이 여긴 것은 오직 순임금뿐이다. 부모를 기쁘게 해 드리지 못하면 사람 노릇을 할 수가 없고, 부모를 따르지 않으면 자식 노릇을 할 수가 없다. 순임금이 섬기는 도리를 다하니 아버지인 고수가 기뻐했다. 고수가 기뻐하자 천하의 부모와 자식들이 감화되었고, 고수가 기뻐하게 되자 부자간의 도리가 정해지게 되었으니, 이런 것을 큰 효도라고 말한다."

[語釋]

*초개(草芥) : 풀이나 지푸라기의 검불. *저예(厎豫) : 厎는 지(至)와 같다. 따라서

底豫는 '기뻐하는 데에까지 이르는 것'을 말한다. *고수(瞽瞍) : 순(舜)의 아버지.
*위부자이정(爲父子而定) : 부자간의 도리가 정해졌다는 말.

[大意]
   순임금이 천하의 왕이 되기에 앞서 패악한 아버지를 감화시켜 기쁘게 해서 자식 된 도리를 다했다는 말이다.

제8편

이루(離婁) 下

제1장

> 孟子曰 舜生於諸馮 遷於負夏 卒於鳴條 東夷之人也 文王
> 맹자왈 순생어제풍 천어부하 졸어명조 동이지인야 문왕
> 生於岐周 卒於畢郢 西夷之人也 地之相去也 千有餘里 世
> 생어기주 졸어필영 서이지인야 지지상거야 천유여리 세
> 之相後也 千有餘歲 得志行乎中國 若合符節 先聖後聖 其
> 지상후야 천유여세 득지행호중국 약합부절 선성후성 기
> 揆一也
> 규일야

맹자가 말했다. "순임금은 제풍에서 태어나 부하로 옮겨갔다가 명조에서 죽은 동쪽의 야만족 사람이다. 문왕은 기주에서 태어나서 필영에서 죽은 서쪽의 야만족 사람이다. 태어난 땅으로 말하면 천 리가 넘게 떨어져 있고, 살던 시대로 말하면 천여 년이 넘게 떨어져 있다. 그러나 뜻을 얻어서 중국에서 도를 실행한 것은 부절을 맞춘 것같이 똑같다. 앞서 태어난 성인이나 뒤에 태어난 성인이나 그 행하는 도리는 같은 것이다."

[語釋]

*저풍(諸馮) : 중국 산동성(山東省)의 지명(地名). *부하(負夏) : 중국 하남성의 지명. *명조(鳴條) : 중국 산동성의 지명(地名). *동이지인(東夷之人) : 고대의 한민

족(韓民族) 즉 예맥(濊貊) 민족. *부절(符節) : 글자를 새겨서 이등분하여, 가지고 있다가 필요할 때 맞춰서 증거로 하는 것. *규(揆) : 도(道). 법(法).

[大意]
성인들이 실행한 법도의 일관성과 불변성에 대해서 확인한 장이다.

제2장

子産聽鄭國之政 以其乘輿濟人於溱洧 孟子曰 惠而不知
자산청정국지정　이기승여제인어진유　맹자왈 혜이부지
爲政 歲十一月徒杠成 十二月輿梁成 民未病涉也 君子平
위정 세십일월도강성 십이월여량성 민미병섭야 군자평
其政 行辟人可也 焉得人人而濟之 故爲政者 每人而悅之
기정 행벽인가야 언득인인이제지　고위정자 매인이열지
日亦不足矣
일역부족의

자산이 정나라의 정사를 맡고 있었을 때 자신이 타고 다니는 수레로 진수와 유수에서 사람들을 건너게 해준 일이 있었는데, 이것에 대해 맹자가 말했다. "자산은 은혜롭기는 하지만 정치를 할 줄 모른다. 11월에 사람이 건너는 다리를 완성하고, 12월에 수레가 다니는 다리를 완성했다면 백성들이 물을 건너다니는 데 고생하지 않았을 것이다. 군자가 정사를 공평하게 하면 길을 가면서 백성들을 좌우로 물러나게 하고 다닐 수도 있는데, 어찌 한 사람 한 사람을 자신의 수레로 건너가게 할 수가 있겠는가? 그러므로 정치하는 사람으로서 한 사람 한 사람을 만족시키려 한다면 날마다 그 일만 해도 시간이 부족할 것이다."

[語釋]

*자산(子産) : 정(鄭)나라 대부(大夫). *청(聽) : 판결(判決)하다. 다스리다. 따라서 여기에서는 '정치(政治)를 맡다.'라는 뜻. *제(濟) : 물을 건너는 것으로 여기서는 사람들에게 강을 건너게 해주는 것. *주유(溱洧) : 주수(溱水)와 유수(洧水). 둘 다 강 이름이다. *도강(徒杠) : 걸어서 건널 수 있는 나무다리. *여량(輿梁) : 수레가 건널 수 있는 다리. *평(平) : 공평(公平), 즉 그 정치를 공평하게 함을 말한다. *벽제야(辟除也) : 왕래하는 사람들을 좌우(左右)로 물러서게 하는 것.

[大意]

정나라의 재상 자산이 정치를 하는데 있어서의 잘못을 맹자가 지적하고 있다.

자산이 개울을 건너는 사람들을 딱하게 여겨 자신의 수레로 건너가게 해준 것은 한 사람 한 사람에게는 개인적인 은혜를 베푼 것은 되지만, 정치하는 사람이 할 짓은 아니라는 것이다. 11월 12월의 농한기에 힘을 모아 큰 다리를 건설한다면 많은 사람들이 고생을 하지 않고 개울을 건너다닐 수 있다는 것이니, 이것은 다름이 아니고 정치하는 사람들이라면 몇몇의 개인이 아닌 많은 백성을 생각하는 정치를 해야 한다는 말이다.

제3장

孟子告齊宣王曰 君之視臣如手足 則臣視君如腹心 君之
맹자고제선왕왈 군지시신여수족 즉신시군여복심 군지

視臣如犬馬 則臣視君如國人 君之視臣如土芥 則臣視君
시신여견마 즉신시군여국인 군지시신여토개 즉신시군

如寇讎 王曰 禮 爲舊君有服 何如斯可爲服矣 曰 諫行言
여구수 왕왈 예 위구군유복 하여사가위복의 왈 간행언

聽 膏澤下於民 有故而去 則君使人導之出疆 又先於其所
청 고택하어민 유고이거 즉군사인도지출강 우선어기소

往 去三年不反 然後收其田里 此之謂三有禮焉 如此 則爲
왕 거삼년불반 연후수기전리 차지위삼유예언 여차 즉위

之服矣 今也爲臣 諫則不行 言則不聽 膏澤不下於民 有故
지복의 금야위신 간즉불행 언즉불청 고택불하어민 유고

而去 則君搏執之 又極之於其所往 去之日 遂收其田里 此
이거 즉군박집지 우극지어기소왕 거지일 수취기전리 차

之謂寇讎 寇讎何服之有
지위구수 구수하복지유

맹자가 제선왕에게 말했다. "군주가 신하를 자신의 손발처럼 소중하게 생각하면 신하는 군주를 자신의 배와 심장처럼 여기게 되고, 군주가 신하를 개나 말처럼 하찮게 본다면 신하는 군주를 길거리에서 만나는 보통사람처럼 보게 되며, 군주가 신하를 흙이나 지푸라기같이 본다면 신하는 군주를 원수같이 보게 됩니다." 왕이 물었다. "예의에는 전에 섬기던 군주를 위해서 상복을 입는다고 했는데, 어떻게 하면 그렇게 복을 입게 되는 것입니까?" 맹자가 말했다. "신하가 간언하는 것을 실행하고, 그 말을 들어서 백성들에게 그 혜택이 미치게 해야 합니다. 그 신하에게 사정이 생겨서 떠나게 되면 사람을 시켜 그를 국경까지 인도해주고, 또 그가 그 곳에 도착하기 전에 사람을 보내서 그에 대해서 좋게 말하도록 합니다. 그가 떠나간 지 3년이 되어도 돌아오지 않을 경우에는 그에게 주었던 땅과 집을 회수합니다. 이것을 일러서 세 가지의 예를 갖췄다고 합니다. 이렇게 한다면 신하가 옛날에 섬기던 군주를 위하여 상복을 입을 것입니다. 지금은 신하가 간언해도 실행하지 않고, 건의하는 말을 하면 듣지를 않아서 군주의 혜택이 백성들에게까지 미치지 않으며, 신하에게 사정이 생겨서 떠나가게 되면 찾아서 붙잡으려고 하고 그가 가는 곳에 험담을 해서 괴롭히며, 또 떠나가는 날 곧바로 그에게 주었던 땅과 집을 회수해 버립니다. 이것을 일러서 원수라고 합니다. 원수를 위해서 어떻게 상복을 입겠습니까?"

[語釋]

*복심(腹心) : 마음속 깊은 곳에 품은 심정. *견마(犬馬) : 개와 말, 즉 주고받음이 없는 무관한 사람. *토개(土芥) : 흙과 풀, 즉 하찮게 여기는 것. *위구군유복(爲舊君有服) : 정당한 사유로 군주를 떠나서 아직 관계가 끊어지지 않았을 때 그 군주가

죽으면 조의(弔意)를 표하여 상복을 입는 것. *고택(膏澤) : 남에게서 받은 은덕. *전리(田里) : 녹으로 받은 밭과 집을 말함. *유삼례(有三禮) : 삼례(三禮). '導之出疆, 先於其所往, 去三年不反然後 收其田里'를 말함. *박집(搏執) : 붙잡는 것을 말함. *극(極) : 여기에서는 곤궁에 빠뜨려 끝까지 괴롭히는 것을 말함.

[大意]

 군주와 신하의 관계 즉 윗사람과 아랫사람의 관계일지라도 서로 믿음이 있어야 된다고 말하고, 서로 지켜야 할 도리에 대해서 말하고 있다. 군주가 신하를 소중하게 생각하면 신하는 군주를 더욱 공경하여 섬기게 되고, 군주가 신하를 하찮게 여기면 신하도 역시 군주를 하찮게 여기게 되니, 군주는 항상 이러한 신하들의 심정을 잘 헤아려야 한다는 말이다.

제4장

> 孟子曰 無罪而殺士 則大夫可以去 無罪而戮民 則士可
> 맹자왈 무죄이살사 즉대부가이거 무죄이륙민 즉사가
>
> 以徙
> 이사

맹자가 말했다. "죄 없는 선비를 죽이면 대부가 떠나갈 것이고, 죄 없는 백성을 죽이면 선비가 떠나갈 것이다.

[語釋]
*가이(可以) : ~하게 될 것이다. *사(徙) : 옮겨가는 것이니, 역시 떠난다는 말.

[大意]
군수가 무도하여 죄 없는 선비가 죽게 되면 대부가 자신에게 닥칠 화를 면하려고 군주의 곁을 떠나고, 죄 없는 백성이 죽게 되면 선비가 그 화를 막으려고 군주의 곁을 떠난다는 것이니, 포악한 군주에게는 지혜로운 인재가 따르지 않는다는 말이다.

제5장

> 孟子曰 君仁莫不仁 君義莫不義
> 맹 자 왈 군 인 막 불 인 군 의 막 불 의

　맹자가 말했다. "군주가 어질면 어질지 않은 사람이 없게 되고, 군주가 의로우면 의롭지 않은 사람이 없게 된다."

[語釋]

*막불인막불의(莫不仁莫不義) : 누구도 의롭지 않을 수가 없고, 누구도 바르지 않을 수가 없다.

[大意]

　윗물이 맑으면 아랫물도 맑게 마련이라, 군주가 어질고 의로우면 백성들 역시 감화되어 어질고 의롭게 모든 일을 하게 된다는 것이니, 나라를 다스리는 데에 있어서 군주의 영향력이 그만큼 크다는 말이다.

제6장

> 孟子曰 非禮之禮 非義之義 大人弗爲
> 맹자왈 비례지례 비의지의 대인불위

맹자가 말했다. "예(禮)인 것 같지만 예가 아닌 예와, 의(義)인 것 같지만 의가 아닌 의를 대인은 행하지 않는다."

[語釋]

*비례비의(非禮非義) : 여기에서 禮는 사람이 드나드는 문(門)이고, 義는 사람이 걷는 길이다. 즉 義가 아니면 길이 없고, 禮가 아니면 드나들 門이 없다는 말.

[大意]

맹자는 예(禮)와 의(義)를 존중하는 사람이다. 따라서 예와 의를 대인(大人)이 실행하는 것으로 내세운 것이다. 대인이면서 비례비의(非禮非義)한 짓을 할 수 없는 것은 군자의 부동심(不動心)과 상통하는 말이다.

제7장

> 孟子曰 中也養不中 才也養不才 故人樂有賢父兄也 如中
> 맹자왈 중야양불중 재야양부재 고인락유현부형야 여중
> 也棄不中 才也棄不才 則賢不肖之相去 其間不能以寸
> 야기부중 재야기부재 즉현불초지상거 기간불능이촌

맹자가 말했다. "중용의 덕을 가진 사람은 그렇지 못한 사람을 가르쳐 주고, 재능이 있는 사람은 재능이 없는 사람을 가르쳐 준다. 그러므로 사람들은 현명한 아버지나 형을 갖기를 바라는 것이니, 만약에 중용의 덕을 가진 사람이 그렇지 못한 사람을 버려두고 재주가 있는 사람이 재주가 없는 사람을 버려둔다면, 현명한 사람과 불초한 사람의 거리는 한 치의 차이도 없게 가까워질 것이다."

[語釋]

*중야(中也) : 중용(中庸)의 덕을 가진 사람. *재야(才也) : 재능(才能)을 가진 사람.
*불능이촌(不能以寸) : 거의 차이(差異)가 없음.

[大意]

잘난 사람은 못난 사람이 그 인격이나 재능을 잘 키울 수 있도록 가르치고 이끌어 주어야 한다. 그것이 그들의 사회적 역할이고

의의이다. 그렇지 못하면 그들도 못난 사람과 다를 바 없는 존재가 된다. 맹자가 여기에서 말하는 중(中)은 잘 조화된 하나의 인격으로, 중용의 덕을 가진 사람을 말한다.

제8장

> 孟子曰 人有不爲也 而後可以有爲
> 맹자왈 인유불위야 이후가이유위

맹자가 말했다. "사람은 하지 않는 것이 있은 다음에 무언가 하는 것이 있다."

[語釋]

*유불위(有不爲) : 여기에서 유위(有爲)는 인의(仁義)에 따른 행동을 말하며, 불위(不爲)는 인의(仁義)에 반(反)하는 행동을 말함. 즉 인의(仁義)에 반(反)한 행동을 하지 않는 용기를 갖춘 뒤에야 비로소 인의(仁義)를 실천할 수 있다는 말.

[大意]

여기에서 '하지 않는 것'이란 도덕적 가치 기준에 따라서 정당하지 않으면 하지 않는 것을 말한다. 따라서 사람은 이렇게 인의(仁義)에 맞는 도덕적 기준이 서 있어야 한다는 말이며, 그런 후에 인의에 어긋나지 않는 행동을 할 수 있다는 말이다.

세상에 부끄러움이 없는 사람은 하지 못할 일이 없다.

제9장

> 孟子曰 言人之不善 當如後患何
> 맹자왈 언인지불선 당여후환하

 맹자가 말했다. "남의 잘못된 것을 말하다가 그 뒤에 오는 화를 어떻게 감당할 것인가?"

[語釋]

*언인지불선(言人之不善) : 이 말은 단지 '남의 잘못된 것을 말하지 말라.'는 것이 아니고 시비(是非)를 분명하게 하되, 다른 사람의 불선(不善)함을 드러내어 자기만 곧고 잘난 체하는 행위를 경계하는 말이다.

[大意]

 불선(不善)은 인의(仁義)에 어긋나는 것을 말하니, 다른 사람의 잘못을 드러내고 소문내며 비방해서 자신만 곧은 체하는 것은 도덕적이지 못하다는 말이다.
 잘못을 지적하되 정당하게 밝혀서 좋은 방향으로 선도하는 것이 옳은 방법이다.

제10장

> ### 孟子曰 仲尼不爲已甚者
> 맹 자 왈   중 니 불 위 이 심 자

 맹자가 말했다. "공자께서는 너무 지나친 행동을 하지 않는 사람이었다."

[語釋]

*중니(仲尼) : 공자(孔子). *이심(已甚) : 여기에서 甚은 부사적 사용법으로 '너무, 매우'의 뜻으로, 已甚은 매우 지나친 것을 말한다.

[大意]

 모든 면에서 조화로움과 중용의 길을 걸어온 공자를 본받아 편파적이고 극단적인 언행을 삼가며 인의에 맞게 실천하라는 뜻이 새겨져 있는 말이다.

제11장

> 孟子曰 大人者 言不必信 行不必果 惟義所在
> 맹자왈 대인자 언불필신 행불필과 유의소재

맹자가 말했다. "대인은 그 말을 하는 데에 있어서 무조건 믿어 주기를 바라지 않고, 그 행동하는 데에 있어서 무조건 결말이 있기를 바라지 않으며, 오직 의로움에 따라서 행할 뿐이다."

[語釋]
*불필(不必): 必은 반드시 ~이 되기를 기약한다는 뜻으로, 여기에서는 '무조건'이라는 뜻이 내포되어 있다. 따라서 不必은 무조건(또는 반드시) ~이 되기를 기약하지 않는다는 뜻. *과(果): 결과(結果)를 말한다. *유의소재(惟義所在): 오직 의(義)에 맞도록 행한다는 뜻.

[大意]
도덕성을 갖춘 대인은 언행(言行)에 있어서 미리 그 효과나 이익을 염두에 두고 하는 것이 아니고, 오직 그것이 도덕적으로 올바르기 때문에 그렇게 한다는 뜻이다. 즉 대인(大人)의 말과 행동은 의(義)에 따른 것으로, 설령 말을 해버리고 실행하고 있는 중이라도 올바르면 그대로 할 것이고, 그렇지 않다는 것을 알게 되면 그 즉시 하지 않는다는 말이다.

제12장

> 孟子曰 大人者 不失其赤子之心者也
> 맹자왈 대인자 불실기적자지심자야

맹자가 말했다. "대인은 그 어린아이 같은 마음을 잃어버리지 않는 사람이다."

[語釋]

*적자지심(赤子之心) : 순수한 어린아이의 마음을 말한다. 본시 맹자는 성선설(性善說)을 말하였는데, 즉 사람의 본성은 선(善)하다고 하였다. 赤子之心은 그것을 비유해서 말하는 것이다. 赤子라는 말은 순일(純一)하고 무위(無僞)한 품성을 상징하고 있다.

[大意]

대인의 마음은 도덕적인 것과 비도덕적인 것을 분별하고 도덕적인 것을 택하여 때가 묻지 않은 품성대로 행동하는 어린아이와 같은 마음이라는 것이다.

하늘로부터 부여받은 품성(稟性)이 본성(本性)이라는 말이니, 곧 하늘과 사람의 본성은 둘이 아닌 하나라는 말이다.

제13장

> 孟子曰 養生者不足以當大事 惟送死可以當大事
> 맹자왈 양생자부족이당대사 유송사가이당대사

맹자가 말했다. "부모가 살아 있는 동안에 봉양하는 일이 큰일이 아니고, 오직 죽은 후에 장례를 치르는 일이 큰일이다."

[語釋]

*대사(大事) : 죽은 부모를 위해 치르는 장례(葬禮)에 힘을 다하는 것이 더욱 중요하다는 뜻으로 大事라 함. *송사(送死) : 장송(葬送), 장사(葬事)를 말함.

[大意]

부모가 살아 있을 때에 극진하게 모시는 것은 당연한 일이어서 대사(大事)라 할 것이 없고, 죽은 부모를 위해 치르는 장례(葬禮)에 힘을 다하는 것이 더욱 더 중요한 사친지도(事親之道)에 해당한다는 뜻으로, 유가에서 말하는 효도에 대해서 강조한 말이다.

제14장

> 孟子曰 君子深造之以道 欲其自得之也 自得之 則居之安
> 맹자왈 군자심조지이도 욕기자득지야 자득지 즉거지안
> 居之安 則資之深 資之深 則取之左右逢其原 故君子欲其
> 거지안 즉자지심 자지심 즉취지좌우봉기원 고군자욕기
> 自得之也
> 자득지야

맹자가 말했다. "군자가 올바른 방법으로 사물을 깊이 탐구하는 것은 스스로 깨달아 얻고자 하기 때문이다. 스스로 깨달아 얻게 되면 사물을 대함이 편하게 된다. 사물을 편하게 대하면 그것에서 얻어 간직하는 것이 깊어진다. 그것에서 얻어 간직하는 것이 깊어지면 가까운 데에서도 그 근본을 깨닫게 된다. 따라서 군자는 스스로 깨달아 얻기를 바라는 것이다."

[語釋]

*조(造) : 학예(學藝)가 깊은 경지에 이르는 것. *道(도) : 방법을 말함. *자(資) : 의지할 바를 취하는 것. *좌우(左右) : 몸 가까운 곳으로부터. *봉(逢) : '가지다, 만나다'의 뜻. *봉기원(逢其原) : 原은 원(源)이나 본(本)을 뜻하니, 逢其原은 도를 체득하거나 파악한다는 말.

[大意]
　학문을 습득함에는 정당한 방법과 순서가 있으니, 학문은 스스로 깨달아 얻는 것이 중요하다.
　스스로 깨달아 얻게 되어야 어떤 것에나 자유자재로 대처할 수 있고 모든 근본적인 이치를 알 수 있게 되니, 학문과 덕행을 쌓으라는 말이다.

제15장

> 孟子曰 博學而詳說之 將以反說約也
> 맹 자 왈 박 학 이 상 설 지   장 이 반 설 약 야

맹자가 말했다. "널리 배우고 자세하게 풀이하는 것은 장차 그것을 바탕으로 하여 요점을 알기 위해서다."

[語釋]

*설(說) : 여기에서는 쉽게 헤아리는 것으로, 해석(**解釋**)하여 풀이하는 것을 말한다. *반(反) : '오히려 ~한다. 돌이켜 ~한다'는 뜻. *약(**約**) : 노끈이나 새끼를 가지고 무엇을 묶는다는 것에서 요약(要**約**)이나 요점(要**點**)을 의미한다.

[大意]

이 장 역시 앞 장에 이어서 학문을 닦는 방법에 대해서 말하고 있다. 학문은 단순한 지식의 축적이 아니고 폭 넓게 배워서 자세하게 풀이하여, 그것을 토대로 핵심적인 원리를 이끌어 내서 깨치는 것이라고 말했다.

제16장

> 孟子曰 以善服人者 未有能服人者也 以善養人 然後能服
> 맹자왈 이선복인자 미유능복인자야 이선양인 연후능복
>
> 天下 天下不心服而王者 未之有也
> 천하 천하불심복이왕자 미지유야

맹자가 말했다. "선한 것만으로 남을 굴복시키려고 해도 굴복시킬 수 없다. 선한 것으로써 남을 가르쳐 주고 나서 천하를 굴복시킬 수 있다. 천하 사람들이 마음으로 굴복하지 않는데도 천하의 왕이 된 사람은 없다."

[語釋]

*복인(服人) : 服은 굴복(屈服 = 屈伏)이다. 따라서 服人은 남을 굴복시켜 따르도록 하는 것이다. *양인(養人) ; 선(善)한 것으로 나아가도록 가르치는 것을 말한다.

[大意]

남을 굴복시키기 위해서 선(善)을 내세우는 것은 선을 가장해서 이기려는 것과 같아서, 남들이 마음에서부터 진정으로 굴복하지 않는다. 따라서 남들이 마음으로 따르지 않고는 마음을 얻을 수 없는 것이니, 자신이 스스로 선해져야 남의 마음을 얻을 수 있고, 또 그렇게 해야 천하의 왕이 될 수 있는 것이다.

제17장

> 孟子曰 言無實不祥 不祥之實 蔽賢者當之
> 맹자왈 언무실불상 불상지실 폐현자당지

맹자가 말했다. "말에 진실함이 없으면 상서롭지 못하다. 실제로 상서롭지 못한 말은 현량(賢良)을 은폐하는 것이다."

[語釋]

*무실(無實) : 실제로 ~함이 없다. *불상(不祥) : 좋지 않다는 의미이다. *당지(當之) : '그것에 해당하다'의 뜻.

[大意]

말은 그 자체만으로는 상서롭지 못한 것이 아니나, 옳은 것을 옳다 그른 것을 그르다고 하지 못하여 현량한 사람과 부덕한 사람을 가려내지 못하면 상서롭지 못한 것이 된다.

제18장

徐子曰 仲尼亟稱於水 曰 水哉 水哉 何取於水也 孟子曰
서자왈 중니극칭어수 왈 수재 수재 하취어수야 맹자왈

原泉混混 不舍晝夜 盈科而後進 放乎四海 有本者如是 是
원천혼혼 불사주야 영과이후진 방호사해 유본자여시 시

之取爾 苟爲無本 七八月之間雨集 溝澮皆盈 其涸也 可立
지취이 구위무본 칠팔월지간우집 구회개영 기학야 가입

而待也 故聲聞過情 君子恥之
이대야 고성문과정 군자치지

서자가 물었다. "공자께서는 자주 물을 칭송하며 '물이여! 물이여!' 하고 말하셨는데, 이것은 물이 가지고 있는 어떤 점을 좋게 생각해서 그런 것입니까?" 맹자가 대답했다. "물은 근원에서부터 밤낮을 쉬지 않고 흘리내려서, 패인 웅덩이를 채워 준 다음에 나아가서 바다에 이르게 된다. 근원이 있는 것은 이와 같은 것이니, 이러한 점을 좋게 생각했던 것이다. 칠팔월에 비가 계속 내리면 그 물이 크고 작은 개울을 다 채우게 되지만, 그 근원이 없다면 그것이 마르는 것은 서서 기다릴 수 있을 정도로 순식간이다. 그러므로 군자는 실제보다도 지나친 명성을 부끄러워하는 것이다."

[語釋]

*서자(徐子) : 맹자의 제자. *극(亟) : 삭(數). 자주, 여러 번. *수재(水哉) : '물이여!' 하며 물을 찬미하는 말. *혼혼(混混) : 물이 솟아나서 흐르는 모양. *과(科) : 땅이 움푹 팬 곳. 웅덩이. *방(放) : 이르다. 도달하다. *시지취이(是之取爾) : 그 점을 취한 것뿐이다. *간(閒) : 간(間)과 같다. 기간(期間). *구회(溝澮) : 작은 도랑과 큰 도랑. *학(涸) : 물이 마르다. *성문(聲聞) : 명예(名譽). 명성(名聲). *정(情) : 실질(實質). 실제(實際).

[大意]

깊지 않은 물은 비가 많이 내리면 흐르다가 가물면 이내 말라 버리지만, 근원이 깊은 물은 결코 마르는 일이 없이 쉬지 않고 흐른다. 이것은 사람에게도 마찬가지여서, 일시적인 명망에 현혹되어 잠깐 동안 입에 오르내리다가 사라지는 사람들과는 다르게 덕을 쌓아 그 근본이 도덕적으로 확립된 군자는 어떤 음해가 있어도 흔들림이 없이 모든 사람의 본보기가 된다는 말이다.

제19장

> 孟子曰 人之所以異於禽於獸者幾希 庶民去之 君子存之
> 맹자왈 인지소이이어금어수자기희 서민거지 군자존지
>
> 舜明於庶物 察於人倫 由仁義行 非行仁義也
> 순명어서물 찰어인륜 유인의행 비행인의야

맹자가 말했다. "사람이 금수와 다른 점은 거의 없다. 보통 사람들은 인륜을 저버리지만, 군자는 그것을 지킨다. 순임금은 모든 사물의 이치에 밝아 인륜을 살피고 인의(仁義)에 따라서 실천한 것이지, 억지로 인의를 실천한 것이 아니다."

[語釋]

*기희(幾希) : 적음. 거의 없음. *서물(庶物) : 모든 사물.

[大意]

인의(仁義)를 저버리면 사람도 금수와 다를 것이 없다. 사람은 태어나면서부터 도덕적인 본성을 지닌 존재로 이것이 금수와 구분되는 차이다. 그러나 그것은 아주 적은 차이일 뿐이다.

사람은 수양을 쌓아 인륜을 벗어나지 않는 도덕적인 실천을 해야 하는데, 그러한 수양은 밖에서 얻는 것으로 실행하는 것이 아니라 선천적으로 주어진 내면의 인의로 실천해야 한다.

제20장

孟子曰 禹惡旨酒而好善言 湯執中 立賢無方 文王視民如
맹자왈 우오지주이호선언 탕집중 입현무방 문왕시민여
傷 望道而未之見 武王不泄邇 不忘遠 周公思兼三王 以施
상 망도이미지견 무왕불설이 불망원 주공사겸삼왕 이시
四事 其有不合者 仰而思之 夜以繼日 幸而得之 坐以待旦
사사 기유불합자 앙이사지 야이계일 행이득지 좌이대단

　맹자가 말했다. "우임금은 맛이 있는 술을 싫어하고 선한 말을 좋아했다. 탕왕은 중용의 도리를 굳게 지키고, 인자하고 재능 있는 사람을 채용하는 데 그 출신을 가리지 않았다. 문왕은 백성을 상처 입은 사람처럼 가엾게 생각했고, 도를 보고도 아직 보지 못한 것처럼 여겼다. 무왕은 친한 사람이라고 함부로 대하지 않았고, 소원한 사람이라도 잊지 않았다. 주공은 이 세 임금이 한 일을 모두 합쳐서 네 가지 일을 실행하려고 했다. 그것이 실정에 맞지 않을 경우에는 하늘을 보면서 밤낮없이 생각을 계속하다가, 다행히 깨닫게 되면 그것을 실행하기 위해서 앉은 채 아침이 되기를 기다렸다."

[語釋]

*지주(旨酒) : 맛 좋은 술. *중(中) : 과불급(過不及)이 없는 것. 중용(中庸)을 말함.

*방(方) : 여기에서는 출신 성분이나 성향(性向)을 말한다. *설(泄) : 본래는 친하다는 뜻이나, 여기에서는 '가벼이 여기다'의 뜻. *이(邇) : 가깝다. *삼왕(三王) : 우왕(禹王)과 탕왕(湯王), 그리고 주(周)나라의 문왕(文王)과 무왕(武王)을 말함. *사사(四事) : 우탕문무(禹湯文武) 네 왕의 행적(行蹟)을 말함. *불합자(不合者) : 위 三王이 한 것과 주공(周公)의 정사(政事)가 맞지 않는 것을 뜻함.

[大意]

하은주(夏殷周) 삼대의 세 왕과 주공(周公)의 덕을 서술하여 옛 성인들의 한결 같고 빼어난 업적에 대해서 말하고, 맹자가 주장하는 왕도정치의 행적을 칭송했다.

특히 주공의 덕행에 대해서 강조하고 있는데, 주공은 주를 창건한 무왕(武王)의 동생으로 무왕의 권력 강화를 도왔으며, 무왕이 죽자 직접 왕권을 장악하라는 주변의 유혹을 뿌리치고 대신 무왕의 어린 아들 성왕(成王)을 보좌하는 길을 택했다. 그가 칠 년 동안 섭정한 후 스스로 물러날 때 정치나 사회의 제도가 중국 북부 전역에 걸쳐 확고하게 수립되있으며, 그가 확립한 행정조직은 후대 중국 왕조들의 모범이 되었다.

공자는 그를 후세의 중국 황제들과 대신들이 모범으로 삼아야 할 인물로 격찬하였다.

제21장

> 孟子曰 王者之跡熄而詩亡 詩亡然後春秋作 晉之乘 楚之
> 맹 자 왈 왕 자 지 적 식 이 시 망 시 망 연 후 춘 추 작 진 지 승 초 지
>
> 檮杌 魯之春秋 一也 其事則齊桓 晉文 其文則史 孔子曰
> 도 올 노 지 춘 추 일 야 기 사 즉 제 환 진 문 기 문 즉 사 공 자 왈
>
> 其義則丘竊取之矣
> 기 의 즉 구 절 취 지 의

맹자가 말했다. "왕들의 자취가 없어지자 시도 없어졌다. 시가 없어진 뒤에 《춘추》가 지어졌다. 진나라의 《승》과 초나라의 《도올》과 노나라의 《춘추》는 모두 같은 성질의 것이다. 《춘추》에 다룬 내용은 제나라의 환공과 진나라의 문공에 관한 것이고, 그 글은 사관이 썼다. 공자는 말씀하시기를 '《춘추》 속에 있는 의리는 내가 외람되게 취해서 썼다.'고 했다."

[語釋]

*적(迹) : 적(跡)이나 적(蹟)과 같아서, 여기에서는 성왕(聖王)들의 흔적을 말함.
*식(熄) : 소화(消火)의 뜻이나, 여기에서는 끊어져 사라지는 것. *시망(詩亡) : 정치를 함에 그 치세(治世)를 살피는 일이 그친 것 *승(乘) : 사기(史記)로, 진(晉)나라의 역사를 말한다. *도올(檮杌) : 여기에서는 흉악한 일을 징계한다는 의미에서 사관(史官)의 기록을 뜻하며, 초(楚)나라의 역사(歷史)를 말한다. *제환진문(齊桓

336 맹자(孟子)

쯥文) : 제환공(齊桓公)과 진문공(晉文公). *사(史) : 사관(史官). *구(丘) : 공자(孔子)의 이름. *절(竊) : 개인적으로 겸손해 하는 말.

[大意]
　공자가 《춘추》를 짓게 된 내력과 《춘추》 속에 담긴 내용과 명칭에 대하여 말하고 있다.

제22장

> 孟子曰 君子之澤五世而斬 小人之澤五世而斬 予未得為
> 맹자왈 군자지택오세이참 소인지택오세이참 여미득위
>
> 孔子徒也 予私淑諸人也
> 공자도야 여사숙제인야

맹자가 말했다. "군자의 은혜도 다섯 세대가 지나면 끝이 나고, 소인의 영향도 다섯 세대가 지나면 끝이 난다. 나는 공자의 직접적인 제자가 되지는 못했지만, 다른 사람을 통해서 공자의 도를 배웠다."

[語釋]

*참(斬) : 끊다. 끊어지다. *사숙(私淑) : 私는 겸손, 淑은 선한 것, 즉 좋아하여 받든다는 뜻. 나중에 '직접 가르침은 받지 못하였으나 스스로 그 사람의 덕을 사모하고 본받아서 도나 학문을 닦는 것.'을 이르게 되었다. *저(諸) : 之於의 줄임말.

[大意]

공자와는 다섯 세대의 차이가 나는 맹자가 공자의 제자가 되어서 직접 공자의 가르침을 받지 못한 것을 한탄하면서도 다른 사람을 통해서 공자의 덕과 교훈을 배워 자신을 수양할 수 있었다는 것을 피력하고 있다.

제23장

> 孟子曰 可以取 可以無取 取傷廉 可以與 可以無與 與傷
> 맹자왈 가이취 가이무취 취상렴 가이여 가이무여 여상
>
> 惠 可以死 可以無死 死傷勇
> 혜 가이사 가이무사 사상용

맹자가 말했다. "받아도 되고 받지 않아도 되는 경우에 받으면 청렴을 해치게 되고, 주어도 되고 주지 않아도 되는 경우에 주면 은혜를 해치게 되며, 죽어도 되고 죽지 않아도 되는 경우에 죽으면 용기를 해치게 된다."

[語釋]

*상(傷) : 해(害). 해치다. *여(與) : 여(予). 주다. 건네다.

[大意]

사람은 분별이 없이 처신을 하면 오히려 청렴과 은혜와 용기를 해치게 된다. 꼭 받아도 되지 않을 것을 받으면 욕심이고, 꼭 주어도 되지 않을 것을 주면 상대에게 의타심을 일으켜서 진정한 은혜가 아니며, 꼭 죽어도 되지 않는데 죽는다면 진정한 용기가 아니라는 말이다.

제24장

逢蒙學射於羿 盡羿之道 思天下惟羿為愈己 於是殺羿 孟
방몽학사어예 진예지도 사천하유예위유기 어시살예 맹

子曰 是亦羿有罪焉 公明儀曰 宜若無罪焉 曰 薄乎云爾
자왈 시역예유죄언 공명의왈 의약무죄언 왈 박호운이

惡得無罪 鄭人使子濯孺子侵衛 衛使庾公之斯追之 子濯
오득무죄 정인사자탁유자침위 위사유공지사추지 자탁

孺子曰 今日我疾作 不可以執弓 吾死矣夫 問其僕曰 追我
유자왈 금일아질작 불가이집궁 오사의부 문기복왈 추아

者誰也 其僕曰 庾公之斯也 曰 吾生矣 其僕曰 庾公之斯
자수야 기복왈 유공지사야 왈 오생의 기복왈 유공지사

衛之善射者也 夫子曰 吾生 何謂也 曰 庾公之斯學射於尹
위지선사자야 부자왈 오생 하위야 왈 유공지사학사어윤

公之他 尹公之他學射於我 夫尹公之他 端人也 其取友必
공지타 윤공지타학사어아 부윤공지타 단인야 기취우필

端矣 庾公之斯至 曰 夫子何為不執弓 曰 今日我疾作 不
단의 유공지사지 왈 부자하위불집궁 왈 금일아질작 불

可以執弓 曰 小人學射於尹公之他 尹公之他學射於夫子
가이집궁 왈 소인학사어윤공지타 윤공지타학사어부자

我不忍以夫子之道反害夫子 雖然 今日之事 君事也 我不
아불인어부자지도반해부자 수연 금일지사 군사야 아불

敢廢 抽矢扣輪 去其金 發乘矢而後反
감폐 추시구륜 거기금 발승시이후반

    방몽은 예에게 활쏘기를 배웠는데, 예의 기술을 다 배우자, 천하에서 예만이 자신보다 뛰어나다고 생각하고 예를 죽여 버렸다. 그것에 대해서 맹자가 말했다. "그것은 예에게도 잘못이 있다. 공명의는 예에게는 잘못이 없다고 했지만, 잘못이 적다고 할 수 있지 어찌 잘못이 없다고 말할 수 있겠는가? 예전에 정나라 사람이 자탁유자로 하여금 위나라를 치게 하였는데, 위나라에서는 유공지사로 하여금 그를 추격하게 했다. 자탁유자가 '오늘 내가 병이 나서 활을 잡을 수 없으니, 나는 죽게 되었구나.'라고 말하고, 그의 노복에게 '나를 추격하는 사람이 누구냐?'고 물었다. 노복이 '유공지사입니다'라고 대답하자, 자탁유자는 '그러면 나는 살았나.'고 말했다. 그 노복이 '유공지사는 위나라에서 활을 잘 쏘는 사람인데 나으리께서 살았다고 하시는 말씀이 무슨 뜻입니까?' 하고 물었더니, '유공지사는 윤공지타한테서 활쏘기를 배웠고, 윤공지타는 나에게서 배웠는데, 윤공지타는 마음이 곧은 사람이니, 그가 선택한 친구도 반드시 마음이 곧은 사람일 것이다.'고 했다. 유공지사가 와서 '선생께서는 왜 활을 잡지 않습니까?' 물으니, 자탁유자가 '오늘 내가 병이 나서 활을 잡을 수가 없소.'라고 말했다. 유공지사가 '저는 윤공지타한테서 활쏘기를 배웠고, 윤공지타는 활쏘기를 선생한테서 배웠습니다. 나는 차마 스승의 기술로써 스승을 해치지는 못하겠습니다. 그러나 오늘의 일은 저희 군주가 시킨 일이므로 내가 감히 그만둘 수는 없는 일입니다.'라고 말하고, 화살을 수레바퀴에 두들겨서 화살촉을 뺀 다음에 화살 네 개를 쏘고는 돌아갔다."

[語釋]

*방몽(逢蒙) : 예(羿)의 제자. *예(羿) : 사람 이름으로, 활을 잘 쏘고 사냥을 좋아했다고 함. *도(道) : 여기에서는 기능이나 기술을 말한다. *공명의(公明儀) : 노(魯)나라의 대부. *자탁유자(子濯孺子) : 정(鄭)나라의 대부. *유공지사(庾公之斯) : 위(衛)나라의 대부 유공(庾公). 여기에서 公은 보통 대부(大夫)를 말할 때 사용되는 말이고, 斯는 '이, 이것'이라는 지시대명사이다. *부(夫) : '~도다, ~구내'의 감탄사. *윤공지타(尹公之佗) : 위(衛)나라 대부. 이때 佗는 他와 같이 사용된다. *단인(端人) : 마음이 바른 사람 또는 곧은 사람. *추시(抽矢) : 화살을 뽑아 쥔 것을 말한다. *구륜(扣輪) : 扣는 두드리다, 輪은 화살 끝을 두른 쇠테를 말한다. 따라서 扣輪은 화살 끝 테두리를 두드려서 테를 느슨하게 하는 것 *금촉(金鏃) : 화살촉. *승시(乘矢) : 화살을 한번 쏘는 단위로, 네 개의 화살을 말한다.

[大意]

교우 관계이거나 사제지간이거나 자신과 가깝게 상대하는 사람에게서 해를 입는 것은 자신에게도 그만큼 잘못이 있다는 것을 말해주고 있다.

방몽에게 활쏘기를 가르친 예는 방몽의 사람됨을 깊이 파악하지 않아서 죽음을 당한 것이 자신의 큰 잘못이고, 자탁유자는 윤공지타라는 마음이 곧은 인물에게 활쏘기를 가르쳤기에 또한 마음이 곧은 인물인 윤공지타의 제자 유공지사에게서 목숨을 구할 수 있었으니, 올바른 인간관계는 올바른 사람과의 유대관계에서 나온다는 말이다.

제25장

> 孟子曰 西子蒙不潔 則人皆掩鼻而過之 雖有惡人 齊戒沐
> 맹자왈 서자몽불결 즉인개엄비이과지 수유오인 재계목
>
> 浴 則可以祀上帝
> 욕 즉가이사상제

 맹자가 말했다. "서시라고 해도 불결한 것을 얼굴에 뒤집어쓰면 사람들이 모두 코를 막고 지나갈 것이고, 비록 추하게 생긴 사람이라 해도 목욕재계하면 상제에게 제사지낼 수가 있다."

[語釋]

*서자(西子) : 서시(西施)를 말함. 전국시대 초(楚)나라의 절세미인. *몽(蒙) : 모(冒). 덮다. 덮어쓰다. 입다.

[大意]

 사람의 타고난 본바탕이 아무리 뛰어나도 배움이 부족하면 그 뛰어난 본바탕은 묻혀 버리게 되고, 본바탕이 뛰어나지 못한 사람이라도 부단히 노력하여 배워서 바른 품성을 이루게 되면 뛰어난 사람들 못지않게 된다는 말이다.

제26장

> 孟子曰 天下之言性也 則故而已矣 故者以利爲本 所惡於
> 맹자왈 천하지언성야 즉고이이의 고자이이위본 소오어
>
> 智者 爲其鑿也 如智者若禹之行水也 則無惡於智矣 禹之
> 지자 위기착야 여지자약우지행수야 즉무오어지의 우지
>
> 行水也 行其所無事也 如智者亦行其所無事 則智亦大矣
> 행수야 행기소무사야 여지자역행기소무사 즉지역대의
>
> 天之高也 星辰之遠也 苟求其故 千歲之日至 可坐而致也
> 천지고야 성진지원야 구구기고 천세지일지 가좌이치야

맹자가 말했다. "천하에서 사람의 본성을 논하는 것은 선례(先例)에 따르고, 선례는 순리를 근본으로 한다. 지혜를 싫어함은 천착하기 때문인데, 만약에 지혜로운 사람이 우임금이 치수(治水)하듯이 한다면 지혜를 싫어하지 않을 것이다. 우임금이 치수는 막힘없이 흘러가게 하는 것이다. 만약에 지혜로운 사람이 지혜를 막힘없이 흘러가게 한다면, 그 지혜 또한 대단한 것이다. 비록 하늘은 높고 별들은 멀리 있지만, 진실로 그 오래된 선례를 추구한다면 천 년 뒤의 동지나 하지도 앉아서 알 수가 있는 것이다."

[語釋]

*성(性) : 본성(本性). 품성(稟性). 인성(人性). *고(故) : 선례(先例). 이미 지나간

때. 옛일. 경험적인 사실. *리(利) : 순리(順理). 자연적 순리(順理). *착(鑿) : 정리(正理)를 따르지 않고 억지로 작위(作爲)하는 것. *행수(行水) : 치수(治水). *행기소무사야(行其所無事也) : 事는 변고(變故)나 사고(事故), 따라서 行其所無事也는 특별한 변고 없이 자연스럽게 하는 것. *고(故) : 앞에서와는 달리 뒤에서는 도리(道理), 사리(事理), 이치(理致) 등의 의미이다. *일지(日至) : 동지(冬至)와 하지(夏至)를 뜻하고, 천체(天體)의 법칙도 가만히 앉아서 알 수 있다는 말.

[大意]

사람의 본성은 논하기가 막연한 것으로 모두 과거에 있었던 선례 즉 이미 있었던 사실을 근거로 하여 구명한다. 또 본성을 구명하려면 자연적인 순리에 따라야 하고, 본성과 동떨어진 것을 본성이라고 고집하여 자연적인 본성을 왜곡해서는 안 된다.

우임금이 치수를 행함에 있어서 물이 막힘이 없이 흘러가게 하는 것처럼 사람의 지혜도 그렇게 한다면 사람의 본성뿐만 아니라 하늘의 법칙도 쉽게 알 수 있다.

제27장

> 公行子有子之喪 右師往弔 入門 有進而與右師言者 有就
> 공행자유자지상 우사왕조 입문 유진이여우사언자 유취
> 右師之位而與右師言者 孟子不與右師言 右師不悅曰 諸
> 우사지위이여우사언자 맹자불여우사언 우사불열왈 제
> 君子皆與驩言 孟子獨不與驩言 是簡驩也 孟子聞之曰 禮
> 군자개여환언 맹자독불여환언 시간환야 맹자문지왈 예
> 朝廷不歷位而相與言 不踰階而相揖也 我欲行禮 子敖以
> 조정불력위이상여언 불유계이상읍야 아욕행예 자오이
> 我為簡 不亦異乎
> 아위간 불역이호

공행자가 그 아들의 상을 당했는데, 우사 왕환이 문상을 갔다. 우사가 문 안으로 들어서자 앞으로 와서 그에게 말을 거는 사람도 있고, 그가 자리에 앉자 거기로 가서 말을 나누는 사람도 있었다. 그런데 맹자만 우사와 말을 하지 않았다. 우사가 이를 못마땅하게 여겨서 "여러 군자들은 모두 나와 말을 하는데 맹자만 나와 말하지 않으니, 이것은 나를 무시하는 것이다."고 말했다. 맹자가 이 말을 듣고 말했다. "예에 따르면 조정에서는 남의 자리를 넘어가서 서로 이야기하지 않고, 계급 서열을 넘어서 서로 인사하지 않는다고 했다. 나는 예를 지키려고 하는데, 자오는 내가 자기를 무시한다고 하니, 또한 이상하지 않은가?"

[語釋]

*공행자(公行子) : 제(齊)나라의 대부. *우사(右師) : 제나라의 우상(右相)이던 왕환(王驩)을 말한다. *취(就) : 가까이 나아가는 것. *간(簡) : 여기에서는 경멸(輕蔑)의 뜻. *예(禮) : 조정(朝廷)의 예의를 말한다. 공행자의 아들이 죽자, 당시 군주의 명으로 경대부(卿大夫)들에게 조상(弔喪)하게 하였는데, 따라서 그 직위의 차례(次例)를 들어 조정(朝廷)의 예(禮)로서 말을 나누는 것이다. *역위(歷位) : 여기에서 歷은 뛰어넘는 것이니, 타인의 좌석을 넘어가는 것을 말한다. *자오(子敖) : 왕환(王驩)의 자(字).

[大意]

맹자는 왕환을 불손하고 수양이 부족한 소인배로 취급해서 그와는 얼굴을 대하기를 꺼려했는데, 공행자가 아들의 상을 당하자 문상을 간 자리에서 인사도 하지 않고 왕환을 무시해버렸다. 그러자 왕환이 자신을 무시했다고 말했으므로, 맹자는 높은 직위의 그를 맞대어 비난하지 못하고 조정의 예(禮)를 들어서 자신을 정당화 하고 있다. 왕환의 권위에 머리를 숙이지 않는 맹자의 의도가 보이는 장이다.

제28장

孟子曰 君子所以異於人者 以其存心也 君子以仁存心 以
맹자왈 군자소이이어인자 이기존심야 군자이인존심 이

禮存心 仁者愛人 有禮者敬人 愛人者人恆愛之 敬人者人
예존심 인자애인 유예자경인 애인자인항애지 경인자인

恆敬之 有人於此 其待我以橫逆 則君子必自反也 我必不
항경지 유인어차 기대아이횡역 즉군자필자반야 아필불

仁也 必無禮也 此物奚宜至哉 其自反而仁矣 自反而有禮
인야 필무예야 차물해의지재 기자반이인의 자반이유예

矣 其橫逆由是也 君子必自反也 我必不忠 自反而忠矣 其
의 기횡역유시야 군자필자반야 아필불충 자반이충의 기

橫逆由是也 君子曰 此亦妄人也已矣 如此則與禽獸奚擇
횡녁유시야 군자왈 차역망인야이의 여차즉여금수해택

哉 於禽獸又何難焉 是故君子有終身之憂 無一朝之患也
재 어금수우하난언 시고군자유종신지우 무일조지환야

乃若所憂則有之 舜人也 我亦人也 舜為法於天下 可傳於
내약소우즉유지 순인야 아역인야 순위법어천하 가전어

後世 我由未免為鄉人也 是則可憂也 憂之如何 如舜而已
후세 아유미면위향인야 시즉가우야 우지여하 여순이이

矣 若夫君子所患則亡矣 非仁無為也 非禮無行也 如有一
의 약부군자소환즉망의 비인무위야 비례무행야 여유일

朝之患 則君子不患矣
조 지 환 즉 군 자 불 환 의

  맹자가 말했다. "군자가 보통 사람과 다른 까닭은 그 본성을 지니고 있기 때문이다. 군자는 인자함을 본심에 지니며, 예의를 본심에 지닌다. 인자한 사람은 남을 사랑하고, 예의를 아는 사람은 남을 공경한다. 남을 사랑하는 사람은 항상 남이 그를 사랑하고, 남을 공경하는 사람은 항상 남이 그를 공경한다. 여기 어떤 사람이 자신에게 무례하게 대하면, 군자는 반드시 '내가 분명히 인자하지 못하고, 분명히 예의를 지키지 못했기 때문이다. 그렇지 않다면 어째서 이러한 일이 일어나겠는가?' 하고 스스로 반성한다. 스스로 반성해 보아서 인자했고 예의를 지켰는데도 그 무례함이 여전하다면, 군자는 '내가 분명히 진심으로 대하지 않은 것이다.' 하고 스스로 반성한다. 그러나 스스로 반성해서 보다 진심으로 대했는데도 그 무례함이 여전할 것 같으면 군자는 '이 자는 역시 못된 사람이다. 그렇다면 금수와 무엇이 다른가? 금수에게 또 무엇을 비난하겠는가?'라고 할 것이다. 그래서 군자에게는 평생토록 하는 걱정은 있어도 일시적으로 하는 걱정은 없다. 그 걱정이란 이와 같은 것이다. '순임금도 사람이고 나도 역시 사람이다. 순임금은 천하에 모범이 되어 후세에 전해지는데, 나는 시골뜨기를 면하지 못하고 있다.' 이런 것이야말로 걱정할 만한 것이다. 이것을 걱정한다면 어떻게 할 것인가? 순임금처럼 해야 할 따름이다. 그런 것이 아니면 대체로 군자에게 걱정거리는 없다. 인자한 일이 아니면 하지 않고, 예의가 아니면 행하지 않기 때문이다. 하루아침에 갑자기 생기는 걱정이 있다고 하더라도 군자는 걱정하지 않는다."

[語釋]

*존심(存心) : 본래의 도덕을 갖춘 마음. *지(之) : 여기에서는 앞의 문장을 받아서 '그 사람'의 뜻. *횡역(橫逆) : 횡포(橫暴)함. 무례함. *의(宜) : 정말로, 과연. *기(其) : 그래서. *유시(由是) : 由는 '같다'는 뜻으로, 由是는 여전하다는 뜻. *충(忠) : 성실(誠實). 즉 자기 할 바를 다하는 것. *해택(奚擇) : '어찌 택하리오, 어찌 분간하리오'의 뜻. *난(難) : 힐난(詰難). 비난(非難). *내약(乃若) : 이에. 그래서 만약. *유미(由未) : '오히려 아직 ~ 을 못했다, 또는 여전히 아직 ~ 못했다'는 뜻.

[大意]

맹자는 스스로의 반성과 성찰에 의해서 그 근본이 이루어진다고 보고 있다.

남이 무례하게 대할 때는 우선 자신의 잘못을 반성하고, 그래도 무례하게 대할 때는 자신이 진심을 다 했는가 다시 반성해 보며, 또 다시 무례하다면 그 사람은 금수와 다를 바 없는 사람이니 상종하지 않으면 된다고 했다.

이것이 바로 군자의 도리인 것이니, 이렇게 항상 반성하며 성찰하는 군자에게 근심이란 있을 수 없고, 오로지 순임금과 같은 커다란 도를 완성하는 것만이 근심거리라고 했다.

제29장

禹稷當平世 三過其門而不入 孔子賢之 顔子當亂世 居於
우직당평세 삼과기문이불입 공자현지 안자당난세 거어

陋巷 一簞食 一瓢飮 人不堪其憂 顔子不改其樂 孔子賢之
누항 일단사 일표음 인불감기우 안자불개기락 공자현지

孟子曰 禹稷顔回同道 禹思天下有溺者 由己溺之也 稷思
맹자왈 우직안회동도 우사천하유닉자 유기닉지야 직사

天下有飢者 由己飢之也 是以如是其急也 禹稷顔子易地
천하유기자 유기기지야 시이여시기급야 우직안자역지

則皆然 今有同室之人鬪者 救之 雖被髮纓冠而救之 可也
즉개연 금유동실지인투자 구지 수피발영관이구지 가야

鄕鄰有鬪者 被髮纓冠而往救之 則惑也 雖閉戶可也
향린유투자 피발영관이왕구지 즉혹야 수폐호가야

우임금과 후직은 태평한 세상을 만나 자신들의 문 앞을 세 번씩이나 지나가면서도 집안으로 들어가지 않았는데, 공자는 그들을 어질다고 칭찬했다. 안자는 혼란한 세상을 만나 누추한 거리에서 한 대광주리의 밥과 한 바가지의 물로 살았다. 다른 사람들은 그런 고생을 견디지 못했겠지만, 그는 그것을 낙으로 삼고 바꾸지 않았는데, 공자는 그를 어질다고 칭찬했다. 맹자가 말했다. "우임금과 후직과 안회가 행하는 도는 같은 것이다. 우임금은 세상에서 물에 빠진 사람이 있으면 자신이 빠뜨린 것처럼 생각했고, 후직은 세상에 굶주리는 사람이 있으면 자신이 굶주리게 한 것처럼 생각했기 때문에 그렇게 다급하게 돌아다녔던 것이다. 우임금과 후직과 안회는 그 처지가 서로 바뀌었더라도 모두 그렇게 했을 것이다. 한 집안의 사람들끼리 싸우는 것을 말릴 때는 머리를 손질할 틈도 없이 갓끈만 맨 채 말리는 것은 옳은 일이다. 그러나 같은 마을에 사는 사람들끼리 싸우는 것을 말릴 때는 머리를 손질할 틈도 없이 갓끈만 맨 채 말리는 것은 잘못된 것이다. 그럴 때는 문을 닫고 그냥 있어도 된다."

[語釋]
*직(稷) : 주(周)나라의 시조 후직(后稷). 처음으로 농경(農耕)을 가르쳐서 오곡(五穀)의 신(神)으로 불리기도 한다. *평세(平世) : 태평한 세상. *안자(顏子) : 공자의 수제자(首弟子) 안회(顏回)를 말한다. *누항(陋巷) : 가난한 마을이다. *단사(簞食) : 대광주리의 밥. *표음(瓢飮) ; 한 바가지의 물. *역지(易地) : 地는 여기에서 처지(處地)나 형편(形便), 입장(立場)의 뜻. 易地는 立場을 바꾼다는 말. *피발(被髮) : 머리를 풀어헤친 채, 또는 머리를 손질할 틈도 없이. 따라서 피발영관(被髮纓冠)은 머리를 흐트러뜨린 채 冠을 쓴다는 뜻으로, 머리를 손질한 틈이 없을 만큼 바쁘다는 말이다. *혹(惑) : 여기에서는 '잘못 생각하다'의 뜻.

[大意]
우임금과 후직과 안회를 모두 현자라고 한 공자의 말은, 그 세 사람이 비록 다른 처지에서 도를 실천했지만 그 근본이 같은

것이었기 때문이다.

    안회가 공자의 도를 배워 빈곤을 즐거움으로 삼은 것은 그가 백성들을 위해서 일하도록 등용되지 않았기 때문이고, 그렇기에 모른 채 문을 닫고 있어도 된다고 비유한 것이다.

제30장

公都子曰 匡章 通國皆稱不孝焉 夫子與之遊 又從而禮貌
공도자왈 광장 통국개칭불효언 부자여지유 우종이예모

之 敢問何也 孟子曰 世俗所謂不孝者五 惰其四支 不顧父
지 감문하야 맹자왈 세속소위불효자오 타기사지 불고부

母之養 一不孝也 博弈好飲酒 不顧父母之養 二不孝也 好
모지양 일불효야 박혁호음주 불고부모지양 이불효야 호

貨財 私妻子 不顧父母之養 三不孝也 從耳目之欲 以為父
화재 사처자 불고부모지양 삼불효야 종이목지욕 이위부

母戮 四不孝也 好勇鬪很 以危父母 五不孝也 章子有一於
모륙 사불효야 호용투한 이위부모 오불효야 장자유일어

是乎 夫章子 子父責善而不相遇也 責善 朋友之道也 父子
시호 부장자 자부책선이불상우야 책선 붕우지도야 부자

責善 賊恩之大者 夫章子 豈不欲有夫妻子母之屬哉 為得
책선 적은지대자 부장자 기불욕유부처자모지속재 위득

罪於父 不得近 出妻屏子 終身不養焉 其設心以為不若是
죄어부 부득근 출처병자 종신불양언 기설심이위불약시

是則罪之大者 是則章子已矣
시즉죄지대자 시즉장자이의

공도자가 물었다. "광장(匡章 = 章子)을 온 나라 사람들이 다 불효하다고 말하는데, 선생님은 그와 교류하고, 또 그와 만나면서 예의를 차리는 까닭은 무엇입니까?" 맹자가 말했다. "세속에서 말하는 불효에는 다섯 가지가 있다. 몸을 게을리 하여 부모의 봉양을 하지 않는 것이 첫 번째 불효이고, 장기나 바둑을 두면서 술 마시기를 좋아하여 부모의 봉양을 하지 않는 것이 두 번째 불효이며, 재물을 좋아하고 처자만을 사랑하여 부모의 봉양을 하지 않는 것이 세 번째 불효이다. 귀와 눈의 욕구를 만족시키려고 부모를 욕되게 하는 것이 네 번째 불효이고, 만용을 부리며 싸움을 일삼아서 부모를 위태롭게 하는 것이 다섯 번째 불효이다. 장자(章子)는 이 중에 하나라도 해당되는가? 장자는 부자간에 선행을 하도록 책하다가 서로 뜻이 맞지 않았던 것이다. 선행을 하도록 책하는 것은 친구 사이의 도리이고, 부자간에 부친에게 선행을 하도록 책하는 것은 은혜를 크게 해치는 것이다. 장자인들 어찌 처자권속의 가족관계를 유지하고 싶지 않았겠는가마는, 아버지에게 죄를 지어 가까이 갈 수 없어서 아내를 내보내고 아들도 물리쳐서 평생 동안 처자의 봉양을 받지 않았다. 그의 생각에 그렇게 하기로 작정하지 않았으면 죄가 더욱 클 것이라고 느꼈기 때문이었다. 이렇게 한 사람이 곧 장자이다."

[語釋]

*공도자(公都子) : 맹자의 제자. *광장(匡章) : 장자(章子). 맹자의 제자. *통국(通國) : 모든 백성. *여지유(與之遊) : 與는 '함께, 더불어'의 , 與之遊는 그 사람과 함께 교류(交遊)하는 것. *종이예모(從而禮貌) : 예의를 차려 대하는 것. *박혁(博

奕) : 장기와 바둑. *륙(戮) : 죽이다. 욕보이다. 모욕당하게 하다. *불상우(不相遇) : 서로 뜻이 맞지 않음. 서로 의견이 대립됨. *부처자모지속(夫妻子母之屬) : 처자권속(妻子眷屬). *병(屛) : 가리어 막다. 여기에서는 '물리치다'의 뜻.

[大意]

세속에서 이르는 불효에는 다섯 가지가 있다. 사지(四肢)를 제대로 놀리지 않아 부모 봉양을 하지 않는 것이 첫째 불효고, 장기와 바둑을 즐기고 술 마시기를 좋아하여 부모 봉양을 하지 않는 것이 둘째 불효며, 재물을 즐기고 처자만을 아껴 부모 봉양을 하지 않는 것이 셋째 불효고, 들리고 보이는 욕구를 좇느라 부모를 욕되게 하는 것이 넷째 불효며, 용맹한 것을 좋아해서 싸우고 성을 냄으로써 부모를 위태롭게 하는 것이 다섯째 불효다.

광장의 아버지는 일찍이 그의 부인이 자신에게 잘못하자 죽여서 마판 밑에 파묻었다. 광장은 아버지에게 어머니를 그만 용서하고 다른 데로 옮겨 묻기를 청하였으나, 그의 아버지는 끝내 그 청을 들어주지 않은 채 죽고 말았다. 이후 광장도 자신의 처자를 내보내고 홀로 살면서 어머니의 묘도 이장하지 않은 채 살았다. 어느 날 위왕(威王)이 어머니의 묘를 이장하기를 권하였으나, 죽은 아버지를 속이는 짓이라 하여 듣지 않고 그대로 두었다고 한다.

맹자는 광장이 위의 다섯 가지 불효 가운데 어느 한 가지도 하지 않았으니 불효하다고 할 수는 없다고 말한 것이다.

여기에서 말하는 세상에서 결코 해서는 안 될 다섯 가지 불효를 가리켜 '불효자오(不孝者五)'라고 한다.

제31장

曾子居武城 有越寇 或曰 寇至 盍去諸 曰 無寓人於我室
증자거무성 유월구 혹왈 구지 합거제 왈 무우인어아실

毀傷其薪木 寇退 則曰 修我牆屋 我將反 寇退 曾子反 左
훼상기신목 구퇴 즉왈 수아장옥 아장반 구퇴 증자반 좌

右曰 待先生 如此其忠且敬也 寇至則先去以為民望 寇退
우왈 대선생 여차기충차경야 구지즉선거이위민망 구퇴

則反 殆於不可 沈猶行曰 是非汝所知也 昔沈猶有負芻之
즉반 태어불가 침유행왈 시비여소지야 석침유유부추지

禍 從先生者七十人 未有與焉 子思居於衛 有齊寇 或曰
화 종선생자칠십인 미유여언 자사거어위 유제구 혹왈

寇至 盍去諸 子思曰 如伋去 君誰與守 孟子曰 曾子 子思
구지 합거제 자사왈 여급거 군수여수 맹자왈 증자 자사

同道 曾子 師也 父兄也 子思 臣也 微也 曾子 子思易地則
동도 증자 사야 부형야 자사 신야 미야 증자 자사역지즉

皆然
개연

증자가 무성에 살고 있을 때 월나라 군사가 쳐들어왔다. 어떤 사람이 "적군이 쳐들어오는데 어째서 떠나지 않습니까?" 하고 물으니, 증자가 말했다. "내 집에 다른 사람을 들여보내지 말고,

뜰의 풀과 나무를 상하게 하지 마라. 적군이 물러가거든 담장과 집을 수리해라. 나는 돌아올 것이다." 적군이 물러가자, 증자가 돌아왔다. 그러자 주위의 사람들이 "이곳 사람들이 선생님을 그렇게 충성스럽고 공경스럽게 대하는데, 적군이 쳐들어오자 먼저 도망가서 그들에게 좋지 않은 본보기가 되었다가, 적군이 물러가자 돌아온 것은 옳지 않은 듯합니다."고 말했다. 그러자 제자 심유행이 말했다. "그것은 당신들이 잘 모르기 때문이오. 예전에 선생님이 내 집에 있을 때 심유씨 가문에 부추라는 사람이 난을 일으켜서 화를 당한 일이 있었는데, 그때 제자가 칠십 명이나 되었어도 선생님을 따라 피해서 환난을 겪은 사람은 한 사람도 없었소." 자사가 위나라에 있을 때에 제나라 군사가 쳐들어왔다. 어떤 사람이 "적군이 쳐들어오는데, 어째서 떠나지 않습니까?"고 묻자, 자사가 대답했다. "만약에 내가 떠난다면 군주는 누구와 함께 나라를 지키겠는가?" 맹자는 이 두 가지 사례에 대해서 말했다. "증자와 자사가 지킨 도리는 같다. 증자의 경우는 스승이나 부형의 처지였고, 자사의 경우는 신하이며 낮은 관리였다. 승사와 자사는 처지가 바뀌었더라도 모두 그렇게 했을 것이다."

[語釋]

*장옥(牆屋) : 담장과 집 또는 지붕. *좌우(左右) : 증자(曾子)의 제자들. *민망(民望) : 백성들의 본보기. *태(殆) : 대개. 대체로. 여기에서는 의심하는 것으로 '조금'의 뜻. *심유행(沈猶行) : 증자(曾子)의 제자. *부추(負芻) : 사람 이름. *자사(子思) : 공자의 손자. *미(微) : 미천(微賤). 여기에서는 군주보다 낮은 지위, 곧 신하(臣下)

를 의미한다.

[大意]

증자와 자사 두 사람의 상반되는 행동을 예로 들어, 두 사람 모두 성현(聖賢)의 일관된 도리에서 어긋나지 않는 한 행동의 차이는 있더라도 추구하는 도는 같다고 말했다.

증자는 많은 제자의 스승 된 처지였기에 몸을 지켜야 했던 것이고, 자사는 군주를 모시는 신하의 몸이었으니 우선적으로 군주를 생각할 수밖에 없었던 것이다.

따라서 도리를 지키는 데에도 경우에 따라서 취하는 행동이 달라질 수 있다는 말이다.

제32장

> 儲子曰 王使人瞯夫子 果有以異於人乎 孟子曰 何以異於
> 저 자 왈 왕 사 인 간 부 자 과 유 이 이 어 인 호 맹 자 왈 하 이 이 어
>
> 人哉 堯舜與人同耳
> 인 재 요 순 여 인 동 이

저자가 물었다. "왕께서 사람을 시켜 선생을 몰래 살펴보게 하는데, 선생님은 과연 다른 사람들과 다른 점이 있습니까?" 맹자가 말했다. "무엇이 다른 사람들과 다르겠습니까? 요임금이나 순임금도 다른 사람들과 같았습니다."

[語釋]

*저자(儲子) : 제(齊)나라 사람으로 성이 儲. *왕(王) : 여기에서는 제(齊)나라 왕을 말한다. *간(瞯) : 몰래 보다. 엿보다. *과(果) : 과연. 참으로. 생각한 대로. *이(耳) : ~뿐. 동사 뒤에 붙어서 어찌할 따름이라는 뜻의 의존명사(依存名詞).

[大意]

성인(聖人)이라고 평범한 사람들과 별다른 존재가 아니고, 오직 인의(仁義)의 도리를 행하는가, 그렇지 않은가에 차이가 있을 뿐이며, 평범한 사람이라도 수련을 통하여 성인의 경지에 오를 수 있다는 말이다.

제8편 이루 하 361

제33장

齊人有一妻一妾而處室者 其良人出 則必饜酒肉而後反
제인유일처일첩이처실자 기량인출 즉필염주육이후반

其妻問所與飮食者 則盡富貴也 其妻告其妾曰 良人出 則
기처문소여음식자 즉진부귀야 기처고기첩왈 양인출 즉

必饜酒肉而後反 問其與飮食者 盡富貴也 而未嘗有顯者
필염주육이후반 문기여음식자 진부귀야 이미상유현자

來 吾將瞯良人之所之也 蚤起 施從良人之所之 遍國中無
래 오장간량인지소지야 조기 시종양인지소지 편국중무

與立談者 卒之東郭墦閒 之祭者 乞其餘 不足 又顧而之他
여입담자 졸지동곽번간 지제자 걸기여 부족 우고이지타

此其爲饜足之道也 其妻歸 告其妾曰 良人者 所仰望而終
차기위염족지도야 기처귀 고기첩왈 양인자 소앙망이종

身也 今若此 與其妾訕其良人 而相泣於中庭 而良人未之
신야 금약차 여기첩산기량인 이상읍어중정 이량인미지

知也 施施從外來 驕其妻妾 由君子觀之 則人之所以求富
지야 시시종외래 교기처첩 유군자관지 즉인지소이구부

貴利達者 其妻妾不羞也 而不相泣者 幾希矣
귀이달자 기처첩불수야 이불상읍자 기희의

맹자가 말했다. "제나라에 아내와 첩을 데리고 한집에서 사는 사람이 있었다. 그는 밖에 나가면 으레 술과 고기를 실컷 먹고 집으로 돌아왔는데, 그 아내가 누구와 함께 먹었냐고 물으면 언제나 돈 많고 높은 사람과 같이 먹었다고 했다. 그 아내가 첩에게 남편이 외출하면 언제나 술과 고기를 실컷 먹고 돌아와서 누구와 함께 먹었느냐고 물으면 모두 돈 많고 높은 사람이라고 하는데, 아직 우리 집에 그런 귀한 사람이 찾아온 적이 없으니, 자신이 몰래 남편이 가는 곳을 따라가 볼까 한다고 했다. 다음날 아침에 일찍 일어나서 남편이 가는 데를 따라가 보았는데, 남편은 이리저리 거리를 돌아다니면서도 누구와 같이 마주서서 얘기하는 사람이 없었다. 그러더니 마침내 동쪽 교외의 무덤들 사이에 제사지내는 사람에게서 남은 음식을 구걸해서 먹고 나서, 그것도 모자라 또 다른 곳으로 찾아가는 것이었다. 그것이 바로 그가 실컷 먹는 방법이었다. 아내는 집에 돌아와서 첩에게 '남편이란 우러러보면서 평생을 사는 사람인데, 우리의 남편은 이런 모양이다.' 하고 첩과 함께 남편을 원망하면서 마당 가운데서 함께 울었다. 그런데도 남편은 그것도 모르고 으스대면서 돌아와서 아내와 첩에게 자랑했다. 군자가 볼 때는 오늘날의 사람들이 부귀와 영달을 구하러 다니는 방법이 이와 같은 것이니, 아내와 첩이 알면 부끄러워하고 울지 않을 일이 드물 것이다."

[語釋]
*처실(處室) : 동거(同居). 즉 '한 집에 사는 것'을 말함. *양인(良人) : 남편과 아내가 서로를 가리켜 일컫는 말. 여기서는 아내가 그 남편을 일컫는 말. *염(饜) :

배부르게 먹다. *반(反) : 귀가(歸家)를 말함. *현자(顯者) : 현달(顯達)한 사람, 즉 세상에 이름이 널리 알려져 있고 부유한 사람. *조기(蚤起) : 조기(早起). 일찍 일어나다. *시종(施從) : 施는 이(迤)와 같고, '비스듬히 가다. 바르지 아니하다'의 뜻. 따라서 비스듬히 둘러서 들키지 않도록 뒤를 밟아 따라가는 것을 말한다. *변국중(徧國中) : 徧은 두루, 國中은 國都中으로 온 장안을 말한다. 따라서 徧國中은 장안을 두루 돌아다니는 것을 말한다. *졸(卒) : 드디어. 마침내. *번간(墦閒) : 墦은 무덤, 따라서 墦閒은 묘지의 사이를 말한다. *산(訕) : 원망하면서 빗대어 꾸짖거나 욕하는 것. *중정(中庭) : 안마당. *시시(施施) : 이이(訑訑)와 같다. 의기양양한 모양. *유(由) : ~부터. 즉 위의 '제인(齊人)의 이야기로부터'라는 의미이다. *이달(利達) : 영달(榮達)과 같다. *기희(幾希) : 幾는 거의, 希는 드물다는 뜻. 드물게 있다는 말.

[大意]

세속적인 부귀에 흔들리지 않고 인의(仁義)의 길을 지켜 이상적인 정치를 실현하려는 맹자가 음식을 구걸하며 배를 채우는 한 사내의 이야기를 빌려 당시 권력주의를 추구하던 제나라 사람들을 비판했다.

벼슬을 하는 데에 지나치게 까다롭다는 주변 사람들의 힐난을 감수하면서 맹자가 자신의 원칙과 소신을 지켰던 것은 바로 그 당시의 이러한 사회 풍토 때문이었을 것이다.

한눈에 익히는
맹자 Ⅰ (孟子)

1판 1쇄 인쇄 2015년 1월 20일
1판 1쇄 발행 2015년 1월 27일

지은이 | 맹자
편저자 | 이창성
펴낸이 | 이환호
펴낸곳 | 나무의꿈

등록번호 | 제 10-1812호
주 소 | 서울시 마포구 잔다리로 77 대창빌딩 402호
전 화 | 02)332-4037 팩 스 | 02)332-4031

ISBN 978-89-91168-42-8 12150

* 잘못 만들어진 책은 구입한 곳에서 교환해 드립니다.